쉽고 바르게 읽는

노자

쉽고 바르게 읽는

노자

박삼수 역주 해설

지혜의 바다

| 머리말 |

우주와 인간의 만남을 꿈꾸며

감히 단언컨대 오늘날 우리 사회는 인간성의 상실과 인간 정신의 피폐를 피부로 느끼며, 너나없이 우려와 고민에 빠져 있다. 작금에 새롭게 부각되고 있는 '인성 교육'과 '가치관 교육'의 필요성은 바로 그 같은 우리 사회의 정서를 반영하고 있다.

노자가 산 춘추시대 말엽은 난세 중의 난세였다. 당시 남다른 의식을 가진, 최고의 지식인이었던 노자는, 동(同)시대의 공자가 그랬듯이 현실 사회에 대한 불만과 우려가 깊었고, 도탄에서 허덕이는 민중들을 바라보며 구세(救世)를 위한 방책을 찾아 고뇌를 거듭하였다. 노자의 고뇌와 사색은 결국 우주의 근원으로 내달렸고, 마침내 '도론(道論)', 즉 도(道)를 핵심으로 하는 사상을 주창(主唱)하기에 이르렀다.

노자가 말하는 도는 곧 우주의 근원이요 본원임과 동시에, 우주 만물과 세상만사의 생성과 변화 발전을 지배하는 보편적 법칙을 지칭한다. 도의 가장 큰 특성은 바로 '무위자연'이다. 그것은 노자 사상의 본질이자 핵심으로, 그야말로 우주 만물의 '저절로 그러함〔自然〕'에 순응하며 '결코 의도적으로 이루어 가려는 그 어떤 노력도 기울이지 않는〔無爲〕' 속성을 말한다.

그렇다면 노자의 그 같은 '도론'의 궁극적 지향점은 어디일까? 두말할 나위 없이 우리네 인생의 현장인 현실 사회다. 노자의 우주론은 곧 인생론으로 귀결된다는 얘기다.

> 도는 위대하다. 그리고 하늘도 위대하고, 땅도 위대하며, 사람 또한 위대하다. 우주에는 네 가지 위대한 것이 있으며, 사람이 그중 한 가지를 차지하고 있는 것이다. 사람은 땅을 본받고, 땅은 하늘을 본받으며, 하늘은 도를 본받고, 도는 모든 것을 저절로 그러함에 맡긴다. (제25장, 이는 '『노자』 제25장'을 가리켜 이르며, 이후에도 그 출처가 『노자』인 경우에는 이같이 해당 '장'만을 밝힘)

노자가 우리에게 주는 가르침은 분명하다. 모름지기 사람은 만사에 도를 본받아야 하는 법, 진실로 그 무위자연의 정신을 깊이 깨닫고, 또한 충실히 실천하는 삶을 살아야 한다는 것이다. 노자 당시 그 혼란하기 그지없던 사회상은, 일부 사람들(특히 통치자·위정자들)의 탐욕에 찬 '유위(有爲, 즉 무위자연의 반대 개념)'의 작태가 빚어낸 결과였다. 그 때문에 노자가, 무위자연의 순리(順理)를 따르는 것이야말로 진정 국가 사회의 안녕과 평화를 이룩하고, 만백성이 행복한 삶을 영위할 수 있는 길임을 역설한 것이다.

예나 지금이나 올바른 인성 함양과 가치관 형성에 인문 고전 읽기가 큰 도움이 된다는 것은 분명한 사실이다. 물질 가치가 최(最)우선시되는 오늘날, 우리는 각기 나름의 성취와 성공을 위해 어쩔 수 없이 세속화되고, 또 경쟁의 고삐를 조이지 않을 수가 없다. 하지만 이제 한 발짝만 물러나 보자. 그리고 경쟁하기보다는 부쟁(不爭)하고, 나아가기보다는 물러나며, 채우기보다는 비우는 무위자연의 순리를 일깨웠던 노자의 가르침을 가슴 깊이 새기며, 삶의 여유를 되찾고, 심신의 힐링(healing)을 도모하자. 장차 언젠간 문득, 다투지 않음으로써 이기고, 물러남으로써 나아가며, 비움으로써 채울 수 있는 이치와 지혜를 감오(感悟)하며 놀라워하리라.

이것이 바로 노자가 꿈꿨고, 우리 또한 그 꿈을 꿔야 할, '우주와 인간의 만남'을 통해 이룩되는 아름다운 삶의 환희요, 이상이다.

역자는 동양학(구체적으로는 중국 고전 문학)을 탐구하는 사람으로서 일찍이 각오를 다진 것이 있다. '동양학의 시원적 뿌리임은 물론, 인생의 본원적 진리의 결정(結晶)이요 보고(寶庫)인 삼대(三大) 동양 고전, 즉 『주역』과 『논어』와 『노자』만은 반드시 제대로 공부해 보리라.' 그리고 언제부터인가 '삼대 고전' 깊이 읽기에 몰두하였다. 또한 학부에 관련 강좌까지 개설해 교수(教授)하며 교학상장(教學相長, 가르치는 것과 배우는 것이 서로 나아지게 하고, 가르치는 이와 배우는 이가 서로 성장하게 함)을 꾀하기도 하였다.

역자는 점차 삼대 고전을 알아가며, 그 논지(論旨)와 가르침에 날로 매료되어 '학이시습지(學而時習之)'에 박차를 가하였다. 그렇게 하여 앞서 『주역』과 『논어』를 우리말로 역해(譯解)해 세상에 내놓았고, 이제 마침내 『노자』를 상재(上梓)하게 되었다. 그 사이 역자는 『주역』에서는 역리(易理)의 신비함에 감탄하였고, 『논어』에서는 성인(聖人) 공자의 숨결을 느끼며 감동하였으며, 『노자』에서는 철인(哲人) 노자를 따라 우주와 인간의 만남을 꿈꾸며 감응하였다.

역자의 삼대 고전 깊이 읽기는 물론 아직 끝난 게 아니다. 단지 일단락을 지었을 뿐이다. 그 선지(先知)・선각(先覺)의 무궁한 지혜를 여실히 탐구함에는 종신(終身)의 노력도 오히려 부족할 것이다.

한편 역자는 삼대 고전 읽기에 몰두하면서 철학 고전의 심오한

매력에 깊이 빠졌고, 그 불후의 가치와 효용성에 대해 확신을 가지게 되었다. 하여 장차 그 밖의 주요 동양 고전, 예를 들면 『맹자』·『장자』·『묵자』·『순자』·『한비자』·『손자병법』 등등의 우리말 역해를 계속해 나가고자 한다. 독자 제현의 가차 없는 질정과 아낌없는 성원을 바라 마지않는다.

2016년 1월
문수산 기슭에서
박삼수

| 들어가며 |

왜 '쉽고 바르게 읽기'인가?

아는 사람은 말하지 않고, 말하는 사람은 알지 못한다.

知者不言, 言者不知. (제56장)

진실로 도(道)를 아는 사람은 함부로 도를 말하지 않고, 함부로 도를 말하는 사람은 진실로 도를 알지 못한다는, 노자의 말이다. 노자의 일침(一鍼)에 가슴이 뜨끔하다. 우리 모두가 스스로를 돌아보며 경계로 삼아야 하리라.

한문 고전, 특히 철학 고전 읽기는 어느 누구에게나 쉬운 일이 아니다. 한문 원문은커녕, 한글 번역문을 읽고 이해하는 것조차 만만치가 않다. 하여 많은 사람들이 자신의 지적 수준을 못내 아쉬워하며 자책하다가는, 아예 읽기를 포기하고 만다. 그리고 고전이라면 으레 뒷걸음질을 친다.

고전을 어려워하는 것을, 독자의 탓으로만 돌릴 수 있을까? 역자는 결코 그렇지만은 않다고 생각한다. 여러 해 전 역자는 『주역』을 공부하기 위해 여러 권의 번역서를 읽었다. 하지만 도무지 감을 잡을 수가 없었다. 그 때문에 스스로의 한문 독해력과 역리(易理) 이해력에 실망하며 절로 의기소침하였다. 그러던 중 우연히 만난한 권의 책은, 단숨에 역자를 그 어렵고도 어렵다는『주역』의 세계로 이끌어 주었다. 진정 환희, 그 자체였다. 고전은 분명 난독(難讀)의 읽을거리이다. 하지만 역해자(譯解者)의 원전 이해도와 그 풀이나 행문(行文)의 양상에 따라, 독자가 체감하는 난이도는 충분히 낮아질 수 있다. 국내의 현행 고전 번역서에 아쉬움이 많다는 얘기다. 인문학의 열풍이 일고 있는 오늘날, 많은 사람들이 인문학의 핵심인 고전을 가까이 하며 그 지혜를 배우고, 자양을 섭취하지 못하고 겉도는 것은, 바로 고전 번역서의 난독성(難讀性)이 가장 큰 원인일 것이다.

심오한 인생 철리(哲理)를 담은 고전은 어떻게 풀이해도 동화나 소설처럼 쉬울 수는 없다. 어려운 고전을 쉽게 역해(譯解)한다는 것은 어렵고도 어려운 일이다. 하지만 적어도 고전의 전문 역해자라면 가능한 한 쉽게 풀어 내려는 열정으로 일로매진하여야 한다. 바로 그 같은 견지에서 역자는 앞서『논어』를 역해하면서부터 '쉽고 바르게 읽기'를 표방하기 시작하였다. 물론 마음뿐, 공력(工力, 공부를 하여 쌓고 기른 힘, 실력)이 뒷받침되지 않으면 자칫 공언(空言)이 될 수 있다는 우려와 부담이 있었다. 하나 그 지향은 분명 옳은 것이니, 진실로 심혈을 기울일 각오였다. 졸역(拙譯)이 세상에 나온 후, 독자의 반응은 다행히 소기(所期)의 지향에 근접하였다.

어려운 한문 고전을 '쉽게' 읽기 위해서는 무엇보다 '바르게' 읽어야 한다. 왜냐하면 '바르게' 읽기는, 원전의 문리와 논리를 '쉽게' 통하게 해 독자의 이해를 돕는 지름길이기 때문이다.

역자는 평소 한문 고전을 역주(譯註) 해설함에 있어 나름의 '3원칙'을 세워 그대로 이루어 내고자 한다. 그것은 곧 한문 고전을 '바르게' 읽고 풀이하기 위해 필수 불가결한 노력으로, 첫째 한문 문법에 맞아야 하고, 둘째 논리적 모순이 없어야 하며, 셋째 원전의 기본 사상에 부합하여야 한다는 것이다. 한문 고전의 풀이는 이 3원칙을 동시에 만족시킬 때, 비로소 원전의 종지(宗旨)를 제대로 풀어 냈다고 할 수 있지 않을까?

이번에 역자는 『노자』를 완역하는 과정에, 국내 번역서 대부분에서 크고 작은 오류와 왜곡 —이는 또 '한문 원문의 번역'과 '원전 사상의 해설' 두 방면으로 나뉨— 을 다수 발견하였다. 몇 가지만 간략히 보기로 하자.(아래에서 역자의 반론과 관련한 보다 자세한 내용은 각각 *해당 장의 역주 및 해설 참조) 먼저 원문 번역상의 문제이다.

제1장 "고상무, 욕이관기묘; 상유, 욕이관기요(故常無, 欲以觀其妙; 常有, 欲以觀其徼)"에서, '상무(常無)'와 '상유(常有)'의 '상'을 대개 '항상'·'언제나'의 뜻으로 옮기고 있다. 하지만 그것은 문법적으로나 사상적으로 '무'와 '유'의 영원성을 강조하는 말(형용사)로 이해하는 것이 옳다. 곧 '상도(常道)'의 '상'과 같은 의미로 봐야 한다는 얘기다. 그것은 『장자(莊子)』「천하편(天下篇)」에서 "노담(노자)이 그 유풍(遺風)을 듣고 아주 좋아하여 '상무'와 '상유'의 사상을 건립하였다.〔老聃聞其風而悅之, 建之以常無有〕"라고 한 것을 보면 쉽게 알 수 있다. 한편 왕필(王弼)이 '무'·'유'를 각기 그 다음의 '욕(欲)' 자(字)와 잇대어 '무욕(無欲)'·'유욕(有欲)'으로 풀이한 이래, 많은 사람들이 그 견해를 따르고 있으나, 그 또한 『장자』의 이 말을 보면 옳지 않음을 알 수 있다. 그뿐만 아니라 왕필의 풀이는 또 문맥상

으로는 '고(故, 그러므로)' 자(字)의 근거를 찾을 수 없고, 논리 사상적으로는 '무욕'은 강조하되 '유욕'을 반대한 노자의 기본 사상에도 부합되지 않는다.

제2장에서 "천하개지미지위미, 사악이.(天下皆知美之爲美, 斯惡已)"를 혹은 '세상 모두가 아름답다고 하는 것을 아름다운 것으로 알면, 이는 추하다'거나, 혹은 '세상 모두가 아름다운 것이 아름다운 줄로만 알지만, 그것은 추한 것일 따름이다'는 등의 뜻으로 옮기고 있다. 하지만 이 말들은 모두 논리적 모순을 안고 있어서, 노자의 본의를 적확(的確)히 풀어내지 못했다는 느낌을 준다. 반면 역자는 이 구절을, '천하가 다, 아름다운 것이 왜 아름다운지를 알면서 비로소 추함에 대한 의식이 생겨났다'는 뜻으로 이해한다. 전후 문맥을 통해 볼 때, 여기서 노자는 세상에 존재하는 미추(美醜)나 선악(善惡) 등등의 개념과 가치 관념은 상호 대립적 관계 속에서 생겨난 것으로, 주관적이면서도 상대적인 특성을 띠고 있음을 강조하고 있는 것이다.

제6장에서 "곡신불사(谷神不死)"를 흔히 '계곡의 신은 죽지 않는다'는 뜻으로 옮기고 있다. 한데 '곡신'을 하나의 단어로 보아 '계곡의 신'으로 옮기는 것은 재론의 여지가 있다. 제39장에서 "신(神)은 도를 얻어서 영험해졌고, 골짜기〔강〕는 도를 얻어서 물로 가득 차게 되었다.〔神得一以靈, 谷得一以盈〕"라고 하였듯이, '곡'과 '신'은 두 가지 서로 다른 존재의 형상을 가리키는 것으로, 여기서는 곧 노자가 말하는 도(道)의 특성을 형용한 말이다. '곡'은 텅 비어 맑고 고요하며 깊고 그윽한 골짜기를 이르니, 곧 도의 본체가 진실로 공허청정(淸靜)함을 비유 형용한다. 또 '신'은 지극히 신묘(神妙)한 존재

를 이르니, 곧 도의 작용이 신묘하기 그지없음을 비유한다. 그리고 '불사(不死)'는 영생(永生) 불사한다는 뜻이니, 곧 도의 영원성을 형용한다. 하여 '곡신불사'는 '골짜기처럼 공허 청정하면서도 신(神)처럼 신묘하기 그지없는 도(道)는 영원불멸하도다.'로 옮기는 것이 논리 사상적으로 한결 타당하다.

제41장에서 "대기만성(大器晚成)"을 거개가 익히 알고 있듯이 '큰 그릇은 더디 이뤄진다'는 뜻으로 옮기고 있다. 한데 그 같은 이해는 앞뒤 문맥의 일관성에도 맞지 않고, 게다가 여기서 '대기'는 바로 도를 비유한다는 점을 상기한다면 더욱 적절치 않다. 관건은 '만' 자(字)의 풀이다. 첸 쭈(陳柱)가 '만'은 면(免)의 가차자(백서을본에는 '면'으로 되어 있음)로, 무(無)의 뜻이라고 하였는데, 그에 따르면 글의 뜻이 한결 잘 통하고, 노자 사상의 정신 또한 두드러지므로, 논리 사상적으로 매우 적절해 보인다. 결국 '대기만성'이란 '한없이 큰 그릇은 오히려 정해진 꼴이 없다'는 말이다.

제42장에서 "도생일, 일생이, 이생삼, 삼생만물(道生一, 一生二, 二生三, 三生萬物)" 4구(句)는 너나없이 그저 글자 그대로 '도는 일을 낳고, 일은 이를 낳고, 이는 삼을 낳고, 삼은 만물을 낳는다'고 옮기고 있다. 이는 『노자』에서도 난해하기로 이름난 구절로, 대대로 중설이 분분하며, 그 풀이에 설득력을 갖추기가 대단히 어렵다. 하지만 우리는 일정한 관심과 열정이 있는 독자라면 누구나 이해할 수 있도록 풀이하여야 한다. 여기서 가장 어려운 것은 '도생일'의 풀이다. 노자의 사상 체계에서 '일(一)'은 곧 도를 지칭하는데, "도가 일을 낳는다"고 하였으니, 이해가 쉽게 될 리 없다. 이에 역자는 중설 가운데 특히 위 페이린(余培林)의 견해에 주목하고자 한다. 그는,

노자가 '도는 일을 낳고,' '무는 유를 낳는다'(*제40장 참조)고 하였고, 장자는 또 '무는 일을 낳는다'〈*『장자』「천지(天地)」참조〉고 하였으니, 결국 도는 곧 무이고, 일은 곧 유라고 풀이하였다. 다시 말해 '도생일'은 곧 '무생유(無生有)'와 같은 말이란 얘기다. 이 같은 풀이는, 무와 유는 도의 다른 이름으로, 무는 도의 본체를, 유는 도의 작용을 두고 이르는 것이라는 노자 우주론의 체계와도 완전히 일치하는 것으로, 설득력이 충분하다.(이하 '이'와 '삼'에 대한 풀이는 *제42장 해당 주석 참조) 하여 이 4구에 대한 역자의 번역은 '도의 본체인 무는 유를 낳고, 유는 음과 양 두 기운을 낳으며, 음양의 기운은 서로 결합해 두 기운이 지극히 조화로운 상태를 이루고, 음양 화합의 지극히 조화로운 상태는 우주 만물을 낳는다.'이다.

다음으로 사상 해설상의 문제이다. 이는 다른 문제는 차치하고라도, 무엇보다 노자 사상의 핵심인 도(道)에 대한 해설이 과연 원전의 사상에 부합하고 있는지 의문시된다는 점에서 문제의 심각성이 있다. 편의상 제1장의 해설 내용을 위주로 살펴보기로 한다.

제1장은 말 그대로 『노자』 전권(全卷)의 서론으로, 노자 스스로 자신이 말하는 도에 대해 간결하면서도 명확히 서술하고 있다. 다소 어렵긴 하지만, 도에 대해 기본적인 이해를 하고, 개념을 파악하기에 결코 부족함이 없다. 한데 기존 번역서들의 해설을 보면, 혹은 지나치게 소략(疏略)해서 전혀 감을 잡을 수가 없고, 혹은 지나치게 장황해서 도무지 갈피를 잡을 수가 없다. 아무튼 두세 가지만 짚고 넘어가자.

첫째, '상도(常道)'의 '상'은 일반적으로 '영원불변함'으로 풀이하며, 역자 또한 그에 동의한다. 하지만 이에 대해 혹자는 '상'은 단지 영원성을 뜻할 뿐, 불변성을 말하지는 않는다고 반론하였다. 생성계(이는 아마도 '현상계'의 의미로 쓴 듯함)에는 초월적 불변성이란 있을 수 없으며, 도 역시 생성계를 떠나 있지 않다는 점에서 필연적으로 변화한다는 논리다. 아울러 혹자는 『장자』「재유편(在宥篇)」에서도 "하나이지만 변하지 않을 수 없는 것이 '도'이다.〔一而不可易者, 道也〕"라고 했음을 상기시키면서 자신의 주장을 확실히 논증하고자 하였다. 과연 그럴까?

노자는 제4장에서 "나는 도가 어디에서 생겨났는지는 모르겠으나, 아마도 하느님보다 먼저 있었을 것 같다."라고 하며, 도가 우주만물의 본원임을 분명히 한 바 있다. 그렇다면 도는 당연히 현상계(現象界)를 초월해 있는, 즉 본체계(本體界)의 물(物, *제25장 주석1 참조)로 이해해야 한다. 그리고 노자의 사상 관념에서 도는 절대적이며 영원불변한, 유일무이한 존재이다. 노자가 직접 도는 "만물을 초월해 홀로 우뚝 서서 영원불변한다.〔獨立而不改〕"(제25장)고 확언했음을 되새겨야 하리라. 또 혹자가 상기시킨 장자의 말에서 '역(易)'은 바뀌다·변하다는 뜻이 아니다. 『맹자』「진심(盡心) 상편」 "이기전주(易其田疇)"의 '이'와 같이 다스리다〔治〕는 뜻으로, 곧 (도를) 닦다·배운다는 말이다. 요컨대 혹자의 논리는 유감스럽게도 노자의 사상에 부합하지 않으며, 따라서 성립되기 어렵다.

둘째, 노자 사상에서 도는 무와 유의 통일이자 융합이다. 무와 유는 도의 다른 이름이며, "이 둘은 똑같이 도에서 나왔으면서 그 이름만 달리할 뿐이다."(제1장) 또한 그 발생의 선후(先後)로 말하자면 무가 먼저이고, 유는 나중이다. 한데 혹자는 이 같은 이해를 오류로 단정하고, 반론을 제기하였다. 소위 '동출(同出)'은 무와 유가 '같은 곳〔도〕에서 나왔다'는 뜻이 아니라 '같이 나와 있는 것이다'는 뜻으로, 무가 유보다 선행한다는 것이 아니라, 유와 무가 같은 차원에서 공존하는 모습을 말하는 것이라는 논리다. 아울러 노자가 무와 유 양자를 두고 '현묘하다'고 한 것은, 반대되는 유와 무가 서로 상대방에게 자신의 존재 근거를 두면서 또는 상대방을 살려주면서 공존한다는 사실이 아주 현묘하다는 것이라고 부연하였다. 과연 그럴까?

소위 '동출'에서, 전후 문맥 내지 문법상 그 출처를 '도'로 보는 것은 전혀 무리가 없다. 또 혹자의 '같이 나와 있는 것이다'는 풀이에는, 그 출처, 즉 어디에서 같이 나와 있다는 것인지 아무런 언급이 없고, 그로 인해 논리적 모호함은 증대되고, 치밀함은 떨어진다. 그뿐만 아니라 무와 유의 선후 관계를 부정한 것은, 결정적으로 "유는 무에서 생겨난다.〔有生於無〕"(제40장)는 노자의 설명에 정면으로 배치된다. 그리고 소위 '현묘하다'는 것은 그런 말이 아니다. 우주 만물이 어느 것 하나 도(道) 본연의 본체와 작용의 소산(所産)이 아닌 것이 없으며, 그러므로 도의 그 같은 두 가지 특성을 가리키는 무와 유를 두고 현묘하다고 감탄한 것이다.

셋째, 노자가 말하는 도는 형이상학적인 개념으로, '무위자연'을 그 특성으로 한다는 것은 주지하는 바다. 한데 그것이 아니라 '대동(大同)'과 긴밀한 관계를 맺고 있는 통치이념으로, 천명 혹은 천성을 따르는 도리를 일컫는다는 혹자의 주장이 있어, 그저 의아할 따름이다. 비록 노자와 공자의 근본 사상에 적잖은 공통분모가 있는 데에 착안해 풀이한 것이라는 혹자의 설명이 있었지만, 도무지

수긍이 가지 않는 것이 역자만의 문제일까?

지면 관계상 기존의 『노자』 풀이(원문 번역과 사상 해설)에서 드러난 오류와 왜곡 현상은 이 정도만 거론하기로 한다.

동양 고전 가운데 가장 어려운 것은 『주역』이다. 『노자』는 그 다음으로 어렵다. 반면 『논어』는 상대적으로 쉬운 편에 속한다. 역자는 앞서 『논어』 졸역에서 기존 풀이의 오류 백(百)여 구절을 바로잡은 바 있다. 비교적 쉽다는 『논어』 풀이가 그러할진대, 어렵기로 이름난 『노자』 풀이가 어떨지는 불언가지(不言可知)일 것이다.

『노자』의 이론 체계는, 다시 말해 노자 철학의 사상 체계는 핵심 개념인 도(道)의 기초 위에 건립되었다. 따라서 철인(哲人) 노자와 그의 철학 사상에 대한 탐구와 해석은 반드시 도에 대한 올바른 이해가 전제되어야 한다. 한데 유감스럽게도 형이상학적인 도의 진상(眞像, 진짜 모습 그대로의 형상)을 명확히 파악하고 이해한다는 것은 쉬운 일이 아니다. 노자가 『노자』 전편에 걸쳐 도에 대해 나름대로 친절히 묘사하고 서술하였지만, 후세에 중설이 분분한 것은 바로 그 때문이다.

이에 역자는 『노자』 일서(一書)의 역해를 시작하면서, "아는 사람은 말하지 않고, 말하는 사람은 알지 못한다."는 노자의 가르침에 주목하며, 그 깊은 뜻을 받들고자 하였다. 관건은 노자의 본의(本義)를 있는 그대로 충실히 풀어내는 것이다. 이를테면 최대한 노자의 말 한 마디 한 마디의 함의(含意)와 논지(論旨)에서 벗어나지 않도록 풀어내는 것이다.

그러기 위해 우선은 한문 원문을 소정의 '3원칙'에 철저히 근거해 우리말로 옮겨야 한다. 그런 다음 각 장의 함의와 사상을 해설함에 있어서, 역자의 주관적이고 자의적인 풀이와 언설(言說)을 덧붙이지 않도록 주의해야 한다. 왜냐하면 학문적 근거가 불분명한, 주관적인 논설은 자칫 독자를 오도(誤導)해 혼란에 빠뜨릴 수 있기 때문이다. 또한 같은 이유에서, 원전에는 없는 장별(章別) 표제(標題)를 임의로 붙이는 시도도 하지 않는 게 좋다. 사실 후세의 장별 표제는 하상공본(河上公本)에서 처음 보이는데, 각 장의 본의를 과연 얼마나 제대로 담아냈느냐는 점에서 논란의 소지가 있다. '함부로 도를 말해서는 안 된다.' 노자의 일침이다.

이 밖에도 고전을 '쉽게' 읽기 위한 역자의 노력으로, 『논어』 졸역에서 이미 밝혔듯이, 한문 원문의 번역은 충실한 축어역(逐語譯), 즉 직역을 원칙으로 하여, 독자의 문리 터득에 도움이 되고자 하였다. 다만 한글 문맥의 자연스러움을 높이기 위해 적절히 신축성을 가미하였다. 여기서 신축성이라 함은 한문 원문에 함축된 의미나 행간에 숨은 뜻을 드러낸다거나, 한글 표현에 가능한 한 현대적 감각을 살리는 것 등을 말한다. 또한 필요한 경우 '주석'을 통해 어구(語句)에 대한 이해를 도왔다. 그리고 마무리는 '해설'로, '쉽게 읽기'에 점정(點睛)하고자 하였다. 특히 '해설'은 가급적 장황함을 피하고, 장별 본의에 대한 핵심적이고 명쾌한 설명으로, 독자 나름의 창의적인 이해와 사색에 단초를 제공하고자 하였다.

'쉽고 바르게 읽기'는 그야말로 한문 고전을 역주 해설하며 역자가 갈구하는 바다. 혹여 마음뿐이었지 역부족이 아니었나, 두려움이 앞선다. 무엇보다 '함부로 도를 말하지는 않았는지' 걱정이다. 독자 제현의 질정을 겸허히 받들 것이다.

일러두기

1. 『노자』 일서(一書)는 현재 완정(完整)한 판본이 없는 관계로, 불가피하게 판본 교감이 필요한바, 이 책의 『노자』 판본은 첸 꾸잉(陳鼓應) 『노자주역급평개(老子註譯及評介)』를 바탕 판본으로 하되, 학문적 권위가 공인된 고금의 저명 판본을 아울러 참고하여, 최대한 노자 사상에 부합토록 교감하고자 하였다. 그리고 모든 교감의 근거와 이유는 일일이 '주석'을 통해 명확히 밝혔다.
2. 첸 꾸잉본(本)은 예로부터 『노자』에 착간(錯簡)과 연문(衍文), 탈자(脫字), 오자(誤字)가 적지 않은 점을 감안해, 왕필본(王弼本)을 대본으로 하면서 백서본(帛書本)・부혁본(傅奕本) 등 다수의 고본(古本)을 참고하고, 아울러 역대 교감 및 훈고 학자의 고견을 근거로 하여 꼼꼼히 따져 정정(訂正)한 대표적 판본으로, 바탕 판본으로 삼기에 모자람이 없다.
3. 이 책의 구성은 한문에 관심과 조예가 있는 독자는 물론, 어려운 한문은 피하고 한글 위주로 읽고 이해하려는 독자도 아울러 염두에 두었다. 즉, 한글 번역문을 정점으로 그 바로 아래에 한문 원문을 배치해, 한글 번역문 위주로 읽거나 번역문과 원문을 대조해 읽기에 두루 편리하도록 하였다. 또한 필요한 경우 한글 번역문에 의거해 주석을 달아 자구(字句)에 대한 이해를 도왔고, 장(章)마다 '해설'을 붙여 『노자』의 세계에 입문(入門)함은 물론, 나아가 노자의 철학 사상에 대한 보다 심층적인 이해와 사색을 할 수 있도록 하였다.
4. 이 책에서 시도한 '『노자』 쉽고 바르게 읽기'를 위한 기본 방향과 원칙은, 책머리의 '들어가며' 뒷부분에서 자세히 밝혀두었다.
5. 책의 말미에는 「노자와 『노자』」란 제목으로 '해제'를 붙여, 모든 독자가 노자 『도덕경』의 사상을 체계적으로 알아가는 데 도움을 주고자 하였다.

6. 『노자』는 인문 고전 가운데서도 특히 어려운 것에 속한다. 그러니 누구에게나 읽고 이해하는 데 다소 어려움이 있을 것이다. 하지만 이 책을 반복해서 읽다보면 '우주와 인간의 만남을 꿈꾼' 철인(哲人) 노자의 숨결을 느끼며, 그 위대한 사상에 절로 매료될 것이다. 그리하여 노자 『도덕경』의 가르침에 관심이 있는 독자라면 누구나 '앎〔知之〕'과 '좋아함〔好之〕' 그리고 '즐김〔樂之〕'의 경지로 나아갈 수 있을 것이다.

차례

하편(下篇) 덕경(德經)

상편上篇

도경 道經

제 1 장

도(道)[1]란 어떤 것이라고 말할[2] 수 있으면, 그것은 영원불변의 지극한 도[3]가 아니다. 이름[4]이란 뭐라고 이름할[5] 수 있으면, 그것은 영원불변의 지극한 이름이 아니다.

무(無)는 천지의 시원(始原)을 일컫고, 유(有)[6]는 만물의 어머니

---

1 도 : 원문은 첫 번째 '도(道)'로, 명사(名詞). 이는 노자 사상의 핵심 개념으로, 대개 우주의 본원(本源)·근원을 일컬음. 한편 이 장을 포함해서 『노자』 전권(全卷)에서 말하는 '도'는 대략 첫째 우주 창조의 원동력, 둘째 삼라만상 구성의 실체, 셋째 만물 운동의 법칙, 넷째 인간 행위의 준칙 등의 의미를 함축함.

2 어떤 것이라고 말할 : 원문은 두 번째 '도(道)'. 이는 동사(動詞)로, 말하다·설명하다는 뜻임. 여기서는 도가 어떤 것이라고 말함을 이름.

3 영원불변의… : 원문은 '상도(常道)'. 여기서 '상'은 항(恒)과 같은 뜻으로, 영항(永恒) 즉 영원불변함을 이름. 백서본(帛書本)에는 '항(恒)'으로 되어 있음. 통행본(通行本)에서는 한(漢) 문제(文帝) 유항(劉恒)의 휘자(諱字)를 피(避)해 '항'을 '상'으로 고쳐 쓴 것임. 아래의 '상'도 이와 같음.

4 이름 : 원문은 첫 번째 '명(名)'. 이는 명사로, 이름·명칭이란 뜻이며, 대상(對象, 여기서는 '도')의 진상(眞像)을 두고 이르는 말임.

5 이름할 : 원문은 두 번째 '명(名)'. 동사로, 이름하다·일컫다는 뜻.

6 무(無)·유(有) : 모두 '도'를 두고 이르는 말로, 곧 '도'의 다른 이름임. '도'는 '보아도 보이지 않고, 들어도 들리지 않으며, 만져도 만져지지 않는다'(*제14장 참조)고 하였듯이, 결코 구체적인 사물이 아니므로 '무'라고 하고, 또 그러면서도 그 가운데 '우주의 형상이 있고, 우주 만물이 있으며, 만물의 정기(精氣)가 있어서'(*제21장 참조) 능히 천지 만물을 생성해 내므로 '유'라고 한 것임. 결국 '무'는 '도'의 본체를, '유'는 '도'의 작용을 두고 이르는 것임. 한편 왕필(王弼)이 '무'·'유'를 각기 그 다음의 '명' 자(字)와 잇대어 '무명(無名)'·'유명(有名)'으로 풀이한 후 그 영향이 끊이지 않다가, 왕안석(王安石)에 이르러 비로소 '무'·'유'로 읽는 새로운 풀이가 시도됨. 한데 제40장에서 "천하 만물은 '유'에서 생겨나고, '유'는 '무'에서 생겨난다."라고 한

를 일컫는다. 그러므로 영원불변의 지극한 무를 통해 도의 본체의 오묘함을 보려 하고, 영원불변의 지극한 유[7]를 통해 도의 작용의 광대함[8]을 보려 하는 것이다.

이 둘[9]은 똑같이 도에서 나왔으면서 그 이름만 달리할 뿐이요, 하나같이 현묘(玄妙)하다 할 것이다. 요컨대 도란 현묘한 가운데서도 특히 현묘한 것으로, 온갖 오묘함[10]이 발현되는 문이다.

것을 보면, 왕안석의 견해가 옳음을 알 수 있음. 사마광(司馬光)·소철(蘇轍)·양계초(梁啓超)·까오 헝(高亨) 등도 모두 이에 따름.

7 영원불변의 지극한 무·유 : 원문은 '상무(常無)'·'상유(常有)'. 여기서 '상'을 흔히 항상·언제나의 뜻으로 풀이하나, 문법적으로나 사상적으로 '무'와 '유'의 영원성을 강조하는 말(형용사)로 이해함이 옳음. 이는 『장자(莊子)』「천하편(天下篇)」에서 "노담(노자)이 그 유풍(遺風)을 듣고 아주 좋아하여 '상무'와 '상유'의 사상을 건립하였다.〔老聃聞其風而悅之, 建之以常無有〕"라고 한 것을 보면 쉽게 알 수 있음. 한편 왕필이 '무'·'유'를 각기 그 다음의 '욕(欲)' 자와 잇대어 '무욕(無欲)'·'유욕(有欲)'으로 풀이한 후 많은 사람들이 그 견해를 따르고 있으나, 그 또한 『장자』의 이 말을 보면 옳지 않음을 알 수 있음. 그뿐만 아니라 왕필의 풀이는 또 문맥상으로는 '고(故, 그러므로)' 자(字)의 근거를 찾을 수 없고, 논리 사상적으로는 '무욕'은 강조하되 '유욕'을 반대한 노자의 기본 관점(*제3, 19, 57장 참조)에도 어긋남.

8 도의 본체의 오묘함·도의 작용의 광대함 : 원문은 '기묘(其妙)'·'기요(其徼)'. 여기서 '기'는 '도'를 지칭함. '묘'는 '도'의 본체 즉 '무'를 형용하는 말로, 헤아릴 수 없이 오묘하다는 뜻임. '요'는 '도'의 작용 즉 '유'를 형용하는 말로, 끝없이 광대하다는 뜻이며, 이는 육덕명(陸德明)이 '요'를 변(邊), 즉 가·가장자리·끝의 뜻으로 풀이한 견해에 근거함.

9 이 둘 : 원문은 '차양자(此兩者)'로, '무'와 '유'를 가리킴. 왕필은 '시(始, 시원)'와 '모(母, 어머니)'를 가리키는 것으로 보았으나, 문법적으로나 논리·사상적으로 적절치 못함.

10 온갖 오묘함 : 원문은 '중묘(衆妙)'. 앞 '기묘(其妙)'의 '묘'가 형용사로 쓰인 반면, 이 '중묘'의 '묘'는 명사로 쓰인 것임.

道可道, 非常道; 名可名, 非常名. 無, 名天地之始; 有, 名萬物之母. 故常無, 欲以觀其妙; 常有, 欲以觀其徼. 此兩者, 同出而異名, 同謂之玄. 玄之又玄, 衆妙之門.

해설

이 첫 장은 『노자』 전권(全卷)의 서론(緖論) 내지 총론(總論)으로, 노자 사상의 핵심 개념인 '도'에 대해 '설명'〈엄격히 말하면 '설명'이라기보다는 '묘사'나 '서술'이라는 표현이 보다 적절하나, 편의상 이같이 말함. 아래도 같음. *권말 「해제」 3-(1)-① '도가도(道可道) 비상도(非常道)' 참조〉하였다. '도' 자(字)는 본디 길을 뜻한다. 하지만 노자 사상에 있어서 '도'는 기본적으로 우주의 본원이자 근원, 즉 천지 만물을 창조 생성하는 핵심적 원리 내지 근원적 동력을 지칭한다. 하여 이는 또 그 위대성을 형용 부각하여 왕왕 '대도(大道)'라고 일컫기도 한다.(*제34장 주석1 참조) 한데 엄격히 말해서, 영원불변의 그 지극한 '도'는 어떤 것이라고 말로 설명할 수도 없고, 뭐라고 이름을 붙여 일컬을 수도 없다.

그럼에도 불구하고 '도'가 어떠한 것인지를 말하기 위해서는 적당한 이름을 붙여 일컫지 않을 수 없다. 이른바 '무'·'유'는 바로 그 같은 이유로, 사람들의 이해를 돕기 위해 '도'의 성격을 여실히 반영해 달리 일컬은 것이다. 천지의 시원인 '무'는, '도'의 본체가 가지고 있는 무형질(無形質)의 특성과 무한한 잠재력을 상징한다. 반면 만물의 어머니인 '유'는 '도'의 작용이 갖는, 무형질에서 유(有)형질로 구체화하는 역동적 창조력을 상징한다. 결국 삼라만상과 천지만물은 바로 '도' 본연의 체용(體用, 본체와 작용)의 소산(所産)인 것이다. 그러니 '무'·'유'를 어찌 현묘하다, 즉 이치나 기예(技藝)의 경지가 헤아릴 수 없이 미묘하다 하지 않겠는가?

노자가 말하는 '무'와 '유'는, 사실상 훗날 북송(北宋)의 주돈이(周敦頤)가 말한 '무극(無極)'과 '태극(太極)'이나 다름이 없다. 주돈이는 「태극도설(太極圖說)」에서 "무극에서 태극이 생겨났다.〔無極而太極〕"고 하며, 우주의 본원인 '무극'은 천지 만물의 생성을 위한 또 하나의 근원적 기운인 '태극'을 낳았다는 견해를 피력한 바 있다. 유가의 입장에서는 인정하고 싶지 않겠지만, 주돈이는 결국 '무에서 유가 생겨났다'(*제40장 참조)는 노자의 우주론을 계승한 것이다.

아무튼 노자가 말하는 '무'는 드러나지 않는, 무한한 생기(生氣)와 생명력을 가득 품고 있으며, 그 바탕 위에 무한하면서도 역동적인 생명의 기운인 '유'를 내포하고 있다. '도'는 결국 '무'와 '유'의 통일이요, 융합이다. '도'를 두고, '현묘한 가운데서도 특히 현묘한 것으로, 온갖 오묘함이 발현되는 문'이라고 한 것은, 바로 그 같은 특성과 형상을 강조한 것이다.

제2장

천하가 다, 아름다운 것이 왜 아름다운지를 알면서 비로소[1] 추함[2]에 대한 의식이 생겨났고, 천하가 다, 선한 것이 왜 선한지를 알면서 비로소 악함에 대한 의식이 생겨났다. 하지만[3] 있음과 없음[4]은 서로 대립하면서도[5] 생성(生成)시키고, 어려움과 쉬움은 서로 대립하면서도 촉성(促成)시키며, 긺과 짧음은 서로 대립하면서도 드러나게 하고, 높음과 낮음은 서로 대립하면서도 포용하며,[6] 소리 나지 않음과 소리 남[7]은 서로 대립하면서도 조

---

1 비로소 : 원문은 '사(斯)'. 즉(則)과 같음. 여기서는 그로 인하여 · 비로소의 의미로 확대 해석할 수 있음.

2 추함 : 원문은 '악(惡)'. 여기서는 추(醜)함을 뜻함.

3 하지만 : 원문에는 없는 말이나, 문맥의 자연스러움을 더하여 이해를 돕기 위해 보충한 것임. 통행본에는 본디 '유무상생(有無相生)' 앞에 '고(故)'자가 있으나, 의미상 어울리지 않으므로 백서본 등에 근거해 삭제함.

4 있음과 없음 : 원문은 '유무(有無)'. 이는 객관 사물의 존재와 부(不)존재 혹은 발생과 미(未)발생을 두고 이르는 말로, 제11장의 "유지이위리, 무지이위용(有之以爲利, 無之以爲用)"의 '유' · '무'와 같은 반면, 앞 장의 '유' · '무'와는 다름.

5 대립하면서도 : 이는 원문에는 없는 말이나, 이 같은 의미가 자간(字間)에 함축되어 있으므로, 번역문에서 드러낸 것임. 아래도 같음.

6 포용하며 : 원문은 '영(盈)'. 통행본에는 '경(傾)'으로 되어 있으나, 그것은 한(漢) 혜제(惠帝) 유영(劉盈)의 휘자를 피해 고친 것이므로, 백서본에 근거해 되돌림.

7 소리 나지 않음과 소리 남 : 원문은 '음성(音聲)'. 여기서 '음'은 음(喑)과 같은 뜻으로, 무성(無聲), 즉 소리가 없음 · 소리를 내지 않음 · 고요함 · 적막함 등의 유(類)를 말함. 흔히 '음'은 악기 소리 혹은 여러 악기로 연주하는 소리, '성'은 사람 소리 혹은 한 줄기의 단일(單一)한 소리의 뜻으로 풀이하나, 전후 문맥상 아무래도 미흡하고 부적절함을 면키 어려움.

화하고, 앞과 뒤는 서로 대립하면서도 따르나니, 이는 영원불변의 법칙이다.[8]

그러므로 성인[9]은 무위자연[10]의 태도로 세상사를 처리하고, 정령(政令)을 발하지 않는[11] 방법으로 교화(敎化)를 행하여, 만사 만물이 절로 일어나게 할 뿐 결코 인위(人爲)로 비롯하게 하지 않고,[12] 만물을 보살펴 자라게 할 뿐 결코 사사로이 소유하지

---

8 영원불변의… : 원문은 '항야(恒也)'. 통행본에는 없는 말이나, 백서본에 근거해 보충함. 이는 앞 여섯 구절을 총결하는 말로, 이 말이 있는 것이 훨씬 자연스러움.

9 성인(聖人) : 도가에서 표방하는 최고의 이상(理想) 인물. 이는 곧 '도'와 일체화된 인격 형상으로, 심신의 자유를 저해하는 일체의 속박, 심지어는 윤리규범까지도 부정 반대하면서 만사를 자연 순리에 맡겨, '허정(虛靜, *제5장 주석7 참조)'과 '부쟁(不爭, *제28장 「해설」 참조)', 무위와 무욕의 삶을 실천하는 인물임. 따라서 만인의 본보기로서의 도덕군자이며, 유위(有爲)와 유욕(有欲)의 삶을 실천하는 유가의 성인과는 다름. 여기서는 도가의 정치원칙을 충실히 따르는, 이상적인 위정자·통치자를 가리킴.

10 무위자연(無爲自然) : 원문은 '무위(無爲)'. 노자가 말하는 '무위'는 사실상 '자연'(저절로 그러함)의 의미를 내포하고 있는데, 양자는 한 가지 문제의 양면(兩面)으로, '무위'는 부정적 시각에서, '자연'은 긍정적 시각에서 각각 노자의 기본 가치관을 표현함. 요컨대 이는 사물의 자연적 변화 발전에 순응하며, 결코 인위적으로(혹은 그 어떤 것도 자신의 힘으로) 어떻게 하려고 하지 않는 태도를 말함. 이는 물론 아무것도 하지 않는 것이 아니며, 단지 천지가 만물을 생장(生長)시키듯이 만물 생장 번식의 자연 법칙에 순응함을 말함.

11 정령을… : 원문은 '불언(不言)'. 곧 정책과 법령 등에 의지하지 않음을 이름.

12 만사 만물이… : 원문은 '만물작이불시(萬物作而弗始)'. 통행본에는 '만물작언이불사(萬物作焉而不辭)'로 되어 있는데, 의미상 미흡함이 있어 백서본 등에 근거해 고침. '불(弗)'은 불(不)과 같음.

않으며, 만사에 온 힘을 다할 뿐 결코 자신의 재능에 의지하지[13] 않고, 공로를 이룰 뿐 결코 공로가 있음을 자부하지 않는다. 바로 그처럼 공로가 있음을 자부하지 않기 때문에[14] 그 공로가 오히려 사라지지 않는 것이다.

天下皆知美之爲美, 斯惡已; 皆知善之爲善, 斯不善已. 有無相生, 難易相成, 長短相形, 高下相盈, 音聲相和, 前後相隨, 恒也. 是以聖人處無爲之事, 行不言之教; 萬物作而弗始, 生而弗有, 爲而弗恃, 功成而弗居. 夫唯弗居, 是以不去.

해설

노자는 앞 첫 장에서 도에 대해 논한 데에 이어, 이 둘째 장에서 곧바로 인생의 문제를 논하고 있다. 그것은 노자가 인생의 의미와 가치를 통해 도, 즉 대도(大道)의 정신을 구현하려고 한다는 것을 말해 준다. 노자는 첫 장에서 초월적이면서도 절대적인 영원불변의 도의 양면(兩面), 즉 '상무(常無)'와 '상유(常有)'의 개념을 제시하였다. 그리고 이제 여기서 하나의 절대적 가치 관념을 제기하고 있다.

일반적으로 미추(美醜)나 선악(善惡) 등의 개념과 가치 관념은 상호 대립적 관계 속에서 생겨난 것으로, 주관적이면서도 상대적인 특성을 띤다. 사람들은 스스로 생각하기에, 아름다움이나 선함과

---

13 의지하지 : 원문은 '시(恃)'. 믿고 의지함.

14 바로 ~때문에 : 원문은 '부유(夫唯)'. 이는 『노자』의 관용적 표현으로, 위의 말을 이어받아 원인과 이유로 제시하면서 그 결과와 결론으로 아래 말을 이끌어 낼 때 쓰며, 아래 구절의 첫머리는 대개 그러므로·그래서의 뜻인 '시이(是以)'나 '고(故)'로 시작함.

같은 좋고 유리한 것을 선호하고 추구하는 반면, 추함이나 악함과 같은 나쁘고 불리한 것을 싫어하고 배척하게 되고, 그러면서 결국 세상에는 온갖 거짓과 속임과 다툼의 '유위(有爲)'가 난무하는 꼴사나운 모습이 끊이지 않게 된다.

한데 노자는 이 같은 상대적 가치 관념을, 그 본질에 대한 무지와 인식 부족에서 빚어진 결과로 보고, 만사 만물의 상대적 가치를 '대도'에 부합하는 절대적 가치로 승화시켰다. 다시 말해 미추나 선악을 비롯해 있음과 없음, 어려움과 쉬움, 긺과 짧음, 높음과 낮음, 소리 나지 않음과 소리 남, 앞과 뒤의 상대적 개념들은, 사실상 서로 대립하면서도 보완하고, 서로 대치하면서도 융합과 통일을 이루어 감으로써 절대 가치를 창출한다는 것이다.

그러므로 성인은 '무위(無爲)', 즉 무위자연의 태도와 '불언(不言)', 즉 정령을 발하지 않는 방법을 취함으로써 상대적인 가치 관념과 폐단에서 벗어나 '대도'에 부합하는 절대 가치를 추구한다. 여기서 '무위'와 '불언'은 곧 통치자에 대한 요구다. 고대 사회에 있어서 천하 분란과 세상 고통은 통치자의 '유위'와 '다언(多言)'이 원인인 경우가 많았다. 이에 노자는 좋고 이로운 것에 대한 소유욕을 완전히 떨쳐버린 무위의 정치를 주창함으로써, 만백성에 대한 통치자의 영향력과 압력을 해소해, 통치자를 있는 듯 없는 듯한 존재로 거듭나게 하고자 한 것이다. 노자가 "가장 훌륭한 군주는, 백성들이 그가 있다는 사실조차 알지 못한다."(제17장)라고 한 것은, 바로 그 같은 취지를 웅변으로 말해 준다. 아무튼 이와 같이 능히 '대도'의 정신에 부합하고, 자연의 법칙에 순응하는 성인의 처신(處身) 처사(處事)야말로 진정 영원 불후의 공로로 남을 것이다.

제3장

군주가[1] 현능(賢能)한 이[2]를 높이 받들지 아니하면 백성들은 공명을 다투지 않게 되고,[3] 얻기 어려운 재화(財貨)를 귀히 여기지 아니하면 백성들은 도둑질을 하지 않게 되며, 탐욕이 일 만한 것[4]을 드러내 보이지 아니하면 백성들은 마음을 어지럽히지 않게 된다.

그러므로 성인이 나라를 다스릴 때는, 백성들의 마음을 정화(淨化)시키되 그 배를 채워 주고, 그 의지[5]를 약화시키되 그 뼈대를 튼튼히 해준다. 그렇게 하여 늘 백성들로 하여금 세상의 온갖 명리(名利)에 대해 무지·무욕하게[6] 하고, 나아가 스스로 지

---

1 군주가 : 원문에는 없는 말이나, 이하 세 구절의 행동 주체는 응당 군주·통치자일 것이므로 번역문에 보충함.

2 현능한 이 : 원문은 '현(賢)'. 현자(賢者), 현능한 인재.

3 공명을… : 원문은 '부쟁(不爭)'. 하상공(河上公)이 공명(功名)을 다투지 않고 무위자연으로 돌아감을 말한다고 풀이한 견해를 따름.

4 탐욕이… : 원문은 '가욕(可欲)'. 여러 가지 견해가 있으나, 대개 미색(美色)·미물(美物)·진미(珍味) 따위를 이름.

5 그 의지 : 원문은 '기지(其志)'. 여기서 '지'는 심지(心志), 의지(意志)로 이해됨. 사람이 의지, 즉 뭔가 하고자 하는 바를 이루려는 마음이 강하면, 자칫 무리하게 지혜를 짜고 술책을 부릴 우려가 큰데, 제65장에서 "백성을 다스리기 어려운 까닭은 바로 그들의 지혜가 넘치기 때문이다."라고 하였듯이, 지혜나 술책은 성인이 나라를 다스리는 데 방해가 되는 것이므로, 백성들의 의지를 약화시키려는 것임.

6 세상의 온갖… : 원문은 '무지무욕(無知無欲)'. 왕필(王弼)이 순진 질박함을 간직하는 것이라고 풀이하였듯이, 이는 곧 세상 명리에 대해 아는 것도 없고, 욕심도 없는 상태를 말함. 따라서 일설에 이를 우민(愚民)정책의 주장으로 보는 견해는 옳지 않음.

혜롭다고 여기는 저들[7]로 하여금 감히 경거망동하지 않게 한다. 요컨대 무위자연의 원칙으로 만사를 다스리면 다스려지지 않는 것이 없다.

不尚賢, 使民不爭; 不貴難得之貨, 使民不爲盜; 不見可欲, 使民心不亂. 是以聖人之治, 虛其心, 實其腹, 弱其志, 强其骨. 常使民無知無欲. 使夫智者不敢爲也. 爲無爲, 則無不治.

해설

노자가 보건대, 세상이 어지러운 것은 결국 물질적 탐욕이 팽배하면서 사람들이 본연의 순수함과 질박함을 잃고, 온갖 간특한 지혜와 허위적인 술책으로 서로 속이고 다투기 때문이다. 그러므로 군주는 최대한 사람들의 물질적 욕망을 자극하지 않음으로써, 그 미혹(迷惑)에서 벗어나 인간 본연의 순박함을 회복케 하여야 한다. 따라서 성인은 나라를 다스리며, 무엇보다 백성들의 마음을 정화시키고, 의지를 약화시키는 한편, 그들의 자연 본능적 욕구를 충족시켜 줌으로써, 만백성이 순진무구함을 간직하고, 스스로 지혜롭다는 자들이 함부로 날뛰지 않도록 한다. 이처럼 무위자연의 원칙에 따라, 즉 자연 법칙에 순응해 사람들로 하여금 본연의 순수성과 자연성을 회복케 한다면, 세상은 절로 잘 다스려질 것이라는 게 노자의 생각이다.

---

7 스스로… : 원문은 '부지자(夫智者)'. '부'는 지시대명사로 저, 저들의 뜻임. '지자'는 여기서는 자칭(自稱) 지자(지혜로운 사람)를 가리킴.

제4장

도(道)의 본체는 텅 비어 있지만,[1] 그 작용은 무궁무진한[2] 것 같다.[3] 도는 한없이 심원(深遠)하나니 그런 까닭에 만물의 본원[4]과 같고, 또 한없이 은은하나니[5] 그러면서도 확실히 존재하는 것 같다. 나는 도가 어디에서 생겨났는지는 모르겠으나, 아마도 하느님[6]보다 먼저 있었을 것 같다.[7]

---

1 텅 비어… : 원문은 '충(沖)'. 이는 유월(俞樾)이 이른 대로 '충(盅)'의 가차자임. 부혁본과 『설문해자(說文解字)』 인용문에는 모두 '충(盅)'으로 되어 있으며, 『설문해자』에서는 이 '충'은 '그릇이 비었다〔器虛〕'는 뜻이라고 함.

2 무궁무진한 : 원문은 '불영(不盈)'. 여기서 '영'은 진(盡)과 같으니, '불영'은 곧 제6장 "용지불근(用之不勤)"의 '불근'과 같은 뜻으로, 다함이 없다・무궁무진하다는 말임.

3 ~ 같다 : 원문은 '혹(或)'. 이 장에는 '혹'과 '사(似)'가 각각 두 차례씩 쓰이고 있는데, 두 글자 모두 마치 ~와 같다는 뜻을 나타냄. 석감산(釋憨山)은 '혹'과 '사'는 모두 부정(不定)의 말인데, 노자는 사람들이 언어를 진실한 것으로 여긴 나머지 언어를 통하지 아니하고는 도를 이해・체득하려 하지 않는 것을 우려해, 이같이 의문의 뉘앙스를 띤 말을 써서 그 고집스러움을 없애려 했을 뿐이라고 함. 또 엄복(嚴復)은 이 장은 도의 본체를 집중적으로 설명하고 있는데, 두 개의 '혹' 자(字)와 '사' 자를 음미해 보면 비로소 그 함의(含意)를 깨달을 수 있을 것인바, 대개 도가 하나의 물(物, 철학 용어로, 인간의 감각으로 느낄 수 있는 실재적 사물, 또는 느낄 수 없어도 그 존재를 사유할 수 있는 일체의 것을 일컬음. 여기서는 후자)인 소이(所以)는 본디 어떻게 설명할 수 있는 것이 아니라고 함.

4 본원(本源) : 원문은 '종(宗)'. 종주(宗主)・조종(祖宗), 곧 본원・근원을 이름.

5 은은(隱隱)하나니 : 원문은 '침(湛)'. 여기서는 침(沈) 혹은 몰(沒)과 같은 뜻으로, 곧 결코 뚜렷이 드러나지 않는, 은미(隱微, 겉으로 드러나는 것이 거의 없음)한 도의 특성을 형용함.

道沖, 而用之或不盈. 淵兮, 似萬物之宗; 〔挫其銳, 解其紛, 和其光, 同其塵;〕[8] 湛兮, 似或存. 吾不知誰之子, 象帝之先.

해설

이 장은 제1장에 대한 부연 설명이나 다름이 없다. 도의 본체는 그야말로 어떠한 형체나 형상도 없이 마냥 공허(空虛) · 허무(虛無)한, 즉 텅 비어 있는 물질적 실체다. 또한 그러한 가운데 무궁무진한 창조적 인자(因子)와 위력(威力)을 내포하고 있으니, 곧 천지 만물 생성의 근원이다. 소위 심원함이란 그 오묘한 창조력을 형용함이요, 은은함이란 그 무형(無形) · 무성(無聲)의 실존을 형용함이다. 한데 이 같은 도가 어디서, 무엇으로부터 생겨난 것인지는 알 수 없으나, 적어도 하느님보다는 먼저 존재했을 것이라는 게 노자의 생각이다. 이는 도야말로 진정 만물의 어머니임을 다시 한 번 분명히 하면서, 우주 만물은 하느님이 창조하고 주재하는 것이라는 당시의 일반적인 생각과 믿음을 뒤집는 것이었으니, 우주론에 대한 철학적 사고와 관념의 중대한 변화이자 발전이다.

---

6 하느님 : 원문은 '제(帝)'. 천제(天帝) · 상제(上帝), 즉 하느님을 일컬음. 다만 천제는 천지(天地)가 생겨난 다음에 존재하는 것이니, 이는 실제로는 천지를 두고 이르는 것으로 이해할 수 있음.

7 ~같다 : 원문은 '상(象)'. 여기서는 '사(似)'와 같은 뜻임.

8 좌기예(挫其銳)··· : 이 4구(句)는 제56장에도 보이는데, 마 쉬룬(馬敍倫) · 까오 헝(高亨) · 첸 꾸잉(陳鼓應) 등이 모두 이른 대로, 착간(錯簡), 즉 죽간(竹簡)의 순서가 뒤죽박죽이 되면서 이 장에 잘못 끼어들어 온 것으로 추정됨. 이 앞의 '연혜, 사만물지종(淵兮, 似萬物之宗)'과 뒤의 '침혜, 사혹존(湛兮, 似或存)' 두 구절이 서로 짝을 이루고 있는 것을 보면, 더욱 그럴 가능성이 큼. 하여 여기서는 문맥이 잘 통하지 않으므로 이를 모두 삭제하기로 함. *자세한 풀이는 제56장 참조.

한편 이 장에서는 부정(不定, 확정적이지 않거나 절대적이지 않음)과 의문의 뉘앙스를 띤 말을 다수 동원하고 있는데, 그것은 말로는 도저히 제대로 형용할 수 없는 '상도(常道)'의 무한성(無限性)을 설명하기 위한 나름의 방편일 뿐이다.

제5장

천지는 어떤 것도 사사로이 인애(仁愛)하지 않으니[1] 만물을 짚으로 만든 개[2] 보듯 하고, 성인은 어떤 것도 사사로이 인애하지 않으니 백성을 짚으로 만든 개 보듯 한다.

하늘과 땅 사이는 아마도 커다란 풀무[3]와 같으리라! 속은 텅 비어 있지만 그 작용은 다함[4]이 없나니, 발동(發動)을 하면 할수록 더욱 끊임없이 만상(萬象)을 생성해 낸다.

정령(政令)을 번다히 발하면[5] 파멸만 앞당길 뿐이러니,[6] 무위

---

1 어떤 것도… : 원문은 '불인(不仁)'. 여기서 '인'은, 오징(吳澄)이 사랑하는 마음이 있음을 말한다고 하였듯이, 사사로이 인애함, 즉 편사(偏私, 특정한 대상에게만 호의를 보임)·편애(偏愛)함을 가리킴. 사실 '인'은 유가(儒家)에서는 그 핵심 사상으로, 도덕 수양의 최고 경지를 이름. 하지만 노자 사상에서는 "도를 행할 수 없게 된 뒤에는 덕이 드러나고, 덕을 행할 수 없게 된 뒤에는 인이 드러났다.〔失道而後德, 失德而後仁〕"(제38장)라고 하였듯이, 그다지 중요한 위치를 차지하지 못함. 유가의 '인'은 천리(天理)에 근거한 것으로 대공무사(大公無私)한 반면, 노자가 말하는 '인'은 인정(人情)에서 발한 것으로 유위(有爲)·유사(有私)함. 노자 사상의 기본 정신 역시 대공무사함에 있으나, 그 정신을 구현하는 것은 '인'이 아니라 '도'라는 점이 유가와는 다름.

2 짚으로 만든 개 : 원문은 '추구(芻狗)'. 옛날에 제사 지낼 때 쓰던, 짚을 묶어 만든 개로, 제사가 끝나면 그냥 내던져 버림.

3 커다란 풀무 : 원문은 '탁약(橐籥)'. 풀무·풍상(風箱), 즉 옛날 대장간 같은 곳에서 불을 피울 때 바람을 일으키는 기구.

4 다함 : 원문은 '굴(屈)'. 여기서는 갈(竭) 혹은 진(盡)과 같은 뜻임.

5 정령을… : 원문은 '다언(多言)'. 정령을 번다히 발하며 백성들을 못살게 굶을 이름. 여기서 '언'은 제2장 '불언(不言)'의 '언'과 같은 뜻임. 또 '다언'은 곧 유위(有爲)함을 말하는 것이니, 왕필이 이를 '위지(爲之)'로 풀이한 것 또한 같은 맥락으로 이해됨.

자연의 도(道)를 지키는 것[7]만 못하다.

天地不仁, 以萬物爲芻狗; 聖人不仁, 以百姓爲芻狗. 天地之間, 其猶橐籥乎! 虛而不屈, 動而愈出. 多言數窮, 不如守中.

해설

노자가 볼 때, 천지는 무사(無私) 무위한 자연(自然) 존재로, 이성은 물론 감정도 없다. 그 때문에 천지는 자연계 만물에 대해 어떠한 작용이나 간섭도, 편애나 증오도 하지 않는다. 바꿔 말하면 천지간 만물은 단지 각각의 자연 법칙에 따라 변화 발전할 뿐이다. 이는 곧 당시 많은 사람들이 천지를 인격화하여 만물을 주재(主宰)하는 것으로 본 것과는 배치되는 견해다.

노자는 또 인도(人道)는 천도(天道)를 본받아야 한다는 견지에서, 성인(*제2장 참조)은 천지를 본받아 '무위이치(無爲而治, 무위자연의 원칙으로 정치를 행해 천하가 절로 잘 다스려지게 함)'를 실현함을 강조하였다. 천지간에 가득하며, 속은 텅 비어 있지만, 그 작용은 무궁무진한 천도의 기본 특성은 바로 무위자연이다. 하여 노자는 무위의 관점에서 출발해, 통치자가 어떠한 이론이나 주장〈이에는 유가의 인의(仁義) 도덕 관념도 포함됨〉, 정론(政論)이나 정령으로도 백

---

6 파멸만… : 원문은 '삭궁(數窮)'. '삭'은 속(速)과 통하여 가속화하다, 앞당기다는 뜻임. '궁'은 곤궁, 궁지, 파멸 따위를 이름.

7 무위자연의… : 원문은 '수중(守中)'. 여기서 '중'은 '충(沖)'과 통하며, 제4장 '도충(道沖)'의 '충'과 같음. 이는 속마음이 텅 비어 아무 욕심도 없고 한껏 맑고 고요한 심적(心的) 상태를 이르니, 곧 허정〈虛靜, 공허(空虛) 청정(淸靜)함〉하고 무위(無爲)한 도(道)의 본체를 형용함. 따라서 이는 유가(儒家)의 '중'이 극단으로 흐르지 아니하고 중용(中庸)에 부합함을 이르는 것과는 다름.

성들을 성가시게 해서는 아니 됨을 역설한 것이다. 통치자의 입장에서도, 번다한 유위(有爲)는 오히려 파멸만 가속화할 것임을 알아야 한다. 아무튼 백성들은 개개인의 개별성과 특수성, 차별성이 충분히 보장되는 가운데, 자연 법칙에 따라 최대한의 자율적인 삶을 누릴 수 있도록 해야 한다는 얘기다.

이른바 '무위이치'란 유가에서도 주장하는 바다. 다만 유가의 그것은 정령이나 형벌과 같은 인위적인 방법에 의하지 아니하고, 오로지 덕으로 백성을 감화시켜 천하가 절로 다스려지면서 태평성세를 이룩함을 말한다. 다시 말해 유가의 '무위이치'는 군주 본인이나 군주가 등용한 현인(賢人)이 백성을 덕으로 감화하고 예(禮)로 교화하는 등 최소한의 인위, 즉 유위를 인정하고 있는 것이다. 반면 도가의 그것은 일체의 인위를 부정 배격하고, 오로지 자연 그대로에 따를 것을 강조한다.

제6장

골짜기처럼 공허 청정(淸靜)하면서도 신(神)처럼 신묘하기 그지없는 도[1]는 영원불멸하나니,[2] 이를 일러 현묘(玄妙)한 모체(母體)[3]라 할 것이다. 또한 그 현묘한 모체의 음문(陰門)은 천지의 근원이라 할 것이다. 도는 면면히 연잇고, 보이진 않지만 분명 영원히 존재하며,[4] 그 작용 또한 무궁무진하도다.[5]

谷神不死, 是謂玄牝. 玄牝之門, 是謂天地根. 緜緜若存, 用之

---

1 골짜기처럼… : 원문은 '곡신(谷神)'. 이는 곧 노자가 말하는 도의 특성을 형용 묘사한 말임. '곡'은 공곡(空谷), 즉 텅 비어 맑고 고요하며 깊고 그윽한 골짜기. 여기서는 도의 본체가 진실로 공허 청정함을 비유 형용함. '신'은 지극히 신묘(神妙)한 존재. 여기서는 도의 작용이 신묘하기 그지없음을 비유 형용함. 흔히 '곡신'을 한 단어로 보아 '계곡(골짜기)의 신'으로 풀이하나, 옳지 않음. 제39장에서 "신(神)은 도를 얻어서 영험해졌고, 강〔골짜기〕은 도를 얻어서 물로 가득 차게 되었다.〔神得一以靈, 谷得一以盈〕"라고 하였듯이, '곡'과 '신'은 엄연히 두 가지 서로 다른 존재의 형상을 가리키는 말임.

2 영원불멸하나니 : 원문은 '불사(不死)'. 이는 영생(永生) 불사한다는 뜻이니, 곧 도의 영원성을 형용함.

3 현묘한 모체 : 원문은 '현빈(玄牝)'. 이는, 도가 만물을 생육(生育)함에는 그 어떤 형상도 볼 수 없고, 그 어떤 흔적도 찾을 수 없으며, 그 때문에 '현묘하기 그지없는 모성(母性)·모체'라는 뜻으로, 곧 불가사의한 만물 생성(生成) 능력을 가진 도를 형용 지칭한 말임. '빈'은 짐승의 암컷을 이르니, 여기서는 천지의 시원이요, 만물의 어머니인 도의 생식(生殖) 능력을 상징함.

4 보이진… : 원문은 '약존(若存)'으로, 직역하면 마치 존재하는 것 같다는 뜻임. 하지만 이는 소철(蘇轍)이 이른 대로, 존재하기는 하나 육안으로는 결코 볼 수 없다는 뜻을 표현한 것으로 이해해야 할 것임.

5 무궁무진하도다 : 원문은 '불근(不勤)'. 제4장의 '불영(不盈)'과 같음. '근'은 진(盡)과 같은 뜻임. *제4장 주석2 참조.

不勤.

해설

이는 도의 무형적(無形的) 형상에 대한 비유・상징적 묘사요, 설명이다. 우선 '곡신(谷神)'으로 도를 묘사함은, 제4장에서 "도의 본체는 텅 비어 있지만, 그 작용은 무궁무진한 것 같다."고 하였듯이, 공허 청정하면서도 한껏 유심(幽深)한 도의 본체와, 가늠하기 어려울 정도로 신묘하면서도 무궁무진한 도의 작용을 비유 설명하기 위함이다. 그리고 '불사(不死)'라 함은 도의 영원불멸의 속성을 강조함이니, 다름 아닌 '상도(常道)'를 두고 이르는 것이다. 또한 '현빈(玄牝)'으로 도를 묘사함은 곧 이상과 같은 맥락에서, 도의 현묘한 모성적(母性的) 생식 능력을 상징적으로 설명하기 위함이다. 그러니 '현빈지문(玄牝之門)', 즉 현묘한 모체의 음문이 천지의 근원이라 함은, 도야말로 천지 만물의 시원이요, 어머니임을 다시 한 번 분명히 한 것이다. 여기서 '현빈지문'은 물론 도를 두고 하는 말이다. '골짜기 같고〔谷〕' '신 같고〔神〕' '영원불멸〔不死〕'함은 도의 세 가지 덕(德)을 형용하는 것인데, 그 같은 세 가지 덕을 모두 갖춘 도야말로 '현빈지문'으로서 천지의 근원이며, 그 존재와 작용 또한 영원무궁함은 두말할 나위가 없다.

제7장

천지는 영원무궁하다. 천지가 영원무궁할 수 있는 까닭은 그 스스로를 위한 삶을 살지 않기[1] 때문이나니, 그렇기 때문에 장생불사(長生不死)할 수 있는 것이다.

그러므로 성인은 자기 자신을 다른 사람의 뒤에 두지만, 오히려 뭇사람의 우러름을 받아[2] 자신이 앞으로 나아가게 되고, 자기 자신의 안위를 돌보지 않지만,[3] 오히려 뭇사람의 배려를 받아[4] 자신을 온전히 보존하게 된다. 이 어찌 그가 자기 자신을 위한 궁리(窮理)와 처신(處身)을 하지 않기[5] 때문이 아니겠느냐?[6]

---

1 그 스스로를… : 원문은 '기부자생(其不自生)'. 이는 자기 자신의 생존을 위해 한껏 애를 쓰는 그런 삶을 살지 않는다는 말이니, 곧 '무사(無私, *아래 주석5 참조)'요, '무이생위(無以生爲, *제75장 주석4 참조)'라 할 것임.

2 뭇사람의 우러름을 받아 : 원문에는 없는 말이나, 문맥상 이 같은 뜻이 함축되어 있으므로 번역문에 보충함.

3 자기 자신의 안위를… : 원문은 '외기신(外其身)'. 이는 자신을 도외시한다는 뜻이니, 곧 자기 자신의 안위나 이해(利害)에 신경을 쓰지 않다는 말임.

4 뭇사람의 배려를 받아 : 이 역시 원문에는 없는 말이나, 행간에 함축된 뜻을 드러낸 것임.

5 자기 자신을 위한… : 원문은 '무사(無私)'. 이는 왕필이 '자기 자신에게 무위(無爲)함'을 이른다고 한 견해를 따르면, 곧 이같이 풀이할 수 있음. 이는 결국 무아(無我)와 같은 말임. 왕 방슝(王邦雄)의 견해에 따르면, 여기서 '사'〈아래 '성기사(成其私)'의 '사'도 포함〉는 전후 문맥으로 볼 때 곧 '부자생(不自生)'의 '자'요, '후기신(後其身)'·'외기신(外其身)'의 '신'이니, 둘을 합쳐 이르면 '사'는 곧 '자신'을 두고 하는 말임. 따라서 일설에 이를 대공무사(大公無私)의 반대말인 자사(自私), 즉 이기(利己)란 말로 보는 것은 적절치 않음. 만약 '사'를 이기의 뜻으로 본다면, '무사'함은 곧 '성기사'하기 위한 것이니, 사실상 '무사'는 위장일 뿐이며, '성기사'야말로 궁극의 목적인 셈임. 그

바로 그런 까닭에 성인은 그 자신을 완성할 수 있는 것이다.

天長地久. 天地所以能長且久者, 以其不自生, 故能長生. 是以聖人後其身而身先; 外其身而身存. 非以其無私邪? 故能成其私.

해설

천지의 변화와 천도(天道)의 운행은 실로 무위・자연적이요, 무목적적(無目的的)이면서, 다른 한편으로는 또 합목적적이다. 천지는 결코 그 스스로를 위한 삶을 살지 않으니 무목적적이라 할 것이요, 그러면서도 능히 영원무궁하고, 장생불사하니 또한 합목적적이라 할 것이다.

노자는, "사람은 땅을 본받고, 땅은 하늘을 본받으며, 하늘은 도를 본받고, 도는 모든 것을 저절로 그러함에 맡긴다."(제25장)라고 하였다. 뭇사람 가운데서도 특히 성인은 천지를 본받고, 도를 본받아 무위자연의 삶을 사는, 그야말로 도와 일체화된 인격 형상이다.(*제2장 주석9 참조) 천지와 천도는 기본적으로 겸허(스스로 자신을 낮추고 비움)와 겸퇴(謙退, 겸손히 사양하고 물러남)를 숭상한다. 그렇다면 사람은 어떻게 해야, 치열한 생존경쟁의 여파로 온갖 모략과 술책이 난무하는 현실 사회 속에서, 스스로 심신을 보전하고, 인생의 이상(理想)을 이루어 갈 수 있을까? 노자가 볼 때, 사람(특히 뭇사람을 이끄는 지도자는 더욱 그렇다)도 천지의 기본 정신을 본받아, 나보다는 남을 우선시하는 겸퇴의 삶을 살아야 한다. 그리하여 하상공(河上公)이 이른 대로, 다른 사람을 앞세우고 자신은 뒤에 자

렇다면 노자의 철학 사상은 결국 권모가(權謀家)의 기치(旗幟)에 지나지 않는 것이 되거니, 어찌 가(可)하다 하겠는가?

6 ~느냐? : 원문은 '야(邪)'. 야(耶)와 같은 의문조사.

리하면, 뭇사람이 다 그를 공경하며 오히려 그가 선두에 서는 것이 낫다고 여길 것이다. 또한 자신에게는 박하게 하고 다른 사람에게는 후하게 하면, 뭇사람이 다 그를, 부모를 사랑하듯이 사랑하고, 갓난아이를 돕듯이 도울 것이니, 오히려 그 자신을 온전히 보존할 수 있을 것이다. 결국 이처럼 물러남으로써 나아가고, 버림으로써 얻는, '무사(無私)'의 삶을 삶으로써 오히려 그 인생의 참된 의미와 가치를 추구하고 구현할 수 있을 것이니, 이 어찌 '자신을 완성함'이 아니겠는가?

제8장

최상의 덕성을 갖춘 사람[1]은 물과 같다. 물은 능히[2] 만물을 이롭게 하면서도 그들과 다투지 않고, 모두가 싫어하는 곳에 처하나니, 그러므로 도에 가깝다.[3]

이와 마찬가지로 최상의 덕성을 갖춘 사람은 처신은 겸손히 낮추기를 잘하고,[4] 마음은 맑고 고요히 하기[5]를 잘하며, 다른 사람과 더불어 지냄에는 인애(仁愛)하기를 잘하고,[6] 말을 함에는

---

1 최상의… : 원문은 '상선(上善)'. '상덕(上德, *제38장 참조)'과 같은 말로, 하상공이 풀이한 대로 상선지인(上善之人), 즉 나무랄 데 없는 덕성을 갖춘 사람을 일컬음.

2 능히 : 원문은 '선(善)'. 능(能)과 같음.

3 도에 가깝다 : 원문은 '기어도(幾於道)'. '기'는 근(近), 즉 가깝다는 뜻임. 여기서 물의 속성은 도와 '같다'가 아니라, 도에 '가깝다'고 한 것은 왜일까? 이에 대해 왕필은 "도는 무(無)이고, 물은 유(有)이기 때문에 '가깝다'고 한 것"이라고 설명함. 다시 말해 물은 볼 수도 있고 만질 수도 있으니 곧 '유'의 범주에 속하는 반면, 도는 감관(感官)으로는 도저히 감지할 수 없으니 곧 '무'의 범주에 속하며, 그렇기 때문에 물은 단지 도에 가깝다고 말할 수 있을 뿐이라는 것임. 결국 노자는 물의 그 같은 속성과 특징을 하나의 본보기로 제시했을 뿐임.

4 처신은… : 원문은 '거선지(居善地)'. '거'는 거처함으로, 여기서는 처신·처세를 두고 이르는 말임. '선'은 '선어(善於)'의 뜻으로, ~에 능함·~을 잘함을 이름. '지'는 비하(卑下)함, 즉 자기 자신을 낮춤을 이름. 이는 곧 하늘은 높고, 땅은 낮은 데서 나온 표현임. 『순자(荀子)』「유효편(儒效篇)」: "지극히 높은 것은 하늘이라 하고, 지극히 낮은 것은 땅이라 한다.〔至高謂之天, 至下謂之地〕"

5 맑고… : 원문은 '연(淵)'. 여기서는 마음 상태가 심연(深淵, 깊은 못)처럼 깊고 고요하여 외물(外物, 사람의 몸 이외의 사물, 곧 부귀·공명·이록 따위를 이름)에 동(動)하지 않음을 이르니, 곧 무욕(無欲)·무위(無爲)함을 이름.

신실(信實)히 하기를 잘하며, 정치를 함에는 치세(治世)를 이루기를 잘하고,[7] 일을 함에는 무위(無爲)의 재능을 발휘하기를 잘하며,[8] 행동을 함에는 때맞춰 하기를 잘한다.

최상의 덕성을 갖춘 사람은 바로 이처럼 세상과 다투지 않기 때문에[9] 사람들에게 원한을 사지[10] 않는다.

---

6 다른 사람과… : 원문은 '여선인(與善仁)'. '여'는 상여(相與), 즉 서로 더불어 지냄・사귐을 이름. 이 구절이 백서본에는 '여선천(予善天)'으로 되어 있는 등 일부 판본에서 문자상(文字上)의 차이를 보이고 있어, 논란이 끊이지 않음. 그 밑바탕에는 대개 까오 밍(高明)이 말했듯이, 유가에서 숭상한 덕목인 인(仁)은 노자의 도(道)와는 서로 어긋나는 것이며, 따라서 애초의 경문(經文)이 이처럼 '여선인'으로 되어 있었을 리 없다는 인식이 깔려 있음. 이 점에 대해서는 리우 쿤성(劉坤生)의 부연 설명을 참고할 만함. 즉, 노자가 "무위자연의 도가 행해지지 않자 인의가 창도(唱導)되었다.〔大道廢, 有仁義〕"(제18장)라고 하였듯이, 물론 도가는 유가의 인의(仁義)를 반대함. 한데 도가는 결코 유가에서 말하는 인의의 함의(含意)를 반대하는 것이 아님. 도가가 반대하고 비판한 것은, 유가가 외곬으로 인의를 창도하면서 사람들이 앞다퉈 인의를 추구하게 되었고, 그러한 가운데 겉보기만 그럴 듯하고 내용도 없는 거짓 인의가 나타나고, 질박하고 진실한 대도(大道)가 파괴되고 사라지는 지경에 이르도록 한 것임. 그러므로 노자는 인의를 바르게 잘 써야 함을 주장한 것임. 하지만 후세의 주석가들은 단지 노자가 인의를 반대했다는 것만 아는 탓에 이 구절('여선인')의 의미를 이해하지 못하고, 함부로 자구(字句)를 고쳐 오히려 노자 사상의 참뜻을 이해하는 데 걸림돌이 됨.

7 정치를 함에는… : 원문은 '정선치(正善治)'. '정'은 '정(政)'과 통함. 다수의 판본에는 '정(政)'으로 되어 있음. 『논어』「안연편(顔淵篇)」에서 "'정(政)'자(字)는 바르게 한다는 뜻이다.〔政者, 正也〕" 하였으니, 역으로 '정(正)'은 곧 정치를 한다는 뜻이라 할 것임.

8 일을 함에는… : 원문은 '사선능(事善能)'. 여기서 '능'은 노자 사상에 비춰볼 때 일반적인 재능・능력이 아니라, 무위자연의 재능과 능력을 말하는 것으로 이해해야 할 것임.

上善若水. 水善利萬物而不爭, 處衆人之所惡, 故幾於道. 居善地, 心善淵, 與善仁, 言善信, 正善治, 事善能, 動善時. 夫唯不爭, 故無尤.

해설

이는 물〔水〕의 고유한 특성과 덕성으로 상선지인(上善之人, 최상의 덕성을 갖춘 사람), 즉 성인(聖人)의 인격과 품성을 비유해 설파한, 노자 인생론(人生論)의 요체(要諦)다. 물은 그 특유의 유연함으로 만물을 널리 이롭게 하면서도 결코 그들과 다투지 않을 뿐만 아니라, 모두가 싫어하는 낮은 곳을 찾아 머무른다. 이 같은 속성을 지닌 물은, 널리 천지 만물을 창조하면서도 "만사 만물이 절로 일어나게 할 뿐 결코 인위로 비롯하게 하지 않고, 만물을 보살펴 자라게 할 뿐 결코 사사로이 소유하지 않으며, 만사에 온 힘을 다할 뿐 결코 자신의 재능에 의지하지 않고, 공로를 이룰 뿐 결코 공로가 있음을 자부하지 않는"(제2장, 이는 본디 도의 정신을 구현하는 성인의 기본자세를 묘사한 것이며, 따라서 도의 형상에 대한 설명으로 이해하는 것 또한 전혀 무리가 없음) 도와 근사(近似)하다.

상선지인은 누구보다도 도의 정신을 체득하고, 몸소 그 구현에 앞장서는 사람이다. 그 때문에 상선지인의 처신 처사와 언행은 물의 덕성과 일맥상통한다는 게 노자의 생각이다. 여기서 물의 자연 속성 내지 덕성은 유연함을 바탕으로 한 헌신(獻身)과 공헌(貢獻), 부쟁(不爭)과 겸퇴(謙退)로 요약된다. 한편 노자는, 바로 그 같음을 빼닮은 상선지인의 '칠선(七善)', 즉 잘하는 일곱 가지를 열거한 후,

9 바로 ~때문에 : 원문은 '부유(夫唯)'. *제2장 주석14 참조.

10 원한을 사지 : 원문은 '우(尤)'. 원우(怨尤), 즉 원망하여 탓함.

결론적 판단을 하며 특히 부쟁, 즉 다른 사람들과 명리(名利)를 다투지 않는 점을 부각하였다. 그리고 그 같은 덕성이야말로 진정 상선지인이 사람들에게 원한을 사지 않는 소이(所以)임을 강조하였다. 이 장의 기본 논지(論旨)는 천지의 형상을 빌려 '무사(無私)'의 삶을 역설한 앞 장의 연장선상에 있다.

제9장

욕망의 항아리를 부여잡고 가득 채우려 하기보다는[1] 애당초 그만두는 게 낫다. 재간(才幹)의 칼날을 갈아 한껏 날카롭게 하면[2] 오래 보전할 수가 없다.

황금과 백옥(白玉)이 집 안에 가득해도 능히 지킬 수 있는 이 없고, 재물 많고 지위 높다고 거들먹거리면 화[3]를 자초하게[4] 되나니! 공(功)이 이루어지고 나면 몸은 뒤로 물러나는 것[5]이 천지

---

1 욕망의 항아리를… : 원문은 '지이영지(持而盈之)'. 여기서 '욕망의 항아리'란 말은 원문에서 명시적으로 표현된 것은 아니나, 자간(字間)에 함축된 뜻을 번역문에서 드러낸 것임. 왕필은 '지'를 덕을 잃지 않음, 즉 덕을 지니고 있음을 이른다고 보고, 이 구절을 덕을 잃지 아니하였는데도 또 그것을 더 채우려 한다는 뜻으로 풀이함. 하지만 뒤의 '금옥(金玉)' 운운(云云) 두 구절은 이 '지이' 운운 두 구절을 이어 받아 이르는 말이며, 그렇게 볼 때 왕필의 풀이는 전후 문맥상 결코 어울리지 않아 적절치 못함.

2 재간의 칼날을… : 원문은 '취이예지(揣而銳之)'. 여기서 '재간의 칼날'이란 말 역시 원문에서 명시적으로 표현된 것이 아니나, 자간에 함축된 뜻을 번역문에서 드러낸 것임. 뒤의 '부귀' 운운 두 구절은 이 '취이' 운운 두 구절을 이어 받아 이르는 말임. 사람이 부귀해짐과 그 부귀함만 믿고 거들먹거림은 아무래도 한껏 재간을 부려 얻은 결과요, 또 그로 인해 교만해진 탓이라고 할 수 있을 것임.

3 화(禍) : 원문은 '구(咎)'. 재앙・재화(災禍).

4 자초하게 : 원문은 '자유(自遺)'. '유'는 *제13장 주석4 참조.

5 공이 이루어지고… : 원문은 '공수신퇴(功遂身退)'. 공성신퇴(功成身退)와 같은 말. 통행본에는 '공성명수신퇴(功成名遂身退)'로 되어 있으나, 왕필본(王弼本)과 백서본에 근거해 고침. 여기서 '신퇴', 즉 몸은 뒤로 물러난다는 것은, 벼슬에서 물러난다거나 아예 세상을 피해 은거한다는 말이 아니라, 그 공명(功名)을 자부하고 누리지는 않는다는 말임. 곧 공을 이룬 뒤에는 오히려 그 재간의 예기(銳氣)를 거두어 감추고 겸허히 처신한다는 것임.

자연의 이치에 맞는 것이다.[6]

持而盈之, 不如其已; 揣而銳之, 不可長保. 金玉滿堂, 莫之能守; 富貴而驕, 自遺其咎. 功遂身退, 天之道也.

해설

부귀공명을 추구하는 것은 인지상정이다. 하지만 노자는 사람들에게 '순환 반복이 도의 운행임〔反者道之動〕'(제40장)을 일깨워 준다. 이른바 물극필반(物極必反), 즉 세상 만사만물(萬事萬物)은 그 발전이 극에 달하면 반드시 반전한다는 이치다. 달도 차면 기우는 법이다. 또한 모난 돌이 정 맞는다고, 사람이 재간과 예기(銳氣)를 지나치게 과시하면, 남에게 미움을 사고 공박(攻駁)을 받게 마련이다. 금옥(金玉)이 만당(滿堂)이라도 길이길이 지키기 어렵고, 부귀공명에 취해 교만 방자하면 패가망신하기 십상이다. 그렇기 때문에 사람은 처신 처사에 적정(適正)함을 지킬 줄 알아야 한다. 무엇보다 세상의 온갖 명리(名利)에 대한 탐욕을 버려야 한다. 그리하여 나아갈 줄을 알면 물러설 줄도 알아야 하고, 다툴 줄을 알면 양보할 줄도 알아야 한다. 공을 세운 뒤에는 공로자임을 자처하며 교만하고, 또 상훈(賞勳)을 독차지기보다는, 오히려 자신을 도운 뭇사람들에게 모든 공을 돌리고 겸허히 물러나 몸을 낮출 줄 알아야 한다. 그게 천지 자연의 이치에 부합하는 처신이다. 또한 그처럼 공로를 자부하지 않으면, 그 공로는 오히려 더욱 길이 빛날 것이다.(*제2장 참조)

---

6 ~것이다 : 원문은 '야(也)'. 통행본에는 없는 글자이나, 백서본에 근거해 보충함.

제10장

사람이 심신을 잘 다스려 도(道)를 굳게 지키며[1] 능히 도를 떠나지 않을 수 있는가? 정기(精氣)를 모으고 또 한껏 부드럽고 순해져[2] 능히 갓난아이와 같을 수 있는가? 내심의 잡념을 깨끗이 씻어내어[3] 능히 아무런 흠도 없을 수 있는가? 백성을 사랑하

---

1 사람이 심신을… : 원문은 '재영백포일(載營魄抱一)'. '재'는 부(夫)와 같은 발어사로, 별다른 의미는 없음. '영'은 경영함, 다스림. '백'은 혼백・넋, 즉 사람의 몸에 있으면서 몸을 거느리고 정신을 다스리는 비물질적인 것. 여기서는 대개 육체와 정신 내지 몸과 마음을 아울러 이르는 것으로 이해됨. 이는 『문선(文選)』에 수록된 육기(陸機) 「증종형거기(贈從兄車騎)」시(詩)의 "영백회자토(營魄懷茲土)" 구(句)에 대한 이선(李善) 주(注)에서 "경호(經護) 즉 관리하고 보호함을 '영'이라 하고, 형기(形氣) 즉 형상과 기운・신체와 정신을 '백'이라 한다."고 풀이한 데에 근거함. 한편 하상공(河上公)은 '영백'을 혼백의 뜻으로 풀이함. '포'는 포수(抱守), 즉 안아 지킴・견지함. '일'은 『노자』에서 쓰고 있는 특수 명사로, 곧 도를 가리킴. 제22장 : "그러므로 성인은 도를 굳게 지키며, 천하만사의 준칙으로 삼는다.〔是以聖人抱一爲天下式〕" 제39장 : "하늘은 도를 얻어서 청명해졌고, 땅은 도를 얻어서 안정되었다.〔天得一以淸, 地得一以寧〕"

2 정기를 모으고… : 원문은 '전기치유(專氣致柔)'. '전'은 단(摶)의 가차자(假借字)로, 모은다는 뜻임. '기'는 정기, 즉 천지 만물을 생성하는 원천이 되는 기운. '치'는 (~ 경지에) 이름, 도달함. '유'는 유순함, 유화(柔和)함, 유약(柔弱)함. 대개 심신을 닦고 기력(氣力)을 기름에는 가장 먼저 정기를 모으고, 또 그 모은 정기를 한껏 부드럽게 해야 한다고 함.

3 내심의… : 원문은 '척제현람(滌除玄覽)'. '척제'는 소제(掃除)함, 세정(洗淨)함. '현람'은 현감(玄鑒)・현경(玄鏡)과 같은 말로, 사람의 내심 세계를 가리킴. 이는 곧 사람의 마음은 현묘(玄妙)하고 거울처럼 맑아 만사를 비추어 보아 알 수 있다는 뜻을 비유해 이른 것임. 한편 까오 헝(高亨)은 '람'을 '감(鑒)'으로 읽어야 하는데, 왜냐하면 두 글자는 옛날에 통용하였기 때문이라

고 나라를 다스림에 능히 지혜를 쓰지 않을[4] 수 있는가? 이목구비를 여닫음에[5] 능히 유약(柔弱)·겸양할[6] 수 있는가? 만사·만

고 함. '현감'은 현묘한 거울이라는 뜻임.

4 지혜를… : 원문은 '무지(無知)'. 곧 지혜를 쓰지 않는다는 말. '지'는 지(智)와 같음. 한편 왕필본과 하상공본(河上公本)은 통행본과 같이 '무지'로 되어 있고, 백서갑을본(帛書甲乙本)도 모두 '무이지(毋以知)'로 되어 있는 반면, 경룡본(景龍本)을 비롯한 일부 판본에는 '무위(無爲)'로 되어 있어, 후세 사람들의 풀이에 혼란과 불일치를 야기함. 이에 리우 쿤성(劉坤生)은, 전한(前漢) 초엽의 판본으로 현존 최고본(最古本)인 백서본 두 종(種)의 문자가 일치하는 점에 주목해야 함을 강조하며, 다음과 같이 설명함. 우선 현존 백서갑을본이 모두 '무이지'(즉 '무지')로 되어 있다는 것은 곧 왕필본과 하상공본이 올바르다는 것을 말해 줌. 그리고 노자 사상에서 '무지'는 단지 '무위'의 일환일 뿐으로, 양자는 동등한 개념이 아니며, 전자가 후자에 포함됨. 노자가 말하는 '무위'는 심신을 수양하고, 세상을 다스리며, 도를 체득 실행함에 있어 전반적으로 요구되는 것임. 반면 총명과 지혜를 써서 나라를 다스림은 극력으로 반대하는 것이 노자의 일관된 사상임. 예를 들면 제19장에서는 "총명을 끊고 지혜를 버리면 백성들의 이익이 백배는 많아질 것이다.〔絶聖棄智, 民利百倍〕"라고 하고, 제65장에서는 "무릇 백성을 다스리기 어려운 까닭은 바로 그들의 지혜가 넘치기 때문이다. 그러므로 지혜를 써서 나라를 다스리는 것은 나라의 화요, 지혜를 쓰지 않고 나라를 다스리는 것은 나라의 복이다.〔民之難治, 以其智多. 故以智治國, 國之賊; 不以智治國, 國之福〕"라고 함. 특히 제65장의 말은 바로 이 "백성을 사랑하고 나라를 다스림에 능히 지혜를 쓰지 않을 수 있는가?"의 문제에 대한 부연이라고 할 수 있음.

5 이목구비를… : 원문은 '천문개합(天門開闔)'. '천문'은 이목구비 같은 감각기관을 가리킴. 인체의 감각기관은 천부적인 천연(天然)의 문이므로 이같이 일컬은 것임. 까오 헝이 이른 대로, 귀는 소리의 문이고, 눈은 색의 문이며, 입은 음식과 말(언어)의 문이고, 코는 냄새의 문이라고 할 것임. 까오 헝은 또 『장자』「천운편(天運篇)」·"그 마음이 그렇게 여기지 않으면 이목구비는 열리지 않는다.〔其心以爲不然者, 天門弗開矣〕"의 '천문' 역시 이와 같은 뜻이라고 함. 무릇 신외(身外)의 온갖 사물은 사람의 감각기관을 통해 내심

물의 이치에 두루 밝고 한껏 도량(度量)을 키워[7] 능히 무위자연의 원칙을 지킬[8] 수 있는가?

載營魄抱一, 能無離乎? 專氣致柔, 能如嬰兒乎? 滌除玄覽, 能無疵乎? 愛民治國, 能無知乎? 天門開闔, 能爲雌乎? 明白四達,

---

(內心)으로 들어와, 사람으로 하여금 그것을 인지하고 탐욕하게 한다고 할 것임.

6 유약·겸양할 : 원문은 '위자(爲雌)'. 통행본은 '무자(無雌)'로 되어 있고, 왕필본도 그와 같음. 하지만 왕필 주(注)에서는 경문(經文)을 인용 기술하며 '위자'라고 하였는데, 이는 왕필본도 원래는 '위자'로 되어 있었음을 방증함. 또한 '무자'는 노자 사상의 기본 정신에 전혀 부합하지 않아 뜻이 통하지 않으므로, 백서본 등에 근거해 고침. '자'는 자성(雌性)·모성(母性)으로, 유약·퇴양(退讓)·부쟁(不爭) 등의 덕목을 말함.

7 만사·만물의… : 원문은 '명백사달(明白四達)'. '명백'은 잘 앎·밝음. '사달'은 사방으로 통달함이니, 곧 도량이 넓고 큼을 가리키는 것으로 이해됨. 여기서 '명백사달'은 곧 제47장의 '지천하(知天下)'·'견천도(見天道)'를 두고 이르는 것으로 이해할 수 있음.

8 무위자연의… : 원문은 '무위(無爲)'. 통행본을 비롯해 하상공본 등 다수의 고본(古本)에는 '무지(無知)'로 되어 있으나, 왕필본에 근거해 고침. 유월(兪樾)은 '무지'의 뜻이 낫다고 하였고, 까오 헝과 첸 꾸잉(陳鼓應)도 그에 따름. 까오 헝은 또 시 통(奚侗)의 견해를 인용 소개하기도 하였는데, 그 풀이에 따르면 '명백사달'은 모르는 것이 없음이고, '능무지호?(能無知乎)'란 결국 알면서도 스스로 안다고 여기지 않음이라는 것임. 하지만 이 같은 풀이는 사상적으로 유의미(有意味)함이 떨어짐. 그리고 앞에서 이미 '애민치국, 능무지호(愛民治國, 能無知乎)'라고 하였는데, 여기서 '무지'를 거듭 말하는 것은 마땅치 않음. 또한 왕 방슝(王邦雄)은 도가에서는 '명(明)'과 '지(知)'의 두 층차(層次, 층이 지게 서로 높고 낮고 한 차이)로 나누는데, 전자는 무심(無心)의 관조(觀照)를, 후자는 유심(有心)의 집착을 말하므로, 응당 '무위'라고 해야 논리적으로 합당하다고 함. 결론적으로 이 구절은 왕필본이 올바른 것으로 보임.

能無爲乎? 〔生之畜之, 生而不有, 爲而不恃, 長而不宰, 是謂玄德.〕[9]

해설

이는 노자의 인생론과 정치론으로, 사람이 수신 양성(養性, 심성을 도야함 · 천성을 함양함)과 학문(學問) 치국(治國) 등 제반사(諸般事)에 있어서 '하덕(下德)'에서 '상덕(上德)'(*제38장 참조)으로 도약할 수 있는 방법에 대해 집중 논술하였다. 노자가 말하는 인생은 대개 군주의 인생이며, 따라서 그 인생론은 흔히 정치론의 성격을 띤다.

노자는 여기서 의문의 어투로 그 특유의 수신 치국의 기본 관념을 역설하였다. 그러한 가운데 노자가 제시한, 사람의 이상적인 품성은, 대도(大道)를 체득(體得)해 견지하기, 갓난아이의 청순 유약함 유지하기, 탐욕의 마음을 씻고 청렴결백하기, 무(無)지혜의 정책으로 나라 다스리기, 퇴양(退讓)과 부쟁(不爭)의 처신 처사하기, 사리 분별과 넓은 도량으로 무위자연의 원칙 지키기 등이다. 다시 말해 노자는 개인의 수신 양성의 관점에서 출발해, 강경(剛勁)함이 어떤 것인지에 대한 깊은 통찰 위에 기꺼이 유약함을 견지하고, 진실로 겸손 퇴양하며 담백(淡白) · 청정(淸靜)함을 달가워하는 삶의 태도를 극력 창도(唱導)한 것이다. 그리고 나아가 그 같은 태도를 정치 사회 영역으로 확대해 유약(柔弱)과 무지(無知 / 無智)의 혜안으로 무위이치(無爲而治, *제5장 「해설」 참조)를 시행할 것을 요구하였다.

---

9 생지축지(生之畜之)… : 이 5구는 제51장에도 보임. 마 쉬룬(馬敍倫)은 윗글과 의미상 상응하지 않는다는 이유를 들어 착간(錯簡)으로 보았고, 까오 헝은 후세 사람들이 제51장의 경문을 발췌해 주문(註文)으로 삼은 것이라고 함. 분명 이 5구는 이 장의 종지(宗旨)에 맞지 않으며, 따라서 삭제함이 옳은 것으로 판단됨. *자세한 풀이는 제51장 참조.

제11장

수레바퀴의 서른 개 바퀴살[1]은 바퀴통 하나에 집중되어 있는데, 그 가운데에 아무것도 없는 빈 구멍[2]이 있어서 비로소 수레로서의 기능[3]을 하게 된다. 흔히 찰흙을 이겨[4] 그릇을 만드는데, 그 가운데에 아무것도 없는 빈 곳이 있어서 비로소 그릇으로서의 기능을 하게 된다. 또 문(門)과 창(窓)을 뚫어 방(房)을 만드는데, 그[5] 가운데에 아무것도 없는 빈 칸이 있어서 비로소 방으로서의 기능을 하게 된다.

그러므로 유형의 물체[6]가 사람들에게 편리함을 가져다주는 것은, 그 가운데에 있는 무형의 공간[7]이 그 나름의 작용을 하기

---

1 수레바퀴의… : 원문은 '삼십폭(三十輻)'. '폭'(원음은 '복')은 수레의 바퀴살을 이르는데, 그 개수를 서른 개로 한 것은 한 달의 날수 30일을 본뜬 것이라고 함.

2 그 가운데에… : 원문은 '기무(其無)'. '기'는 앞의 '곡(轂)' 즉 바퀴통을 가리킴. '무'는 바퀴통 가운데에 뚫어 놓은 구멍으로, 거축(車軸) 즉 수레바퀴의 굴대를 끼우는 곳임.

3 기능 : 원문은 '용(用)'. 작용・기능.

4 찰흙을 이겨 : 원문은 '연식(埏埴)'. '연'은 '선'으로도 읽으며 (진흙을) 이기다・반죽하다는 뜻이고, '식'은 '치'로도 읽으며 찰흙을 이름.

5 그 : 원문은 '기(其)'. 여기서는 방을 가리킴. 하상공은 이 구절을 풀이하며, 문과 창에 공간이 있어 사람들이 드나들고 밖을 내다볼 수 있으며, 방안에 공간이 있어 사람들이 거주할 수 있음을 말한다고 하여, 이를 문・창 그리고 방을 모두 가리키는 것으로 이해하였으나, 문맥상 적절치 않음.

6 유형(有形)의 물체 : 원문은 '유(有)'. 이는 그 나름의 형체를 갖춘 하나의 물체 전부를 이르는 것이니, 여기서는 곧 수레와 그릇과 방을 가리킴.

7 무형(無形)의 공간 : 원문은 '무(無)'. 이는 어떤 물체 가운데에 있는 텅 빈 부분을 이르며, 여기서는 곧 수레 바퀴통과 그릇과 방의 공간을 가리킴.

때문이다.

三十輻, 共一轂, 當其無, 有車之用. 埏埴以爲器, 當其無, 有器之用. 鑿戶牖以爲室, 當其無, 有室之用. 故有之以爲利, 無之以爲用.

해설

노자의 관념 속에서 이른바 '무(無)'는 '도'의 체(體), 즉 본체요 본질이며, '유(有)'는 '도'의 용(用), 즉 작용이요 공용(功用)이다. 다시 말하면 노자의 철학 사상에서 '무'와 '유'는 형이상학적인 '도'가 발현되면서 천지 만물을 창조 생성하는 찰나의 그 본질적 형상과 과정을 상징하고 지칭한다. 다만 '유'는 전적으로 '무'에 의존하여 존재하고 작용할 따름이며, '무'를 떠나서는 그 존재 의의를 상실하게 된다. 한데 이 장에서 말하는 '무'와 '유'는 지각이나 감각으로 경험할 수 있는 현상 세계의 실물(實物)을 두고 이르는 것이다. 형이상학적인 '도'에 있어서 '무'가 체이고, '유'가 용이라면, 형이하학적인 실물에 있어서 '무'는 본(本)이고, '유'는 말(末)이다. 수레나 그릇, 방과 같은 실물 '유'가 사람에게 편리함을 가져다주는 까닭은, 바로 '유' 가운데에 존재하는 '무' 즉 아무것도 없는 공간이 그 각각의 기능과 작용을 하기 때문이다. 대개 사람들은 '유'의 편리함은 익히 알면서도 '무'의 작용에는 둔감하고 유의하지 않는다. 그 때문에 노자가 이 같은 이치를 특별히 역설한 것이다. 이는 오늘날 정신 가치는 간과한 채 오로지 물질 가치의 추구에 혈안이 되어 있는 현대인들에게도 보다 근원적인 성찰과 깨달음을 요구하고 있다 할 것이다.

제12장

오색(五色)[1]은 사람의 눈을 멀게 하고, 오음(五音)[2]은 사람의 귀를 먹게 하며, 오미(五味)[3]는 사람의 미각을 무디게[4] 한다. 그리고 말을 달리며 사냥하는 것[5]은 사람의 마음을 한껏 들뜨게 해 걷잡을 수 없게[6] 하고, 얻기 어려운 재화(財貨)는 사람의 행동을 타락하게[7] 한다.

그러므로 성인은 단지 배부르고 등 따습기를 추구할 뿐,[8]

---

1 오색 : 다섯 가지 정색(正色), 곧 청(靑)・황(黃)・적(赤)・백(白)・흑(黑). 이는 또 온갖 다양한 색깔로 확대 해석해도 무난할 것임.

2 오음 : 음률(音律)의 기본이 되는 다섯 음계(音階), 곧 궁(宮)・상(商)・각(角)・치(徵)・우(羽). 이 또한 온갖 다양한 소리로 확대 해석해도 무난할 것임.

3 오미 : 음식의 다섯 가지 맛, 곧 신(辛, 매운맛)・산(酸, 신맛)・함(鹹, 짠맛)・고(苦, 쓴맛)・감(甘, 단맛). 이 또한 온갖 다양한 맛으로 확대 해석해도 무난할 것임.

4 미각을… : 원문은 '구상(口爽)'. 이는 입을 상(傷)하다・버리다(본바탕을 상하게 하거나 더럽혀서 쓰지 못하게 망치다)는 뜻이니, 곧 미각을 잃는다는 말임. '상'은 상함・망침.

5 말을 달리며… : 원문은 '치빙전렵(馳騁畋獵)'. '치빙'은 말을 달림. '전렵'은 사냥함. 다만 말을 달리는 목적은 짐승을 쫓아 사냥하기 위한 것이니, 양자(兩者)는 결국 한 가지 일로 보아야 할 것임.

6 한껏 들뜨게… : 원문은 '발광(發狂)'. 까오 헝은 여기서 '발' 자(字)는 후세 사람이 더한 것으로 보았는데, 전후 구법(句法)은 물론, '광' 자 하나만으로 의미의 표현은 이미 충분하다는 점에 비춰볼 때, 설득력이 있는 견해로 판단됨.

7 행동을… : 원문은 '행방(行妨)'. '행'은 행동・품행. '방'은 하상공이 상(傷)하게 함으로 풀이한바, 곧 퇴폐・타락함을 이르는 것으로 이해됨.

8 단지 배부르고… : 원문은 '위복(爲腹)'으로, 배부르기를 추구한다는 뜻임. 여기서는 곧 삶의 기본인 의식주만 넉넉하기를 바라는, 지극히 소박하

눈·귀 따위를 즐겁게 하는 탐욕과 향락의 삶을 살지[9] 않으며, 또한 그런 까닭에 물질적·향락적 욕망을 버리고 본연(本然)의 순수함과 질박함을 좇는다.[10]

五色令人目盲; 五音令人耳聾; 五味令人口爽; 馳騁畋獵, 令人心發狂; 難得之貨, 令人行妨. 是以聖人爲腹不爲目, 故去彼取此.

해설

노자가 볼 때, 춘추시대의 권문귀족(權門貴族)들은 대개 미색(美色)과 미음(美音)과 진미(珍味), 그리고 사냥과 금은보화에 탐닉하며 몸과 마음이 상할 대로 상해 있었다. 그 결과 감각은 둔감해지고, 정신은 혼란(昏亂)하고, 내심은 탐욕으로 가득 차서, 시비·선악과 사리(事理)에 대한 분별력도 잃은 채, 온갖 포악하고 가혹한 정치로 백성들을 못살게 굴었다. 예나 지금이나 사회 구성원, 특히 상류층의 탐욕과 향락, 황음 사치로 인한 정치 사회적 폐해는 그야말로 심각하다. 사람이 오감(五感)의 과도한 욕구를 충족시키기는 근본적으로 불가능한 것이니, 도덕적이고 이성적인 판단과 절제가 따르지 않는다면 그 부작용과 폐해는 걷잡을 수 없게 된다. 그러므로

고 무욕(無欲)하며 지족(知足, 분수를 지키며 만족할 줄 앎)하는 삶을 비유 지칭함.

9 눈·귀 따위를… : 원문은 '위목(爲目)'. 이는 눈·귀 따위의 즐거움을 충족한다는 뜻이니, 곧 외물(外物)과 성색(聲色) 등등에 대한 탐욕과 향락의 삶을 비유 지칭함.

10 물질적·향락적… : 원문은 '거피취차(去彼取此)'. '피'는 '위목(爲目)'의 삶을, '차'는 '위복(爲腹)'의 삶을 가리킴.

무위자연의 도덕을 체득한 성인은 외물(外物, 사람의 몸 이외의 사물, 곧 부귀 · 공명 · 이록 따위를 이름)의 유혹을 뿌리치고, 검박(儉朴)과 무욕의 삶을 통해 내심의 안녕과 평화를 추구함으로써, 본연의 순수(純粹)와 천진(天眞)을 지킨다. 이 같은 노자의 가르침은 우리 현대인들에게도 각성을 촉구하고 있다.

제13장

사람에게 있어 영예[1]나 치욕은 응당[2] 놀라고 두려워할[3] 일이요, 큰 환난을 부르는 것[4]은 바로 그 자신임을 알아야 한다.[5]

어찌하여 영예나 치욕은 응당 놀라고 두려워할 일이라고 하는 것인가? 흔히 영예는 좋은 것이요, 치욕은 나쁜 것이라 여긴다.[6] 하지만 영예나 치욕은 얻어도 놀라고 두려워할 일이요, 잃

---

1 영예 : 원문은 '총(寵)'. 총애, 영예. 까오 헝은 『국어(國語)』 위주(韋注)를 근거로 '총'을 영(榮) 즉 영예·영광의 뜻으로 풀이함. 이를 흔히 총애를 받음, 영예를 얻음의 뜻으로 옮기나, 이어지는 설명에 따르면 그 득실(得失) 모두를 두고 이른 것으로 보이므로 적절치 않음. 아래의 '욕(辱)' 즉 치욕도 이와 같은 맥락으로 이해해야 함.

2 응당 : 원문은 '약(若)'. 중설이 분분하나, 까오 헝과 위 페이린(余培林) 등의 견해의 따르면, 이는 내(乃)·즉(則)과 같은 말로, 곧·즉·바로의 뜻으로 이해됨. 아래도 모두 이와 같음. 다만 이 구절에서는 응당의 뜻으로 확대 해석함으로써 한글 표현의 자연스러움을 더함. 하상공본에는 이 '약' 자(字)가 '즉'이나 '내' 자로 되어 있고, 『장자』 「재유편(在宥篇)」에는 모두 '즉' 자로 되어 있음.

3 놀라고… : 원문은 '경(驚)'. 놀람. 다만 여기서는 이에 두려워한다는 뜻이 내포된 것으로 이해됨.

4 부르는 것 : 원문은 '귀(貴)'. 까오 헝은 이는 응당 '유(遺)'로 읽어야 하며, 남기다·물려주다는 뜻이라고 함. 문맥상 매우 일리 있는 견해로, 따를 만함. 한편 (큰 환난을) 남긴다는 것은 곧 초래하다·부르다는 뜻으로 확대 해석할 수 있을 것임.

5 알아야 한다 : 이는 원문에는 없는 말이나, 문맥상 자간(字間)에 이 같은 뜻이 함축되어 있는 것으로 판단되어 번역문에서 드러낸 것임.

6 흔히 영예는… : 원문은 '총위상, 욕위하(寵爲上, 辱爲下)'. 왕필본은 '총위하(寵爲下)'로, 하상공본은 '욕위하(辱爲下)'로 되어 있는 반면, 경복본(景福本)을 비롯한 일부 고본(古本)은 '총위상, 욕위하'로 되어 있음. 한데 이 구

어도 놀라고 두려워할 일이다.[7] 따라서 이를 일러 영예나 치욕은 응당 놀라고 두려워할 일이라고 하는 것이다.

어찌하여 큰 환난을 부르는 것은 바로 그 자신이라고 하는 것인가? 우리가 큰 환난에 직면하게 되는 까닭은 바로 우리가 우리 자신의 이익만을 돌아보기[8] 때문이다.[9] 만약[10] 우리가 우리 자신의 이익을 돌아보지 않는다면,[11] 우리에게 무슨 환난이 닥치겠는가? 그러므로 사람이 자신을 돌보지 않고 천하 만인을 위해 헌신하기[12]를 중시한다면 곧 그에게 천하를 맡길 수가 있

절은 앞의 '총욕약경(寵辱若驚)'을 부연 설명하는 말임을 감안할 때, 경복본 등이 옳은 것으로 보임. 유월(兪樾)과 까오 헝도 같은 견해를 보임.

7 영예나 치욕은 얻어도… : 원문은 '득지약경, 실지약경(得之若驚, 失之若驚)'. 까오 헝은, 영예나 치욕을 얻든 잃든 응당 놀랄 일인 까닭은 그 모두가 결국 이기(利己)의 소산(所産)이기 때문이라고 하였는데, 노자 사상의 심층적 의의를 올바르게 간파한 탁견으로 보임.(*아래 「해설」 참조) 사실 영예를 얻거나 치욕을 잃는 것을 왜 부정적으로 봐야 하는지 이해하기 어려운 측면이 있어, 후세 사람들이 이 장의 논지를 풀이하는 데 상당한 어려움과 혼란을 겪어 왔는데, 까오 헝의 설명은 분명 그 풀이의 실마리를 찾아준 것으로 평가됨.

8 우리 자신의… : 원문은 '유신(有身)'. 유아(有我)와 같은 말이면서, '무신'(*주석11 참조)의 반대말임. 이는 곧 까오 헝이 풀이한 대로, 자기 자신의 이익만을 돌아본다는 뜻으로 이해됨.

9 때문이다 : 원문은 '위(爲)'.

10 만약 : 원문은 '급(及)'. 여기서는 약(若)과 같은 말로, 만약・만일의 뜻.

11 우리 자신의… : 원문은 '무신(無身)'. 무아(無我)・망아(忘我)와 같은 말이며, 또 제7장에서 말한 '무사(無私)'와도 같은 말임. 이는 간단히 말하면 곧 자기 자신의 이익에 집착하지 않는다는 뜻으로 이해됨.

12 자신을 돌보지… : 원문은 '이신위천하(以身爲天下)'. 직역하면 자신을 천하 만인으로 여긴다는 뜻이니, 곧 자신은 천하 만인을 위해 존재한다는,

고, 자신을 돌보지 않고 천하 만인을 위해 헌신하기를 좋아한다면 곧 그에게 천하를 맡길 수가 있는 것이다.

寵辱若驚, 貴大患若身. 何謂寵辱若驚? 寵爲上, 辱爲下, 得之若驚, 失之若驚, 是謂寵辱若驚. 何謂貴大患若身? 吾所以有大患者, 爲吾有身, 及吾無身, 吾有何患? 故貴以身爲天下, 若可寄天下; 愛以身爲天下, 若可託天下.

해설

사람은 누구나 자신의 사사로운 이익에 대한 집착과 탐욕 때문에 화(禍)를 부르게 된다. 그러므로 노자는 사람들에게 '무신(無身)', 즉 자기 자신에 대한 집착을 떨쳐버리기를, 아니 초탈하기를 요구한다. 영예나 치욕도 따지고 보면, 사람이 '무신'하지 못하고, 자기 자신에 대한 이기적인 집착과 탐욕에 빠진 나머지 얻거나 잃게 되는 것이다. 사람이 이기적인 마음을 가지면 외물(外物)을 중히 여기게 되고, 나아가 물욕에 눈이 멀고, 물욕의 노예가 되기 십상이다. 아무튼 영예란 잃었을 경우는 물론이거니와, 얻었을 경우에도 자칫 또 언제 화가 닥칠지 늘 노심초사해야 한다. 치욕이란 당했을 경우는 물론이거니와, 벗어났을 경우에도 자칫 또 언제 당할지 늘 노심초사해야 한다. 바로 이 같은 연유로 영예나 치욕은 응당 놀라고 두려워할 일이라는 게 노자의 생각이다. 그리하여 노자는 오로지, 자기 자신을 돌보지 않고 천하 만인을 위해 헌신하기를 중시하고, 좋아하는 사람만이, 천하를 맡아 다스릴 수 있음을 역설하였다. 제78장에서 "능히 온 나라의 치욕을 감수한다면, 그를 일러 일국

다시 말하면 자신을 돌보지 않고 천하를 위해 헌신한다는 말로 이해됨.

(一國)의 군주라 할 것이요, 능히 온 나라의 화난(禍難)을 감당한다면, 그를 일러 천하의 군왕이라 할 것이다."라고 한 것 또한 같은 맥락으로 이해된다. 요컨대 이는 곧 당시의 통치자・위정자에 대한 준엄한 비판이자 견책이다.

제14장

도(道)는 보아도 보이지 않으니, '이(夷)' 즉 색깔이 없는 것[1]이라 하고, 들어도 들리지 않으니, '희(希)' 즉 소리가 없는 것[2]이라 하며, 만져도 만져지지 않으니, '미(微)' 즉 형체가 없는 것[3]이라 한다. 이 같은 도의 세 가지 특성은 결코 궁구(窮究)해 밝힐 수가 없나니, 왜냐하면 그것은 본디[4] 혼연일체가 되어 있기 때문이다.

또한 도[5]는 윗부분이라고 하여 밝지도[6] 않고, 아랫부분이라고 하여 어둡지도 않으며, 한없이 은미(隱微)하고 현묘(玄妙)하여[7] 뭐라고 이름할 수도 없고, 그저 다시 어떠한 형상도 없는 실존(實存)의 물(物)[8]로 귀속시킬[9] 따름이다. 그리하여 이를 일러 무형

---

1 이(夷)… : 하상공(河上公)의 견해에 따르면, '이'는 무색(無色)을 이름.

2 희(希)… : 하상공의 견해에 따르면, '희'는 무성(無聲)을 이름.

3 미(微)… : 하상공의 견해에 따르면, '미'는 무형(無形)을 이름.

4 본디 : 원문은 '고(故)'. 이는 까오 헝이 이른 대로, 응당 고(固), 즉 본디, 본래의 뜻으로 봐야 할 것임.

5 도 : 원문은 '기(其)'. 여기서는 도를 가리킴.

6 밝지도 : 원문은 '교(皦)'. 밝음, 흼.

7 한없이… : 원문은 '승승(繩繩)'. 왕 화이(王淮)가 현현(玄玄)과 같은 말이라고 하였는데, 위 페이린(余培林)은 '현현'은 곧 제1장의 '현지우현(玄之又玄)'으로, 도(道)의 본체의 은미(隱微, 겉으로 잘 드러나지 않음)하고 심원(深遠, 헤아리기 어려울 만큼 깊음)함을 형용한다고 함.

8 어떠한… : 원문은 '무물(無物)'. 첸 꾸잉은 이를 제16장 '복귀기근(復歸其根)'의 '기근'과 같은 뜻이라고 함. 다시 말해 '무물'은 아무것도 없다는 것이 아니라, 어떠한 형상도 없는 실존(實存)의 물(物, *제4장 주석3 참조)을 가리킴. 여기서 '무'는 우리의 감관(感官)에 상대(相對)해 이르는 말로, 어떤 감관으로도 도를 지각(知覺)할 수 없으며, 따라서 '무' 자(字)로, 전혀 감각(感覺)할 수 없는 도의 특성을 형용한 것임.

상(無形狀)의 형상이요, 무물상(無物象)의 물상[10]이라고 하며, 또한 그런 까닭에 이를 일러 '황홀하다'[11]고 한다. 도는 앞에서 맞이하여도 그 머리가 보이지 않고, 뒤에서 따라가도 그 꼬리가 보이지 않는다.[12]

요컨대 옛날부터 이미 존재하고 있는 도를 제대로 파악하면, 오늘날의 모든 구체적 사물[13]을 제어할 수 있고,[14] 또 우주의 시

---

9 귀속시킬 : 원문은 '귀(歸)'. 이는 흔히 앞의 '복(復)' 자와 연이어 복귀하다, 즉 되돌아가다는 뜻으로 풀이함. 하지만 허 룽이(賀榮一)는 그런 게 아니라, 귀속시킨다는(여기서는 그 범주에 속하게 함) 뜻이라고 하였는데, 논리·사상적으로 한결 설득력이 있어 따를 만함.

10 무물상의 물상 : 원문은 '무상지상(無象之象)'. 통행본과 왕필본을 비롯한 많은 판본에는 '무물지상(無物之象)'으로 되어 있음. 하지만 까오 형은 소철본(蘇轍本)·임희일본(林希逸本)·동사정본(董思靖本)에는 모두 '무상지상'으로 되어 있음을 상기시키면서, '무상지상'이 낫다는 의견을 피력함. 그가 내세운 이유는 첫째 '무상지상, 무상지상(無狀之狀, 無象之象)'이 구법상(句法上) 일률적이고, 둘째 앞 구절에서 이미 '무물(無物)'을 언급하였으므로 여기서 다시 '무물'을 말해 중복의 폐단을 초래하는 것은 마땅치 않다는 것인데, 매우 설득력이 있는 견해로 판단되어, 그에 근거해 고침.

11 황홀하다 : 원문은 '홀황(惚恍)'. 있는 듯도 하고, 또 없는 듯도 하여 분명히 알기 어렵다는 뜻. 도는 유(有)이기도 하고 무(無)이기도 하며, 또 실(實)이기도 하고 허(虛)이기도 하므로 이같이 말한 것임.

12 앞에서… : 원문은 '영지불견기수, 수지불견기후(迎之不見其首, 隨之不見其後)'. 엄복(嚴復)이 이른 대로, 머리가 보이고 꼬리가 보이면 필시 그 끝이 있는 사물일 것인데, 도(道)나 우주는 하나같이 무궁한 것이니, 어떻게 머리나 꼬리를 볼 수 있겠는가?

13 모든 구체적 사물 : 원문은 '유(有)'. 이 세상의 모든 구체적 사물을 일컫는 말. 이는 노자 특유의 전문 용어가 아니며, 따라서 제1장에서 말한 '유'와는 다름. 한편 유사배(劉師培)는 '유'를 '역(域)'의 가차자로 보면서, 국가를 이른다고 하였으며, 까오 형도 이에 동조함. 하지만 도에 대한 설명으로 일

원(始原)[15]을 알 수 있나니, 이를 일러 도의 원리[16]라고 한다.

視之不見, 名曰夷; 聽之不聞, 名曰希; 搏之不得, 名曰微. 此三者不可致詰, 故混而爲一. 其上不皦, 其下不昧. 繩繩不可名, 復歸於無物. 是謂無狀之狀, 無象之象, 是謂惚恍. 迎之不見其首, 隨之不見其後. 執古之道, 以御今之有, 能知古始, 是謂道紀.

해설

노자는 여기서 추상적이긴 하나 생동감 넘치는 묘사로, 도의 본체가 어떤 것인지를 묘사하였다. 제1장에서 "도란 어떤 것이라고 말할 수 있으면, 그것은 영원불변의 지극한 도가 아니다."라고 하였듯이, 도는 근본적으로 명확히 정의할 수 있는 것이 아니다. 하여 첸 꾸잉(陳鼓應)이 이른 대로, 노자는 다소 특수한 방식으로 도를 묘사하였다. 도는 형이상학적이고 초경험적인 실존체(實存體)이다. 이에 노자는 경험 세계의 다양한 개념들을 동원 열거한 후, 그 적합성을 하나하나 부정(否定)하는가 하면, 경험 세계의 갖가지 한계 내지 경계를 무너뜨림으로써, 도야말로 진정 심오하고 미묘한 존재임을 부각시켰다. 도가 무형(無形)·무색(無色)·무성(無聲)의 특성을 지닌 '무형상의 형상'이요 '무물상의 물상'이라 함은, 곧 도

관하고 있는 이 장의 종지(宗旨)에 비춰볼 때, '유'를 국가 한 가지를 이르는 것으로 보기보다는 세상 만물을 통틀어 가리키는 것으로 봄이 적절할 것임.

14 ~할 수 있고 : 원문은 '이(以)'. 위 페이린은 이를 '능지고시(能知古始)'의 '능'과 같은 뜻이라고 하였는데, 문맥상 아주 설득력이 있음.

15 우주의 시원 : 원문은 '고시(古始)'. 우주의 시원·태초의 본원, 곧 도(道)의 시단(始端)을 이름.

16 도의 원리 : 원문은 '도기(道紀)'. 도의 기강(紀綱)·강기(綱紀), 즉 도의 원리·본질·법칙을 이름.

란 우리 인간이 감관(感官)으로 감지하거나 언어로 형용할 수는 없으나, 그 내포(內包, 하나의 개념이 내포한 여러 사물 각각이 가지고 있는 본질적 속성의 전체)는 지극히 풍부한 것이라는 설명이다. 아무튼 도는 만사 만물의 근원이자 주재자이다. 그러므로 태고 때부터 존재해온 도를 제대로 이해한다면, 오늘날의 만사 만물을 제어하고, 또 우주 만물의 본원을 알 수 있다는 것이 노자의 생각이다.

제15장

먼 옛날 도[1]를 잘 체득한 사람은, 겉으로 드러나진 않지만 신묘(神妙)하게도[2] 도에 두루 깊이 통달하여,[3] 그 심원(深遠)함이 어느 정도인지를 알 수가 없다. 바로 그처럼 심원함을 자세히 알 수 없기 때문에[4] 억지로 한번 그 형상을 묘사해 본다.[5] 삼가기[6]는 겨울철에 얼어붙은 강을 건너듯이 하고, 경계하기[7]는 사방 이웃 나라의 침공을 두려워하듯이 하며, 의젓하고 점잖기[8]는 다른 사

---

1 도 : 원문은 '도(道)'. 백서본과 부혁본(傅奕本)은 모두 '도'로 되어 있으나, 하상공본과 왕필본은 모두 '사(士)'로 되어 있음. 이에 마 쉬룬은 왕필본에 '사'로 되어 있는 것은 제68장의 '선위사자(善爲士者)'의 영향으로 잘못 전사(傳寫)된 것으로 보았고, 까오 헝은 제65장의 '고지선위도자, 비이명민, 장이우지.(古之善爲道者, 非以明民, 將以愚之)'를 방증으로 들며 '도'가 옳다고 하였는데, 모두 설득력이 있는 견해로 따를 만함. 또한 만약 '사'가 옳다면, 사람을 뜻하는 '자(者)' 자(字)와의 연결이 매끄럽지 못해 문리(文理)나 문법상으로도 합당치 않음.

2 겉으로… : 원문은 '미묘(微妙)'. 은미신묘(隱微神妙)함.

3 도에 두루… : 원문은 '현통(玄通)'. 현원통달(玄遠通達) · 심원(深遠)통달함. ○이상의 '미묘현통'은 도의 본체를 두고 하는 말이 아니라, 옛사람이 도를 체득 · 응용한 경지를 묘사한 것임.

4 바로 ~때문에 : 원문은 '부유(夫唯)'. *제2장 주석14 참조.

5 묘사해본다 : 원문은 '용(容)'. 형용함 · 묘사함.

6 삼가기 : 원문은 '예혜(豫兮)'. '예'는 본디 짐승 이름으로, 의심이 많은 동물이라고 함. 여기서는 전의(轉義)되어, '예혜'로 주저하며 삼가고 조심하는 모양을 나타냄.

7 경계하기 : 원문은 '유혜(猶兮)'. '유' 역시 짐승 이름으로, 원숭이의 일종이며 역시 의심이 많다고 함. 여기서는 전의되어, '유혜'로 의심하며 경각심을 가지는 모양을 나타냄.

8 의젓하고… : 원문은 '엄혜(儼兮)'. 엄연(儼然)과 같음. 곧 사람의 용모와

람의 손님[9]이듯이 하고, 욕망을 떨쳐 버리기[10]는 봄 햇살에 얼음 녹듯이 하며,[11] 인정 많고 꾸밈없이 수수하기[12]는 다듬지 않은 통나무[13] 같고, 겸허하면서도 활달하기[14]는 깊은 산속의 텅 빈 골짜기 같으며, 흐리멍덩하게 어리석기[15]는 혼탁하기 그지없는

언행이 의젓하고 점잖은 모양을 나타냄.

9 다른 사람의 손님 : 원문은 '객(客)'. 왕필본에는 '용(容)'으로 되어 있으나, 하상공본·백서본·경룡본 등 다수의 고본(古本)에는 모두 '객'으로 되어 있음. '용'은 '객'과 글자꼴이 비슷하여 빚어진 오자(誤字)로, '객'이 옳음.

10 욕망을… : 원문은 '환혜(渙兮)'. 흩어지는 모양. 또 (엉기어 굳어진 것이) 풀리는 모양. 여기서는 하상공이 이른 대로, 내심의 온갖 정욕(情欲, 마음속에 이는 여러 가지 욕구·욕망)을 떨쳐 버림으로써 날로 공허 무사(無私)함으로 나아감을 이름.

11 봄 햇살에… : 원문은 '기약능석(其若凌釋)'. 백서본에는 '기약능택(澤)'으로 되어 있는 반면, 부혁본에는 '약빙장석(若冰將釋)'으로, 통행본과 왕필본에는 '약빙지장석(若冰之將釋)'으로 각각 되어 있는데, 전후 구법(句法)의 일관성을 감안할 때 백서본의 표현이 옳음. 다만 '능택'은 의미상 부혁본 등에 근거해 '능석'으로 고침이 마땅함. '능(릉)'은 두꺼운 얼음. '석'은 (얼음이) 녹음.

12 인정 많고… : 원문은 '돈혜(敦兮)'. 하상공이 이른 대로, 돈후(敦厚, 인정이 두텁고 후함)·질박함으로 이해됨.

13 다듬지… : 원문은 '박(樸)'. 켜거나 짜개지 아니한 통나무, 원목(原木)을 이름.

14 겸허하면서도… : 원문은 '광혜(曠兮)'. 공광(空曠), 즉 텅 비거나 아주 넓은 모양. 여기서는 전의되어 품성이 겸허하면서도 활달함을 나타내는 것으로 이해됨.

15 흐리멍덩하게… : 원문은 '혼혜(混兮)'. 혼돈(混沌), 즉 무지몽매한 모양. 이는 곧 세상 명리(名利)에 대한 무지(無知)·무욕(無欲)함을 이름.(*제3장 주석6 참조) '혼'이 통행본에는 '혼(渾)'으로 되어 있는데, 두 글자는 서로 통용하므로 왕필본에 근거해 고침.

강물 같고, 고요하고 편안하기[16]는 한없이 넓고 큰 바다 같으며, 대범히 거침없고 얽매임이 없기[17]는 그야말로 멈추개[18]가 없는 것 같도다.

어느 누가 흐리멍덩한 가운데서 그 정서(情緖)를 안정(安靜)시켜 서서히 맑고 밝아지게 할 수 있는가? 어느 누가 편안하고 고요한 가운데서 그 정서를 변동(變動)시켜 서서히 생동감이 넘치게 할 수 있는가?[19]

요컨대 이 같은 도를 견지하는 사람은 스스로를 가득 채우려고 하지 않나니, 바로 그처럼 스스로를 가득 채우려고 하지 않기 때문에, 낡은 것 가운데서 새로운 것을 이룰[20] 수 있는 것이다.

---

16 고요하고… : 원문은 '담혜(澹兮)'. 침정(沈靜), 즉 마음이 차분히 가라앉을 수 있을 만큼 고요한 모양. 또 안온(安穩), 즉 조용하고 편안한 모양.

17 대범히… : 원문은 '류혜(飂兮)'. '류'는 높은 바람을 이르는데, 여기서 '류혜'는 바람에 불려 높이 날아오르는 모양으로, 언행이 대범하고 소탈하여 거침이 없음을 나타냄.

18 멈추개 : 원문은 '지(止)'. 그침・멈춤. 여기서는 멈추개(브레이크, 제동장치)로 확대 해석함.

19 어느 누가 흐리멍덩한… : 원문은 '숙능탁이정지서청, 숙능안이동지서생(孰能濁以靜之徐淸, 孰能安以動之徐生)'. 통행본에는 앞 구(句)의 '이(以)' 자(字) 다음에 '지(止)' 자가 더 있고, 뒤 구의 '이' 자 다음에 '구(久)' 자가 더 있으나, 왕필본에 근거해 고침. 여기서 앞뒤 구의 '이'는 모두 이(而)와 같음. 이 두 구절은 곧 어느 누구도 쉽게 할 수 없지만, 옛날의 체도지사(體道之士, 도를 체득한 선비)들만은 능히 이같이 할 수 있었음을 강조한 것임.

20 낡은 것… : 원문은 '폐이신성(蔽而新成)'. 통행본과 왕필본에는 '폐불신성(蔽不新成)'으로 되어 있음. 이에 역순정(易順鼎)은 '불'은 '이(而)'의 잘못이고, '폐(蔽)'는 '폐(敝)'의 가차자이며, 이 구절은 곧 제22장에서 말한 '폐즉신(敝則新)'을 이르는 것이라고 함. 까오 헝 역시 역순정의 견해에 동의하면

古之善爲道者, 微妙玄通, 深不可識. 夫唯不可識, 故强爲之容: 豫兮若冬涉川, 猶兮若畏四鄰, 儼兮其若客, 渙兮其若凌釋, 敦兮其若樸, 曠兮其若谷, 混兮其若濁, 〔澹兮其若海, 飂兮若無止.〕[21] 孰能濁以靜之徐淸, 孰能安以動之徐生. 保此道者, 不欲盈. 夫唯不盈, 故能蔽而新成.

해설

노자는 여기서 체도지사(體道之士), 즉 도를 체득한 선비의 형상을 다각도로 묘사하였다. 물론 이는 또한 '도'에 대한 묘사나 다름이 없다.

도란 진실로 현묘하고 심오한 것이다. 체도지사 역시 도에 통달함이 한껏 심원하여, 우리가 쉽게 그 깊이와 형상을 헤아리기 힘들 정도다. 하지만 노자는 '억지로'라는 전제하에, 절묘하고 다양한 비유로 체도지사의 형상적 특징을 묘사해 내었다. '삼가기'로부터 '대범히 거침없고 얽매임이 없기'에 이르기까지 정밀하고 자세한 묘사가 일품이다. 흐리멍덩함과 맑고 밝음, 고요하고 편안함과 생동감이 넘침은, 체도지사 특유의 인격 형상과 정신 세계의 표리(表裏)를 이루는 일체이용(一體二用)이다. 흐리멍덩함과 고요하고 편안함의 측면에서 볼 때, 도는 뭔가 '낡은 것' 같다. 그러나 그 정서를

서, 전문(篆文)의 '불' 자(字)가 '이' 자와 그 형태가 비슷한 탓에 잘못 기록되게 된 것이라고 함. 이 모두 설득력 있는 주장으로 따를 만함. '폐(敝)'는 해(어)짐, 낡음.

21 담혜기약해(澹兮其若海)… : 이 2구(句)는 본디 제20장에 들어있는 구절임. 다만 첸 꾸잉이, 이는 위아래 글과 상응하지 않아 착간(錯簡)으로 여겨지므로 응당 이 장의 '혼혜(混兮)~' 구(句) 뒤로 옮겨와야 한다는 옌 링펑(嚴靈峯)의 주장에 근거해 고쳤는데, 그 견해에 설득력이 있어 따르기로 함.

안정시키고, 변동시킨 후 서서히 맑고 밝아지고, 생동감이 넘치게 됨은, 곧 '새로운 것'을 이룸이다. 체도지사처럼 이 같은 도를 견지하는 사람은 스스로를 가득 채우려고 하지 않는다. 그들은 '다듬지 않은 통나무'와 '깊은 산속의 텅 빈 골짜기', '혼탁하기 그지없는 강물'처럼 스스로를 돋보이게 하려고 하지 않는다. 그렇기 때문에 그들은 그 낡고 하찮은 바탕 위에서 오히려 새로운 것을 이루어 내게 된다. 천하 만물은 이처럼 흐리멍덩함과 고요하고 편안함에서 잉태되고 탄생되는 것이다. 도는 무형의 존재로, 일견 아무것도 없는 것 같다. 하지만 세상의 그 어느 것 하나 도에서 생성되지 않는 것이 없다. 아무튼 우리는 체도지사의 특질을 통해서 도가 얼마나 현묘한 것인지를 알 수 있다.

제16장

사람은 그 마음을 맑고 깨끗이 닦기를 지극히 하고,[1] 평안하고 고요히 지키기를 굳건히 하여야 한다.[2] 우주 만물은 모두 함께 어우러져 나고 자라는데, 우리는 그 가운데서 순환 반복의 법칙[3]을 보게 된다.

무릇 만물은 실로 다채로이 번성하지만,[4] 결국은 저마다 그 근원[5]으로 되돌아간다. 그 근원으로 되돌아가는 것은 곧 허정(虛靜)함이며, 허정함은 대자연의 본성[6]을 회복하는 것이다. 대자연의 본성을 회복함은 대도(大道) 운행의 상규(常規)[7]요, 대도 운행

---

1 맑고 깨끗이… : 원문은 '치허극(致虛極)'. '치허'는 마음 상태를 '청허(淸虛)함'에 이르게 한다는 뜻임. 청허함이란 사사로운 욕심이나 잡념이 없어 마음이 맑고 깨끗함을 이름.

2 평안하고… : 원문은 '수정독(守靜篤)'. '수정'은 마음의 '영정(寧靜)함'을 지키다, 즉 마음 상태를 영정하게 견지한다는 뜻임. 영정함이란 그릇된 욕망의 번뇌가 없어 마음이 평안하고 고요함을 이름.

3 순환 반복의 법칙 : 원문은 '복(復)'. 이는 만물이 각기 나고 자라서 결국은 그 근본으로 되돌아간다는 일정한 법칙을 가리킴. 곧 허(虛) 내지 무(無)는 유(有)의 근본이요, 정(靜)은 동(動)의 근본이니, 유는 반드시 허에서 생겨나고, 결국에는 다시 허로 돌아가며, 또 동은 반드시 정에서 생겨나고, 결국에는 다시 정으로 돌아간다는 말임. 이는 곧 우주 만물의 공통된 생장 및 생육 발전의 법칙임.

4 실로 다채로이… : 원문은 '운운(芸芸)'. 아주 많은 모양, 번성한 모양.

5 근원 : 원문은 '근(根)'. 이는 허(虛, 청허함)와 정(靜, 영정함)을 가리키며, 또한 곧 도(道)를 가리키기도 함.

6 본성 : 원문은 '명(命)'. 성(性), 즉 천성·본성을 이름. 『중용』: "하늘이 부여한 기품(氣稟)을 일컬어 '성'이라고 한다.〔天命之謂性〕"

7 대도 운행의 상규 : 원문은 '상(常)'. 첸 꾸잉은 우주 만물의 운동과 변화

의 상규를 아는 것은 상도(常道)에 밝은 것이다. 대도 운행의 상규를 알지 못하면 경거망동하여 재앙을 부른다.

반면 대도 운행의 상규를 알면 모든 것을 다 받아들이게 되고,[8] 모든 것을 다 받아들이면 대공무사(大公無私)할 수 있으며, 대공무사하면 그 덕(德)이 두루 널리 미칠 수 있고,[9] 그 덕이 두루 널리 미치면 자연의 섭리에 부합할 수 있으며,[10] 자연의 섭리에 부합하면 대도에 순응 부합할 수 있고, 대도에 순응 부합하면 스스로를 길이 보전할 수 있어 종신(終身)토록[11] 위험에 처하지 않을 것이다.

致虛極, 守靜篤. 萬物並作, 吾以觀復. 夫物芸芸, 各復歸其根.

의 근저(根底)에서 작용하는 영원불변의 법칙을 이른다고 함. 또 위 페이린은 우주 만물이 공히 준수하는 법칙으로, 무에서 유로, 그리고 다시 유에서 무로 되돌아가는 것이라고 함. 한데 우주 만물은 곧 대도(즉 상도) 작용의 소산(所産)이니, '상'은 결국 대도 운행의 상규(영원불변의 규칙·법칙)로 이해됨. 따라서 일설에서 상도(常道) 자체를 일컫는 것으로 풀이한 것은 노자의 본의와는 거리가 있어 보임. 같은 맥락에서, 아래 '지상왈명(知常曰明)'의 '명'은 곧 상도에 밝음을 이르는 것으로 이해됨.

8 모든 것을… : 원문은 '용(容)'. 포용(包容)함·관용(寬容)함.

9 그 덕(德)이… : 원문은 '전(全)'. 주편(周徧)함·보편(普遍)함, 곧 두루 널리 미침. 통행본과 왕필본을 비롯한 다수의 고본에는 모두 '왕(王)'으로 되어 있음. 한데 라오 찌엔(勞健)은 압운(押韻) 문제를 들어 '왕'은 '전'의 잘못이라는 견해를 피력하였고, 첸 꾸잉과 위 페이린도 모두 그에 동조하였는데, 따를 만함. 한편 리우 쿤성(劉坤生)은 '왕' 자(字) 자체에 본시 주편·보편하다는 뜻이 내포되어 있으니, 굳이 '전' 자로 고칠 필요는 없다고 함.

10 자연의 섭리에… : 원문은 '천(天)'. 자연으로서의 하늘, 또는 자연을 가리킴. 여기서는 동사로 쓰임.

11 종신토록 : 원문은 '몰신(沒身)'. 몰신(歿身)고 같은 말로, 종신을 뜻함.

歸根曰靜, 靜曰復命. 復命曰常, 知常曰明. 不知常, 妄作凶. 知常容, 容乃公, 公乃全, 全乃天, 天乃道, 道乃久, 沒身不殆.

해설

이른바 '허(虛)' 즉 청허(淸虛)함과, '정(靜)' 즉 영정(寧靜)함은, 우주 만물 순환 변화의 출발점이자 귀착점이다. 노자는 바로 이 같은 인식의 바탕 위에, 사람들에게 '치허(致虛)'와 '수정(守靜)'을 강조하고 또 소망하였다. '치허'는 온갖 물욕 내지 사심(私心)과 잡념을 떨쳐버리고 한껏 맑고 깨끗한 마음을 갖도록 그 심신을 갈고 닦는 것이다. 사람은 오직 이처럼 맑고 깨끗한 마음을 가지고 있어야만, 비로소 도를 받아들일 수 있다는 것이 노자의 생각이다. '수정'은 외물(外物)의 유혹을 떨쳐버리고, 평안하고 고요한 마음을 유지하도록 애쓰는 것이다. 노자의 견해에 따르면, 사람은 그 마음이 오직 이처럼 평안하고 고요한 상태에 있어야만, 비로소 도를 알 수 있다. 왜냐하면 도의 원시상태가 바로 '정(靜)'이기 때문이다.

일반적으로 '동(動)'과 '정'은 사물 운동의 두 상태로, '동'은 운동 변화를 가리키고, '정'은 상대적 정지(靜止)를 가리킨다. 하지만 노자의 관념 속에서는 '동'이 상대적인 것이고, '정'은 절대적인 것이다. 다시 말해 '동'은 형이하학적인 우주 만물인 반면, '정'이야말로 진정 형이상학적인 도의 본질이라는 것이다. 이 같은 관념의 기초 위에, 노자는 '귀근(歸根)', 즉 그 근원으로 되돌아감과 '복명(復命)', 즉 자연 본성을 회복함의 이론을 역설하였다. 만물로 말하자면 번성과 쇠락을 거쳐 궁극에는 적멸(寂滅, 사라져 없어짐. 곧 죽음을 이르는 말)로 귀착되고, 사람으로 말하자면 젊음과 늙음을 거쳐 궁극에는 죽음에 이르게 된다. 요컨대 적멸과 공무(空無, 이는 만물의 본체

특유의 형상을 형용한 말이며, 결코 텅 비어 아무것도 없는 것이 아님)가 바로 우주 만물의 원시(原始)요, 본질이며, 또한 인간 성명(性命)의 본원(本源)인 것이다.

사람은 누구나 물질적 탐욕이 지나치면, 대개 온갖 음모와 기만과 술책을 함부로 행하게 되는데, 이는 대도의 본질에 역행하는 것이요, 성명의 본원을 상실하는 것이다. 그러므로 반드시 '치허' · '수정'하여야만 비로소 '귀근' · '복명'하여 성명의 근원을 되살리고, 대도의 본원으로 되돌아갈 수 있다. 다시 말해 사람은 허정(虛靜)한 마음을 기르고 간직하여 만물 생장 변화의 근원을 이해함으로써, 현실 사회에서 경거망동하지 않을뿐더러 모든 것을 기꺼이 받아들이는가 하면, 대공무사할 줄 알아야 한다. 진실로 그렇게 하여야만 비로소 대도 운행의 상규(常規, 영원불변의 규칙)에 순응 부합하여 어떠한 위험도 벗어나며, 스스로를 길이 보전할 수 있다.

제17장

가장 훌륭한 군주[1]는, 백성들이 그가 있다는 사실조차 알지 못한다.[2] 그 다음 등급의 군주는, 백성들이 그를 친애하고 찬미한다.[3] 다시 그 다음 등급의 군주는, 백성들이 그를 두려워한다. 그리고 가장 못난 군주는, 백성들이 그를 업신여긴다. 군주가 신실(信實)함이 부족하면 백성들은 그를 신뢰하지 않는다.

가장 훌륭한 군주[4]는 유연(悠然)·무위(無爲)하여[5] 함부로 정령

---

1 가장 훌륭한 군주 : 원문은 '태상(太上)'. 최상(最上)이란 뜻으로, 여기서는 가장 훌륭한 군주, 대도를 체득한 성인(聖人)·성군(聖君)을 가리킴.

2 알지 못한다 : 원문은 '부지(不知)'. '부' 자(字)가 백서본과 왕필본에는 '하(下)' 자로 되어 있음. 반면 오징본(吳澄本)과 영락대전본(永樂大全本)을 비롯한 다수의 고본에는 모두 '부'로 되어 있음. 한데 노자의 철학 사상에 비춰볼 때, '부' 자가 보다 심층적인 의미를 함축 표현하고 있어 더욱 낫고 적절한 것으로 판단됨. 한편 '하' 자는 백성을 뜻하는데, 이 구절뿐만 아니라 아래 구절들에서도 모두 백성의 의미는 명백히 드러내 표현하지는 않았으나, 그 자간(字間)에 이미 함축되어 있는 것으로 이해됨.

3 그 다음… : 원문은 '기차, 친이예지(其次, 親而譽之)'. 하상공본은 '기차, 친지예지(其次, 親之譽之)'로 되어 있고, 부혁본(傅奕本)은 '기차, 친지; 기차, 예지(其次, 親之; 其次, 譽之)'로 되어 있음. 까오 헝과 장 쑹루(張松如)는 부혁본의 뜻이 낫다는 견해를 피력함. 특히 장 쑹루는 친애함은 마음에서 우러나오는 것이고, 찬미함은 입에서 나오는 것인데, 예로부터 겉과 속이 다른 경우가 있었고, 또 아래의 '외지(畏之)'·'모지(侮之)'와 각각 상응한다는 점에 비춰볼 때, 부혁본이 더욱 따를 만하다는 취지의 설명을 덧붙임. 장 쑹루의 견해는 매우 설득력이 있어 충분히 참고할 만함. 다만 여기서는 다수의 판본을 따라 일단 통행본을 그대로 유지함.

4 가장… : 원문에는 없는 말이나, 이 구절 이하는 '태상(太上)'을 두고 이르는 것이므로, 자간에 함축된 뜻을 드러낸 것임. 아래의 '기(其)'는 물론 '태상'을 가리킴.

(政令)을 발하지 않나니,[6] 나라의 큰 공(功)과 일이 이루어지고 나면, 백성들이 모두 "우리는 저절로 이렇게 된 거야.[7]" 하고 말할 정도다.

太上, 不知有之; 其次, 親而譽之; 其次, 畏之; 其次, 侮之. 信不足焉, 有不信焉. 悠兮其貴言, 功成事遂, 百姓皆謂: "我自然."

해설

이는 난세 중의 난세였던 춘추시대를 산 노자의 정치론이자, 정치 이상이다. 노자가 생각하는 최고의 정치, 최상의 군주, 가장 이상적인 사회는 바로 무위자연을 근간으로 한다. 당시 백성들이 전쟁과 부역(賦役)에다 온갖 억압과 탄압 속에 도탄에 빠져 허덕인 정치사회적 상황은, 다름 아닌 탐욕에 찬 통치자의 유위(有爲)에서 비롯된 권력의 남용이 원인이었다.

그뿐만 아니라 설령 군주가 무위(*제2장 주석10 참조)와 불언(不言, *제2장 주석11 참조)을 하지 않는 정도는 아니더라도, 그나마 백성을 덕(德)과 예(禮)로 이끌며 인애(仁愛)로 다스려 만백성의 친애와 찬미를 받는다 할지라도, 사람들의 마음속에서는 그 또한 어쩔 수

---

5 유연·무위하여 : 원문은 '유혜(悠兮)'. 유연(悠然)한, 청한(淸閑)한, 한적(閑適)한 모양. 여기서는 유연 무위함을 이름. '유' 자가 일부 판본에는 '유(猶)'나 '유(猷)' 혹은 '유(由)'로 되어 있는데, 옛날엔 이들 글자를 서로 통용함.

6 함부로… : 원문은 '귀언(貴言)'. 말을 귀중히 여김, 곧 말을 경솔하게 하지 않음. 여기서는 제2장의 '불언(不言)'과 같은 뜻으로, 정령을 남발하지 않음을 이름.

7 저절로… : 원문은 '자연(自然)'. 여기서는 자성(自成), 즉 저절로 이루어졌다는 뜻임. 이는『광아(廣雅)』「석고(釋詁)」에서 "그러하다는 것은 이루었다는 뜻이다.〔然, 成也〕"라고 한 데에 근거함.

없는 권력과 권위의 상징이요, 자신들의 자유롭고 편안한 삶에 일정한 제약일 수밖에 없다. 더욱이 그보다 못한 군주는 백성을 인애로 다스리기보다는 정령과 형벌로 이끌며 법으로 다스려, 백성들을 두려움에 떨게 하고, 또 그보다 못한 군주는 백성을 법으로도 다스리지 못하고, 온갖 모략과 술책으로 우롱하고 허위로 기만하여, 급기야 백성들에게 업신여김을 받을 따름이다. 이처럼 신실함이라곤 찾아볼 수 없어 백성들의 신뢰를 잃은 군주들은, 두말할 나위 없이 이상 정치와는 더더욱 멀어져 있다.

요컨대 최상의 군주는 진실로 유연하여 '무위'와 '불언'의 정치를 한다. 그와 같이 만사를 '자연'(저절로 그러함)의 도에 순응해 처리하기 때문에, 백성들은 나라의 큰 공과 일까지도 모두 다 저절로 그렇게 된 것이라고 여길 정도이니, 그들은 진정 통치 권력의 존재조차 알지 못한다.(이는 곧 분명히 있는 군주의 존재조차 마치 없는 것처럼 느낄 정도라는 말임) 이처럼 노자가 그리는 이상향은, 그야말로 상고시대 「격양가(擊壤歌)」에서 "해가 뜨면 일하고 / 해가 지면 쉰다네 / 샘을 파서 물 마시고 / 밭을 갈아 밥 먹거니 / 임금님의 은덕이 내게 무슨 소용 있으랴?〔日出而作, 日入而息, 鑿井而飮, 耕田而食, 帝力於我何有哉〕"라고 읊은, 바로 그런 삶을 사는 사회이리라.

제18장

무위자연의 도[1]가 행해지지 않자 인의(仁義)[2]가 창도(唱導)되었고, 온갖 지혜[3]가 출현하자 터무니없는 허위(虛僞)가 생겨났다. 가족 사이[4]에 불화가 있자 효도와 자애[5]가 강조되었고, 나라가 혼란에 빠지자 충신이 나타났다.

大道廢, 有仁義. 智慧出, 有大僞. 六親不和, 有孝慈. 國家昏亂, 有忠臣.

해설

이는 노자의 사회관(社會觀)으로, 당시의 사회적 병폐를 적시(摘示)하는 가운데, 유가(儒家)가 창도하고, 통치자들이 표방한 인의·충효 사상과 각종 제도에 대한 비판적인 입장을 분명히 하였다.

---

1 무위자연의 도 : 원문은 '대도(大道)'. 곧 노자 사상의 근본인 무위자연의 도를 가리킴.

2 인의(仁義) : 인애(仁愛)와 도의(道義).

3 지혜(智慧) : 석감산이 이른 대로, 이는 천하를 다스리는 자의 기지(機智)와 슬기로, 예악(禮樂)·권형(權衡, 저울)·두곡(斗斛, 곡식을 되는 말과 휘)·법령 등의 제도를 가리킴. 왕필본에는 '혜지(慧智)'로 되어 있으나, 그 주문(註文)에는 오히려 '지혜'라고 하였으니, '혜지'는 후세 사람들이 잘못 전사(傳寫)한 것으로 보임. 부혁본(傅奕本)을 비롯한 다수의 고본(古本)에도 모두 '지혜'로 되어 있음.

4 가족 사이 : 원문은 '육친(六親)'. 부자(父子)·형제(兄弟)·부부(夫婦)로, 곧 가족 구성원을 가리킴.

5 효도와 자애(慈愛) : 원문은 '효자(孝慈)'. 여기서는 가정 윤리를 통칭함. '효'는 자녀가 부모를 효경(孝敬)함, 즉 잘 섬기고 공경함. '자'는 부모가 자녀에게 자애를 베풂.

노자 사상에서 도덕은 인의의 상위(上位)에 있다. 제38장에서 "도를 행할 수 없게 된 뒤에는 덕이 드러나고, 덕을 행할 수 없게 된 뒤에는 인이 드러나며, 인을 행할 수 없게 된 뒤에는 의가 드러난다.〔失道而後德, 失德而後仁, 失仁而後義〕"라고 함은 바로 이를 단적으로 말해준다. 대도는 '자연'을 본질로 하고 '무위'를 작용으로 하는 반면, 인의는 '인위(人爲)'를 추구하고 '유위(有爲)'를 숭상한다. 노자가 볼 때, 사람들이 무위자연의 도를 내팽개치면서 마침내 인의, 즉 인애와 도의가 창도되기에 이르렀다. 이와 같이 자연과 무위는 배척하고, 인위와 유위를 지향하면서, 국가 사회 전반에 병폐가 속출하게 된 것이다. 통치자들은 온갖 지혜를 짜내 백성을 다스리고, 백성들은 또 허위와 기만으로 그에 대응하였다. 가족 간에 불화가 이니 절로 효도와 자애가 강조되고, 나라가 혼란에 휩싸이니 절로 충신의 존재가 두드러졌다.

일반적으로 인의나 지혜・효자・충신은 모두 대단히 아름다운 덕목이요 형상이다. 하지만 노자의 관념 속에서 이들은 모두 대도가 폐기되고, 사람의 순박한 심성이 타락한 이후에 나타난 것이다. 그러므로 사회의 단편적인 병폐들을 없애려고 애쓰기보다는, 오히려 보다 근본적인 변혁과 복고(復古)를 추구해 상고(上古)시대의 그 무위자연 본연의 순박함을 회복하는 것이 낫다는 게 노자의 생각이다. 훗날 장자(莊子)가 "샘물이 마르고 난 뒤 고기들이 함께 땅 위에서 곤경에 처해 있으면서 서로 습기를 불어주고, 서로 침을 적셔주기보다는, 차라리 강과 호수에서 서로를 망각한 채 자재(自在)함이 낫다. 또 요임금의 성명(聖明)함을 찬미하고 걸왕의 포악함을 비난하기보다는, 차라리 양자(兩者)의 시시비비를 다 잊고 대도(大道)와 하나 되는 것이 낫다.〔泉涸, 魚相與處於陸, 相呴以濕, 相濡以

沫, 不如相忘於江湖. 與其譽堯而非桀也, 不如兩忘而化其道〕"〈『장자』「대종사(大宗師)」〉라고 한 것은, 곧 노자의 이 같은 관점에 대한 부연 설명이나 다름이 없다.

제19장

총명[1]을 끊고 지혜를 버리면 백성들의 이익이 백배는 많아질 것이요, 인(仁)을 끊고 의(義)를 버리면 백성들이 효도와 자애의 천성(天性)을 회복할 것이며, 교묘히 남을 속임[2]을 끊고 사사로운 이익을 버리면 도둑이 사라질 것이다. 이 세 가지[3]는 모두 허위의 문채[4]이기 때문에[5] 천하를 다스리기에는 마땅치 아니하다.[6] 그러므로 사람들로 하여금 달리 따를 바가 있도록 하나니,[7] 밖으로는 순진함을 드러내고 안으로는 질박함을 지키며,[8] 사심

---

1 총명 : 원문은 '성(聖)'. 까오 헝과 첸 꾸잉의 풀이에 따르면, 『노자』에서 '성' 자(字)는 두 가지 용례를 보임. 하나는 성인(聖人)의 '성'으로, 최고의 도덕적 수양의 경지를 이르고, 다른 하나는 스스로 총명하다고 여긴다는 뜻임. 여기서는 후자를 이름.

2 교묘히… : 원문은 '교(巧)'. 교사(巧詐), 즉 교묘히 남을 속임. 또는 기교(機巧), 즉 잔꾀가 교묘함.

3 이 세 가지 : 원문은 '차삼자(此三者)'. 곧 '성지(聖智)'・'인의(仁義)'・'교리(巧利)'를 가리킴.

4 허위(虛僞)의 문채(文彩) : 원문은 '위문(爲文)'. 여기서 '위'는 까오 헝이 이른 대로 '위(僞)'로 풀이해야 하며, 그러면 '위문'은 곧 위문(僞文)으로, 허위(진실이 아닌 것을 진실인 것처럼 꾸민 것)의 문채(무늬)를 이름. 이는 곧 무위자연과는 동떨어진 것으로, 아래의 '소(素)'・'박(樸)'과 대비해 이른 말임.

5 때문에 : 원문은 '이(以)'.

6 마땅치… : 원문은 '부족(不足)'. 여기서는 마땅치 않다・적절치 않다는 뜻으로 옮기는 것이 보다 자연스러움.

7 사람들로… : 원문은 '영유소속(令有所屬)'. 곧 '영인유소속(令人有所屬)'과 같은 말. 여기서 '인'(즉 사람들)은 특히 통치자들을 겨냥한 말이라 할 것임. '속'은 귀속(歸屬)・종속(從屬)으로, 여기서는 의지하고 따른다는 뜻을 나타냄. '소속'은 곧 인생이나 치국(治國)의 지침을 가리킴.

8 밖으로는… : 원문은 '현소포박(見素抱樸)'. '현'은 현(現)과 같음. '소'는

(私心)을 없애고 욕망을 버릴 것이요, 그리고 허위의 배움을 끊으면 근심 걱정이 사라질 것이다.[9]

絕聖棄智, 民利百倍. 絕仁棄義, 民復孝慈. 絕巧棄利, 盜賊無有. 此三者以爲文, 不足. 故令有所屬: 見素抱樸, 少私寡欲, 絕學無憂.

해설

앞 장에서 시폐(時弊, 심각한 문제가 되고 있는 그 시대의 잘못된 폐단)를 적시 비판한 노자는, 당시의 허식적인 문명이 가져온 심각한 정치 사회적 폐해에 분개하며, 이제 그 근원적인 처방을 내놓는다.

염색하지 않은 명주실, '박'은 다듬지 않은 나무. 이는 곧 순진 질박한 형상으로, 세속에 물들지 않은 사람의 본성을 두고 이르는 말임. 위 페이린은 '소'와 '박'은 각각 외표(外表)와 내심(內心)을 두고 이른다고 보았는데, 일리가 있음.

9 허위의 배움을… : 원문은 '절학무우(絕學無憂)'. 여기서 '학' 즉 허위의 배움은 곧 '성지(聖智)'·'인의(仁義)'·'교리(巧利)'의 학문을 가리킴. 이 구절이 통행본과 왕필본을 비롯한 대부분의 판본에는 모두 다음 장(제20장)의 첫 구(句)로 되어 있음. 이에 대해 먼저 쟝 시창(蔣錫昌)이 응당 이 장에 편입시켜야 한다고 함. 이어서 까오 헝이 통행본 등은 후세 사람들이 장(章)을 잘못 나눈 결과라고 하며, 그 이유로 다음 세 가지를 듦. 첫째, '절학무우'는 앞의 '현소포박, 소사과욕' 2구와 구법(句法)이 서로 같으므로, 만약 다음 장에 배치시키면 완전히 고립되어 의지할 데가 없게 됨. 둘째, '족(足)'·'속(屬)'·'박(樸)'·'욕(欲)'·'우(憂)'는 운(韻)인데, 만약 이 구절을 다음 장에 배치시키면 운이 맞지 않음. 셋째, '현소포박, 소사과욕, 절학무우'는 문의(文意)가 일관되지만, 만약 이 구절을 다음 장에 배치시키면 문의가 다른 구절과의 상관성을 찾을 수가 없게 됨. 까오 헝의 이 같은 주장은 매우 설득력이 있어 따르기로 함.

우선 총명과 지혜를 멀리할 것을 요구한다. 통치자의 총명과 지혜는 결국 예악과 법령 제도를 만들어 백성들을 못살게 굴며, 심지어는 기만하기까지 한다. 그러니 그러한 '유위'의 정치를 없앤다면, 백성들이 누리게 될 이점(利點)이 백배 많아질 것이다. 그리고 인의도 버려야 한다. 인의는 사람들에게 선행을 권면하는 본연의 취지와는 달리, 현실 사회에서는 사람들이 왕왕 인의를 가식(假飾)하고 도용(盜用)해 자신들의 잇속을 차리고, 심지어는 도덕군자인 양하기까지 한다. 장자가 이른 대로, "세상 사람들을 위해 인의를 제정 제창(提唱)하여 세속(世俗)을 바로잡으면, 곧 그 인의까지도 도둑놈들이 다 훔쳐가고〔爲之仁義以矯之, 則並與仁義而竊之〕" "나라를 훔친 자는 제후가 되고, 제후의 문하(門下)에 오히려 인의가 존재하게 된다.〔竊國者爲諸侯, 諸侯之門而仁義存焉〕"〈『장자』「거협(胠篋)」〉 그러므로 노자는 이처럼 사람들에게 악용되기 십상인 인의의 껍데기를 벗고, 효자(孝慈)의 천성을 회복할 것을 요구한다. 또 교묘히 남을 속임과 사사로운 이익을 멀리해야 한다. 이 두 가지는 어쩌면 사람들의 내심에 일반적으로 잠재하는 욕구인지도 모른다. 하지만 통치자가 앞장서 자행하고 추구한다면, 온 나라가 도둑들로 넘쳐날 소지가 다분하다. 그 때문에 노자는 이 모든 허위의 문채를 배우는 노력을 그만두면, 근심 걱정이 사라질 것임을 확언하였다. 결국 사람들이 모두 사욕을 버리고, 무위자연의 순진・질박함을 회복하는 것이 길이요, 방법이란 얘기다.

제20장

영예와 모욕[1]은 그 차이가 얼마란 말인가? 아름다움과 추함[2]은 그 차이가 어떠하단 말인가? 사람들이 두려워하는 군주도, 사실은 사람들을 두려워하지 않을 수 없다네.[3] 하지만 내가 추

---

1 영예와 모욕 : 원문은 '유지여아(唯之與阿)'. '유'와 '아'는 모두 응답하는 소리로, 각각 우리말의 '네'와 '응' 정도에 해당됨. 다시 말해 전자는 공경(恭敬)히 하는 응답으로, 아랫사람이 윗사람에게 응답하는 소리이고, 후자는 소홀히 혹은 다소 거만히 하는 응답으로, 윗사람이 아랫사람에게 응답하는 소리임. 남이 나를 공경히 대하면 나는 필시 영예를 느낄 것이지만, 남이 나를 소홀히 대하면 나는 필시 모욕을 느낄 것인바, 여기서는 '유아'로 영욕(榮辱) 내지 귀천(貴賤)의 뜻을 표현한 것으로 이해됨. ○왕필본을 비롯한 대다수 판본에는 이 앞(즉 제20장 첫머리)에 '절학무우(絶學無憂)'란 말이 있는데, 장 시창 등의 견해에 근거해 앞 장으로 이동 편입시킴.(*제19장 주석9 참조)

2 아름다움과 추함 : 원문은 '미지여악(美之與惡)'. '미' 자(字)가 통행본과 왕필본에는 '선(善)'으로 되어 있는 반면, 초간본(楚簡本)과 백서본, 부혁본 등에는 모두 '미'로 되어 있고, 왕필본도 주문(註文)에서는 '미악(美惡)'이란 표현을 쓰고 있음. 아무튼 제2장에서 '천하개지미지위미, 사악이(天下皆知美之爲美, 斯惡已)'라고 하여 '미'와 '악'을 대응시켜 일컬은 데에 근거하면, 초간본 등이 옳은 것으로 판단됨. '악'은 추(醜)의 뜻임.

3 사람들이… : 원문은 '인지소외, 역불가이불외인(人之所畏, 亦不可以不畏人)'. 이는 백서을본(帛書乙本)에 따른 것임. 통행본을 비롯한 대부분의 판본에는 '인지소외, 불가불외(人之所畏, 不可不畏)'로 되어 있음. 통행본 등은 다른 사람들이 두려워하는 것은 나도 두려워하지 않을 수 없다는 뜻으로, 나도 다른 사람과 별반 다를 게 없다는 말임. 하지만 장(章) 말미에서 밝혔듯이, 노자는 여기서 '나만 유독 다른 사람들과는 다름〔我獨異於人〕'을 강조하고자 하는 것이므로, 통행본 등의 표현은 논리적으로 맞지 않음. 반면 백서본은 뭇사람들이 두려워하는 존재인 군주도, 사실은 자신을 두려워하는 뭇사람들을 두려워할 수밖에 없다는 뜻으로, 뭇사람이나 군주가 서로 별반 다르지 않다는 말임. 앞의 두 구절이 모두, 거론한 두 가지 상대적 개념이

구하는 대도는 실로 광대하여 끝이 없도다![4]

뭇사람들은 성대한 잔치[5]를 만끽하듯, 또 봄날 누대에 올라 조망(眺望)하듯 희희낙락하거늘,[6] 나만 홀로 마냥 담박(淡泊)하여 세상 명리(名利)에 무덤덤하고,[7] 마냥 무지(無知)하여[8] 마치 갓난 아이가 아직 웃을[9] 줄도 모르는 것과 같으며, 마냥 의기소침하여[10] 마치 돌아갈 집도 없는 것과 같도다.

사실상 서로 별 차이가 없음을 역설한 것이며, 따라서 이 구절 또한 맥락이 상통하는 백서본의 말이 노자의 본의를 바르게 표현한 것으로 판단됨.

4 내가 추구하는… : 원문은 '황혜, 기미앙재(荒兮, 其未央哉)'. 이 구절이 무엇을 말하고 있는지 중설이 분분하나, 왕필이 '세속적인 것들과는 서로 크게 다름을 탄식(사실은 찬탄)한 것'이라고 한 데에 비춰볼 때, 노자가 일념으로 추구하는 '도(道)'를 두고 이른 것으로 이해됨. '황혜'는 넓고 큰 모양, 아득히 넓은 모양. '앙'은 진(盡), 즉 다함.

5 성대한 잔치 : 원문은 '태뢰(太牢)'. 옛날 제사에 바치던 소·양·돼지 세 가지 희생을 이름. 여기서는 이로써 성대한 연회, 잔치를 가리킴.

6 희희낙락하거늘 : 원문은 '희희(熙熙)'. 화락(和樂)한 모양, 한껏 흥겹고 즐거운 모양, 곧 희희낙락(喜喜樂樂)함.

7 세상 명리에… : 원문은 '기미조(其未兆)'. '조'는 조짐, 징조. '미조'는 조짐이 보이지 않는다는 뜻이니, 곧 전혀 마음에 움직임이 없다·무관심하다·무감동하다는 말로, 세상 명리에 무덤덤함을 이르는 것으로 이해됨.

8 무지하여 : 원문은 '돈돈혜(沌沌兮)'. 혼돈한 모양. 여기서는 무지한 모양. 이 구절은 여러 판본에서 모두 '아우인지심야재(我愚人之心也哉)' 뒤에 붙어 있음. 하지만 마 쉬룬이 이는 마땅히 '여영아지미해(如嬰兒之未孩)' 앞에 있어서 갓난아이의 무지함을 형용하여야 하며, 아래 '루루혜(儽儽兮)'와 짝을 이룬다고 하였고, 까오 헝과 첸 꾸잉 등도 이를 따랐는데, 충분한 설득력이 있어 그에 근거해 고침.

9 웃을 : 원문은 '해(孩)'. 해(咳)와 같음. 어린아이가 방긋 웃음.

10 의기소침하여 : 원문은 '루루혜/래래혜(儽儽兮)'. 고달프고 지친 모양, 의기소침한 모양, 풀이 죽고 기가 꺾인 모양.

뭇사람들은 모두 재지(才智)가 넘치거늘, 나만 홀로 모자란[11] 것 같다. 내 진정 어리석은 사람의 마음[12]이로다! 세상 사람들은 다 총명한데 나만 홀로 우매하고, 세상 사람들은 다 세상 물정에 밝은데 나만 홀로 세상 물정에 어둡다.

뭇사람들은 모두가 유능하거늘,[13] 나만 홀로 우둔하고 비루하다.[14] 이렇듯 나만 유독 다른 사람들과는 달리 우주 만물을 낳아 기르는 대도[15]를 귀히 여길 따름이다.

---

11 모자란 : 원문은 '유(遺)'. 여기서는 궤(匱)의 가차(假借)로, 다함·결핍함·모자람.

12 어리석은 사람의 마음 : 원문은 '우인지심(愚人之心)'. 곧 부지불식(不知不識)·무지무욕(無智無欲)의 순박(淳樸) 질실(質實)하고 순진무구한 심성으로, 노자는 이를 수양(修養)의 최고 경지로 여김.

13 유능하거늘 : 원문은 '유이(有以)'. '이'는 능(能)과 같음. 『노자』에서는 '이'가 흔히 '능'의 뜻으로 풀이됨. 일설에는 '이'를 용(用)의 뜻으로 풀이함.

14 우둔하고… : 원문은 '완차비(頑且鄙)'. '차'가 왕필본에는 '사(似)'로 되어 있으나, 그 주문에는 '차'로 되어 있어 본디 '차'였음을 알 수 있고, 또 부혁본을 비롯한 여러 판본에도 모두 '차'로 되어 있으므로, 그에 근거해 고침.

15 우주 만물을… : 원문은 '사모(食母)'. 곧 도(道)를 가리킴. '사'는 먹여 기르다·양육하다는 뜻.(이 때 그 독음은 '식'이 아니라 '사'임) '도'는 우주 만물을 생양(生養, 낳아 기름)하니, 곧 만물의 어머니이며, 그러므로 여기서 '사모'라고 한 것임. 이는 오징과 위 페이린이 『예기(禮記)』「내칙편(內則篇)」에서 "대부의 아들에게는 '사모'가 있다.〔大夫之子有食母〕"고 하였고, 그 주(註)에 이르기를 '사모'는 유모(乳母)를 말한다고 한 데에 근거한 풀이를 따른 것임. 한편 장 시창은 『노자』의 '사모'는 『장자』의 '사어천(食於天)'과 같이 '양어도(養於道)' 즉 대도(大道)에게 길러짐을 뜻한다고 함. 그리고 까오 형과 첸 꾸잉을 비롯한 많은 이들은 또 짐작컨대 장 시창의 풀이에 근거해, '사모'를 수도(守道) 양성(養性), 즉 도를 지키며 천성을 기른다는 뜻으로 부연함. 참고로 『장자(莊子)』「덕충부편(德充符篇)」에서는 "기왕에 자연(自然)에게

唯之與阿, 相去幾何? 美之與惡, 相去若何? 人之所畏, 亦不可以不畏人. 荒兮, 其未央哉! 衆人熙熙, 如享太牢, 如春登臺. 我獨泊兮, 其未兆; 沌沌兮, 如嬰兒之未孩; 儽儽兮, 若無所歸. 衆人皆有餘, 而我獨若遺. 我愚人之心也哉! 俗人昭昭, 我獨昏昏. 俗人察察, 我獨悶悶. 〔澹兮其若海, 飂兮若無止.〕[16] 衆人皆有以, 而我獨頑且鄙. 我獨異於人, 而貴食母.

해설

노자는 여기서 오로지 '도'를 귀히 여겨 성심으로 중시하고 굳게 지킬 것을 역설하고 있다. 다만 그 표현이 반어적이어서 언뜻 자조(自嘲)하는 듯하나, 실제로는 자찬(自讚)의 의중이 다분하다.

영예와 모욕, 아름다움과 추함, 두려움의 대상과 그 대상을 두려워하는 존재, 대개 이는 모두 서로 상당한 차이가 있다고 여긴다. 물론 그건 일반 사람들의 생각이다. 노자가 볼 때, 그 같은, 세상의 온갖 가치와 개념과 존재들은 사실 서로 크게 다를 게 없다. 오십보백보라는 얘기다. 세상 사람들이 천단(淺短)한 안목으로 허상을 좇고 있는 것이다. 하지만 노자가 추구하는 '도'는 그야말로 광대하기가 그지없어 세상 그 어떤 것과도 비교할 수가 없다. 달라도 너무나 다르다는 얘기다.

'세상 사람들은 모두 총명하고 유능하며 세상 물정에 밝아 즐겁게 사는데, 나만 홀로 담박하고 무지하며 우둔하고 비루해 의기소

먹여 기름을 받는다면, 또 어찌 인위(人爲)를 할 필요가 있겠는가?〔旣受食於天, 又惡用人〕"라고 함.

16 담혜기약해(澹兮其若海)… : 이 2구는 제15장으로 옮김. *제15장 주석 21 참조.

침하다.' 노자의 푸념이다. 이는 곧 지고(至高) 무상(無上)의 그 광대한 '도'를 늘 가까이 하며, '무위자연'의 진리를 체득(體得) 묵수(墨守)하는 것이, 결코 쉽지만은 않은 데 대한 고뇌의 표현인지도 모른다. 아무튼 노자의 푸념은, 일견 그가 뭇사람들을 높이고, 스스로를 낮추는 것으로 보인다. 그러나 실제로는 뭇사람들을 천박하고 저속하게 여기는 반면, 스스로는 더할 나위 없이 고상하고 현명한 것으로 자부하고 있는 것이다. 그 때문에 '나만 유독 다른 사람들과는 다름'을 당당히 밝히면서, 기꺼이 대도를 본받고 자연에 순응하리라 새삼 의지를 다진다.

제21장

큰 덕[1]의 모든 표현[2]은 오직 도에 따를 뿐이다.[3]

도라는 이 물(物)은 있는 듯도 하고 또 없는 듯도 하여, 진정 황홀하다.[4] 한데 그렇듯 황홀하지만 그 가운데 우주의 형상이 있고, 그렇듯 황홀하지만 그 가운데 우주 만물이 있다. 또한 그처럼 깊디깊어 헤아리기 어렵지만[5] 그 가운데 만물의 정기(精

---

1 큰 덕 : 원문은 '공덕(孔德)'. '공'은 대(大)의 뜻으로, '덕'을 높여 형용한 말임. '덕'은 도(道)의 작용과 체현(體現)을 일컬음. 도는 덕의 내용이고, 덕은 도의 형식으로, 양자는 서로 의존적인 관계에 있음. 다시 말해 덕은 도의 체현인 만큼, 도는 덕을 통해서 물(物, *제4장 주석3 참조)의 세계에 드러나게 되는 것임. 또한 위 페이린이 설명한 대로, 덕은 도의 분화(分化)로, 만물이 도에서 얻은 형체임. 다시 말해 형이상학적인 도가 현상계(現象界) 내지 경험계(經驗界), 즉 실제로 보고 듣고 겪으며 인식하는 세계에 구체적으로 표현된 것이 바로 덕이며, 따라서 전체로 말하자면 도요, 부분으로 말하자면 덕임. 요컨대 도와 덕은 단지 전체와 부분 · 본체와 작용의 구별만 있을 뿐이며, 본질적으로는 어떠한 차이도 없음.

2 (모든) 표현 : 원문은 '용(容)'. 모습, 모양, 표현을 이름. 위 페이린은 왕필이 동작(動作)의 뜻으로, 까오 헝이 동(動)의 뜻으로 풀이한 데에 근거해 '표현'을 이른다고 함. 또 첸 꾸잉은 까오 헝의 풀이에 근거해 '양태(樣態)'를 이른다고 함. 양자는 결국 같은 말임.

3 오직 도에… : 원문은 '유도시종(惟道是從)'. 곧 '유종도(惟從道)'의 뜻으로, '종'의 목적어인 '도'를 앞으로 옮겨 놓은 형태임. '시'는 목적어를 전치(前置)하기 위해 쓰인 어조사.

4 있는 듯도… : 원문은 '유황유홀(惟恍惟惚)'. 곧 황홀(恍惚)함, 홀황(惚恍)함. '유'는 어조사로 별 의미 없음. *제14장 주석11 참조. '황홀함'의 사전적 의미는 미묘하여 헤아려 알기 어려움, 또는 흐릿하여 분명하지 아니함임.

5 깊디깊어… : 원문은 '요혜명혜(窈兮冥兮)'. '요'는 심원(深遠)함. '명'은 어두컴컴함. '요명'은 곧 사람이 쉽게 감지할 수 없는 도의 특성을 형용한 것

氣)[6]가 있고, 그 정기는 또 한껏 진실하여 그 가운데 신실(信實)히 증험(證驗)할 수 있는 근거[7]가 있다.

지금으로부터 먼 옛날로 거슬러 올라가 보면,[8] 그 이름도 없던 도[9]는 한시도 사라지지 않고 언제나 존재해 왔나니,[10] 도를 통해 만물의 시원(始原)을 알 수가 있도다.[11] 나는 어떻게 만물 시원의 상황을 알 수 있는가? 바로 이 같은 도의 원리[12]를 통해서다.[13]

임. '혜'는 어조사.

6 만물의 정기 : 원문은 '정(精)'. 정기를 이름. 곧 천지 만물을 생성하는 원천이 되는 기운, 모든 생명 물질의 원리(原理)·원질(原質).

7 신실히… : 원문은 '신(信)'. 왕필이 이를 신험(信驗), 즉 증거의 뜻으로 풀이함.

8 지금으로부터… : 원문은 '자금급고(自今及古)'. 통행본은 '자고급금(自古及今)'으로 되어 있으나, 마 쉬룬과 까오 헝의 견해를 좇아 백서본·부혁본 등에 근거해 고침. '도'라는 그 물(物)은 옛날부터 있었지만, '도'라는 이 이름은 노자가 지금 붙인 것임. 다시 말해 지금의 '도'라는 이름으로 먼 옛날의 물을 일컬은 것이므로, '자고급금'이 아니라 마땅히 '자금급고'라고 해야 할 것임. 게다가 이 세 구절에서 '고(古)'·'거(去)'·'보(甫)'는 압운이며, 따라서 만약 '자고급금'이라고 한다면 운율의 조화가 깨어짐.

9 그 이름도… : 원문은 '기명(其名)'. 곧 도의 이름을 말함. 도는 노자가 그 이름을 붙이기 전에는 본디 무명(無名), 즉 이름이 없었으며, 그러므로 왕필은 '무명'이 바로 도의 이름이라고 하며, 예로부터 어느 것 하나 그로부터 생성되지 않은 것이 없다고 함.

10 한시도… : 원문은 '불거(不去)'. 떠나지 않는다는 뜻이니, 곧 상존(常存)함을 이름.

11 도를 통해… : 원문은 '이열중보(以閱衆甫)'. '열'은 살펴보다·알다는 뜻. '보'는 시(始)의 뜻이며, '중보'는 만물의 시원·근원·본원을 이름.

12 이 같은… : 원문은 '차(此)'. 곧 도를 가리킴. 좀 더 구체적으로 말하면, 여기서 설명한 도의 운행 법칙 내지 원리를 지칭함.

孔德之容, 惟道是從. 道之爲物, 惟恍惟惚. 惚兮恍兮, 其中有象; 恍兮惚兮, 其中有物. 窈兮冥兮, 其中有精; 其精甚真, 其中有信. 自今及古, 其名不去, 以閱衆甫. 吾何以知衆甫之狀哉? 以此.

해설

이 장은 제14장을 이어받아 도에 대해 논하고 있다. 다만 그 논지를, 덕에 대한 설명으로부터 펴나가고 있으니, 도와 덕의 관계에 주목하게 된다. 노자는 말한다. '대덕(大德)의 모든 표현은 오직 대도(大道)에 따른다.' 인간을 비롯한 우주 만물이 각기 도의 특성을 획득한 것이 바로 덕이란 얘기다. 바꿔 말하면 덕은 곧 도가 만물을 관통하고, 인간과 인생에 작용해 드러난 것이다. 요컨대 도는 덕의 본체요 본질이고, 덕은 도의 작용 · 운용이요 드러남이다. 도는 형이상적(形而上的)이고, 추상적이며, 광대한 것이고, 감지하기 어려운 것이다. 반면 덕은 형이하적이고, 구체적이며, 미세한 것이고, 감지할 수 있는 것이다. 그 때문에 우리는 구체적인 '덕'을 통해서 추상적인 '도'를 감오(感悟, 느끼어 깨달음)할 수 있는 것이다.

그렇다면 도란 어떤 것인가? 노자의 묘사에 따르면, 도는 비록 한없이 황홀(미묘하여 헤아려 알기 어려움)하여 있는 듯도 하고 없는

---

13 나는 어떻게 ~ 통해서다 : 이 두 구절을, 까오 헝은 압운하지 않은 점을 들어 후세 사람의 주문(註文)일 것으로 의심하였는데, 일리가 있어 보임. 왜냐하면 앞('이열중보')에서 이미 '도를 통해 만물의 시원을 알 수 있다'는 논지를 밝혔는데, 여기서 재차 같은 뜻을 반복하고 있으니, 분명 전후 의미가 중복되어 적절치 못하기 때문임. 그래서인지 까오 헝은 '이열중보'의 '열'을 출(出), 즉 낳다, 생성하다는 뜻으로 풀이하였는데, 참고할 만하나, 중설을 따름.

듯도 하며, 실(實)한 듯도 하고 허(虛)한 듯도 하지만, 그러한 가운데 우주 만물을 창조하고, 또 그 모든 생명과 물질의 끊임없는 변화 발전의 원리와 본질을 함유(含有)하고 있다. 그 우주 만유(萬有) 변화 발전의 원리와 본질은, 지극히 진실한 것이며, 확실히 믿을 수 있는 것이다. 그리하여 도는 스스로 부단히 잉태해 생육하는 우주 만물을 통해, 그 공능(功能) — '덕'을 표현하게 되며, 따라서 "옛날부터 이미 존재하고 있는 도를 제대로 파악하면, 오늘날의 모든 구체적 사물을 제어할 수 있고, 또 우주의 시원을 알 수 있나니, 이를 일러 도의 원리라고 하는 것이다."(제14장)

제22장

자신을 굽히면 스스로를 보전할 수 있고,[1] 구부리면 곧게 펼 수 있으며,[2] 움푹 들어가면 가득 채울 수 있고,[3] 낡으면 새로워질 수 있으며,[4] 적으면 얻을 수 있지만,[5] 많으면 미혹하게 된다.[6]

그러므로 성인은 도[7]를 굳게 지키며, 천하만사의 준칙[8]으로 삼는다. 그렇게 하여 스스로 드러내지[9] 않으므로 오히려 자신이 더욱 두드러지고, 스스로 옳다고 여기지 않으므로 오히려 옳고 그름이 더욱 분명하며, 스스로 자랑하지 않으므로 오히려 그 공

---

1 자신을 굽히면… : 예를 들면 세찬 바람이 불 때, 연약한 풀들은 몸을 눕혀 무탈하지만, 큰 나무들은 빳빳이 버티다 화를 당하는 따위를 생각할 수 있음.

2 구부리면… : 예를 들면 자벌레가 몸을 한껏 구부린 다음에야 비로소 쭉 펴서 앞으로 나아가고, 사람이나 짐승이 다리를 구부린 다음에야 비로소 뛰어오를 수 있는 따위를 생각할 수 있음.

3 움푹 들어가면… : 예를 들면 강과 바다가 한껏 낮게 움푹 꺼져 있기 때문에 모든 냇물이 모여드는 따위를 생각할 수 있음. '와(窪)'는 우묵함.

4 낡으면… : 예를 들면 나뭇잎이 말라서 떨어지고 나면 얼마 후에는 다시 새잎이 돋아나고, 잔동(殘冬, 얼마 남지 않은 겨울)이 지나고 나면 다시 신춘(新春)이 찾아오는 따위를 생각할 수 있음.

5 적으면… : 예를 들면 사람이 욕심이 적으면 쉽게 만족을 얻는 따위를 생각할 수 있음.

6 많으면… : 예를 들면 제12장에서 말한 "오색은 사람의 눈을 멀게 하고, 오음은 사람의 귀를 먹게 하며, 오미는 사람의 미각을 무디게 한다."는 따위를 생각할 수 있음.

7 도(道) : 원문은 '일(一)'. 도를 일컬음. *제39장 주석2 참조.

8 준칙 : 원문은 '식(式)'. 법식(法式), 법칙, 준칙.

9 드러내지 : 원문은 '현(見)'. 현(現)과 같음.

로가 더욱 빛나고, 스스로 잘난 체하지[10] 않으므로 오히려 그 존엄이 더욱 오래간다. 바로 그처럼 남과 다투지 않기 때문에, 천하에 어느 누구도 그와 다툴 수가 없다.

이른바 '자신을 굽히면 스스로를 보전할 수 있다'고 하는 등[11]의 옛말이 어찌 근거 없는 말이겠는가? 진실로 그 말을 마음 깊이 간직하고, 기필코 그 길로 되돌아가야 할 것이다.[12]

曲則全, 枉則直, 窪則盈, 敝則新, 少則得, 多則惑. 是以聖人抱一爲天下式. 不自見, 故明; 不自是, 故彰; 不自伐, 故有功; 不

---

10 잘난 체 하지 : 원문은 '긍(矜)'. 거만함, 자고자대(自高自大)함. 곧 잘난 체하며 거들먹거림.

11 '자신을…'고 하는 등 : 원문은 '곡즉전자(曲則全者)'. 여기서는 이로써 상술한 '곡즉전 ~ 다즉혹(曲則全 ~ 多則惑)' 여섯 구(句)를 아울러 가리킴.

12 그 말을 마음 깊이… : 원문은 '전이귀지(全而歸之)'. 이에 대한 풀이는 중설이 분분한 데다 크게 수긍되는 견해를 찾기도 어려움. 예를 들면 까오헝은 보전(保全)의 결과를 그에게 돌려줌으로, 첸 꾸잉은 참으로 (그 경지에) 도달할 수 있음으로, 장 바오취엔(張葆全)은 확실히 보전할 수 있으면 근본으로 돌아감으로 각각 풀이하는 등 심히 다양함. 한데 이들과는 달리 위 페이린(余培林)과 허 룽이(賀榮一)의 견해는 분명 일리가 있으며, 바로 그 논지에서 실마리를 찾아 이 구절을 풀이하고자 함. 『예기(禮記)』「제의편(祭義篇)」에서 "부모가 자식을 온전히 낳아주셨으니, 자식도 죽어서 부모에게 온전히 돌아가는 것을 '효'라고 할 수 있다. 다만 그 몸을 훼손하지 않고, 또 그 이름을 더럽히지 않는 것을 '온전히'라고 할 수 있다.〔父母全而生之, 子全而歸之, 可謂孝矣. 不虧其體, 不辱其身, 可謂全矣〕"라고 한 데에 비춰볼 때, '전'은 보전함, 즉 온전하게 보호 유지한다는 뜻이니, 여기서는 (그 말을) 마음 깊이 간직한다는 말로 이해됨. '귀'는 되돌아감이고, '지'는 그 (옛)말을 가리킴. 그렇다면 '귀지'는 그 옛말로 되돌아간다는, 다시 말해 그 옛말의 가르침을 실천하는 길로 되돌아간다는 뜻으로 이해됨.

自矜, 故長. 夫唯不爭, 故天下莫能與之爭. 古之所謂"曲則全"者, 豈虛言哉! 誠全而歸之.

해설

노자는, 사람이 우주 만물의 근원인 대도(大道)의 특성과 이치를 본받아 '물러남으로써 나아가는〔以退爲進〕' 처신 처세의 지혜가 얼마나 바람직한 것인지를 역설하였다. 노자가 여기서 인용한 '옛말'은 바로 대도의 원리와 법칙에 부합하는 것이다. 『주역(周易)』에서도 이르기를, "하늘의 법칙은 가득 찬 것을 이지러지게 하고 겸허한 것을 채워 주며, 땅의 법칙은 가득 찬 것을 무너뜨려 함몰시키고 겸허한 것을 채워 충실케 하며, 귀신의 법칙은 가득 찬 것을 해치고 겸허함에 복을 베풀며, 사람의 법칙은 가득 찬 것을 미워하고 겸허함을 좋아한다.〔天道虧盈而益謙, 地道變盈而流謙, 鬼神害盈而福謙, 人道惡盈而好謙〕"〈「겸괘(謙卦)」「단사(彖辭)」〉라고 하였는데, 이 또한 대도의 정신이나 다름이 없다. 무릇 성인(*제2장 주석9 참조)은 대도의 가르침을 좇아, 스스로를 높이고 돋보이게 하기보다는 스스로를 낮추고 뒤로 물림으로써 누구와도 다투지 않는다. 그렇게 하여 그가 얻는 긍정적이고 적극적인 이점은 진정 '옛말' 그대로다. 그러니 이 어찌 난세의 온갖 적폐를 해소할 수 있는 길이 아니고 무엇이겠는가? 노자가 당시 사람들에게 기필코 그 길로 되돌아 갈 것을 권면한 것은 바로 그 때문이다.

제23장

함부로 정령(政令)을 발하지 않는 것[1]이야말로 진정 자연의 섭리에 부합하는 것이다.

무릇 광풍[2]은 아침 내내 불지 않고, 폭우[3]는 하루 종일 내리지 않는다. 누가 그렇게 하는 것인가? 바로 천지다. 천지의 광포(狂暴)함도 오히려 오래가지 못하거늘, 하물며 사람의 포악함이야?

그러므로 도를 본받는 이[4]는 도에 동화(同化)되고,[5] 덕을 본받는 이[6]는 덕에 동화되며, 부도(不道)・부덕(不德)함을 좇는 이[7]는

---

1 함부로… : 원문은 '희언(希言)'. 제41장 '대음희성(大音希聲)'의 '희성'이 무성(無聲)과 같은 뜻인 만큼, 이 '희언'은 곧 무언(無言)과 같은 뜻으로, 제2장의 '불언(不言)' 및 제17장의 '귀언(貴言)'과 같은 말로 이해됨. *제2장 주석11과 제17장 주석6 참조. 한편 석감산(釋憨山)은 '희'를 소(少)의 뜻으로 보고, '희언'은 과언(寡言) 즉 말을 적게 하는 것이라고 하였는데, 그 또한 노자의 사상에 비춰 보다 적극적으로 의미를 확대 해석해 '불언'의 뜻으로 이해해야 할 것임.

2 광풍(狂風) : 원문은 '표풍(飄風)'. 광풍・폭풍・질풍(疾風)을 이름. 왕필본에는 '표' 자(字) 앞에 '고(故)' 자가 있으나, 백서본에 근거해 삭제함.

3 폭우 : 원문은 '취우(驟雨)'. 폭우・급우(急雨)를 이름. 이상의 '표풍'과 '취우'는 곧 폭정(포악한 정치)을 비유함.

4 도를 본받는 이 : 원문은 '종사어도자(從事於道者)'. '종사어도'는 도에 종사한다는 뜻으로, 곧 도를 본받음을 이름. '자'는 사람을 일반적으로 이르는 것으로 볼 수 있으나, 여기서는 특히 군주를 지칭하는 것으로 이해함이 보다 적절할 것임.

5 도에 동화되고 : 원문은 '동어도(同於道)'. 왕필본은 이 앞에 '도자(道者)' 두 자가 더 있으나, 백서본에 근거해 삭제함. 유월(兪樾)이 이미 이 두 자는 연문(衍文), 즉 글 가운데 쓸데없이 들어간 군더더기 글귀라고 주장한 바 있고, 현재 많은 사람들도 그에 따름.

부도 · 부덕함에 동화된다. 도에 동화되는 이는, 도 역시 즐거이 그와 함께하고, 덕에 동화되는 이는, 덕 역시 즐거이 그와 함께하며, 부도 · 부덕에 동화되는 이는, 부도 · 부덕 역시 즐거이 그와 함께한다.

군주가 신실함이 부족하면, 백성들은 그를 신뢰하지 않는다.[8]

希言自然. 飄風不終朝, 驟雨不終日. 孰爲此者? 天地. 天地尚不能久, 而況於人乎? 故從事於道者, 同於道; 德者, 同於德; 失者, 同於失. 同於道者, 道亦樂得之; 同於德者, 德亦樂得之; 同於失者, 失亦樂得之. 信不足焉, 有不信焉.

해설

이는 노자의 정치론으로, 제17장과 사상적 맥락이 닿아 있다. 노자가 말하는 도는, 우주만물의 본원이자 우주만물 운동 변화의 법칙을 이르며, 무위자연을 그 특성으로 한다. 그리고 노자가 말하는 덕은, 사람과 만물이 도의 특성을 얻어 가진 것을 이른다. 노자의

---

6 덕을 본받는 이 : 원문은 '덕자(德者)'. '종사어덕자(從事於德者)'의 생략형. 아래의 '실자(失者)'도 이와 같은 형태의 생략형임.

7 부도(不道)… : 원문은 '실자(失者)'. '실'은 실도(失道) · 실덕(失德)을 이르니, 곧 부도 · 부덕을 말함. ○앞의 '종사어 ~ 동어덕(從事於 ~ 同於德)' 두 구절은 위의 '희언자연(希言自然)'을 이어 받고, 이 '실자, 동어실(失者, 同於失)' 구절은 윗글의 '표풍(飄風)' · '취우(驟雨)'를 이어받아 하는 말임.

8 군주가 신실함이… : 원문은 '신부족언, 유불신언(信不足焉, 有不信焉)'. 이 두 구는 제17장에서 이미 보인 데다, 백서본에는 빠져 있음. 이에 시 통(奚侗)과 마 쉬룬은 이를 연문이라고 함. 하지만 설득력이 충분치 않아 재론의 여지가 있음. 노자는 곧 이 말로 통치자 · 위정자의 신실함을 강조하며 장(章)의 논지를 마무리한 것으로 볼 수도 있을 것임.

사상에 비춰볼 때, 정치상의 도덕이란 곧 "무위자연의 태도로 세상사를 처리하고, 정령을 발하지 않는 방법으로 교화를 행하는"(제2장) 것을 말한다. 이처럼 통치자가 만사를 자연 섭리에 순응 부합케 행함으로써, 만백성들이 어떠한 간섭이나 구속도 없이 한껏 자연스럽고 자유롭게 각기 그 삶을 영위할 수 있도록 하는 것이다.

옛말에 "같은 소리는 서로 호응하고, 같은 기운은 서로 좇는다.〔同聲相應, 同氣相求〕"〈『주역(周易)』「문언(文言)」〉라고 하였듯이, 통치자 군주가 일심으로 도덕을 추구하면 분명 도덕을 체득한 성군이 될 것이요, 도덕 또한 늘 그와 함께하며 큰 힘이 되어 줄 것이다. 하지만 군주가 도덕을 저버리면 필시 부도·부덕한 폭군이 될 것이요, 도덕 또한 갈수록 그와 멀어져 그의 포악함만 더해 갈 것이다. 또한 점차 민심이 돌아서며, 머지않아 결국은 파멸을 맞게 될 것이다.

요컨대 통치자가 백성을 괴롭히는 포악한 정치는 결코 오래갈 수 없으며, 오직 대도를 본받아 청정무위(淸靜無爲, 어떠한 세속적인 욕심도 없이 맑고 고요한 마음으로 무위자연의 섭리에 순응함)의 정치를 펴는 것만이, 민심을 얻어 길이 성세(盛世)를 이어갈 수 있는 길이란 얘기다.

제24장

까치발을 딛고 선[1] 이는 제대로 서 있을 수가 없고, 큰 걸음으로 걷는[2] 이는 제대로 걸어갈 수가 없다. 스스로 드러내는 이는 오히려 두드러지지 않고, 스스로 옳다고 여기는 이는 옳고 그름이 분명치 않으며, 스스로 자랑하는 이는 그 공로가 바래고, 스스로 잘난 체하는 이는 그 존엄이 오래가지 않는다.[3]

이 같은 행동들을 대도(大道)의 관점에서 보면, 곧 남이 먹다 남은 음식이요,[4] 몸에 난 혹[5]이니, 사람들[6]은 대개[7] 그런 것을 혐

---

1 까치발을… : 원문은 '기(企)'. 기(跂)와 같음. 까치발을 함, 발돋움함.

2 큰 걸음으로… : 원문은 '과(跨)'. 가랑이를 한껏 벌리고 걸음을 크게 내딛음. ○이상의 두 구절에서 까치발을 딛는 것은 조금이라도 더 높이 서려는 것이요, 큰 걸음으로 걷는 것은 조금이라도 더 빨리 가려는 것임. 하지만 그것은 모두 욕망이 지나친 것으로, 자연 섭리에 어긋나는 일이기 때문에, 오히려 제대로 서 있지도 못하고, 제대로 걸어갈 수도 없는 지경에 이르게 된다는 것임.

3 스스로 드러내는 이는… : 이 4구(句)는 제22장의 '스스로 드러내지 않으므로 ~ 그 존엄이 더욱 오래간다.'와 결국 같은 얘기임.

4 이요 : 원문은 '왈(曰)'. 여기서는 '~이다'는 뜻임. 곧 『논어』「위정편(爲政篇)」·"『시경』 300편을 한 마디로 말하면 '생각에 사악함이 없다'는 것이다.〔詩三百, 一言而蔽之, 曰思無邪〕"의 '왈'과 같음.

5 몸에 난 혹 : 원문은 '췌형(贅形)'. 왕필본을 비롯한 여러 고본(古本)에는 모두 '췌행(贅行)'으로 되어 있음. 한데 첸 꾸잉이 이른 대로, '형'과 '행'은 옛날에 서로 통용하였으며, '췌행'은 쉽게 오해를 불러일으킬 소지가 있어(실제로 우리나라 한문사전이나 국어사전에서는 모두 '쓸데없는 행동'으로 풀이되어 있음) '췌형'으로 고침이 마땅한 것으로 생각됨. '췌형'은 군더더기 형상이란 뜻으로, 곧 사람의 몸에 기형적으로 난 혹 따위를 말함.

6 사람들 : 원문은 '물(物)'. 여기서는 사람을 가리킴.

7 대개 : 원문은 '혹(或)'.

오한다. 그러므로 도를 체득한 사람은 결코 그렇게 하지 않는다.

企者不立, 跨者不行. 自見者不明, 自是者不彰, 自伐者無功, 自矜者不長. 其在道也, 曰 : 餘食贅形, 物或惡之, 故有道者不處.

해설

이는 노자 특유의 인생철학으로, 그 논지(論旨)는 제22장과 일맥상통하는바, 사람들에게 '부쟁(不爭)', 즉 다른 사람과 다투지 말 것을 권면함에 있다. 사람이 마냥 더 높이, 더 빨리 나아가고, 또 그저 자신을 과시함으로써 다른 사람과 다투는 것은, 그야말로 사람들의 혐오감만 불러일으킬 뿐이다. 그것은 물론 자연 법칙에도 어긋나는 것이다. 일시적으로 어떤 효과를 볼 수는 있으나, 결코 오래 가지 못하고, 필시 심각한 역효과와 부작용만 낳을 것이다. 모름지기 사람은 '물러남으로써 나아갈〔以退爲進〕' 줄 알아야 한다.

제25장

혼연히 이루어진 혼돈(混沌) 상태의 물(物)이 있는데,[1] 그것은 하늘과 땅보다도 먼저 생겨났다. 그것은 아무 소리도 없고[2] 형체도 없으며,[3] 만물을 초월해 홀로 우뚝 서서 영원불변하고,[4] 널리 두루 순환 반복 운행하며[5] 그침이 없나니,[6] 진정 천지 만물의 어머니[7]라 할 것이다. 나는 그 이름을 알지 못하므로 억지로[8]

1 혼연히… : 원문은 '유물혼성(有物混成)'. '물'은 제21장 '도지위물(道之爲物)'의 '물'과 같은 말로, 도를 가리킴. 도는 본시 이름이 없었으므로 임시로 '물'이라고 일컬은 것이며, 결코 도가 하나의 물질이라는 말은 아님. '혼성'은 혼연히 이루어졌다는 뜻으로, 혼돈 즉 천지가 아직 분화되기 전의 상태를 가리킴. '혼연히'는 혼돈의 모양, 형상을 이름.

2 소리도 없고 : 원문은 '적(寂)'. 무성(無聲), 즉 소리가 없음을 이름.

3 형체도 없으며 : 원문은 '료(寥)'. 무형(無形), 즉 형체가 없음을 이름.

4 만물을… : 원문은 '독립이불개(獨立而不改)'. '독립'이란 도가 우주 만물의 근원으로서 유일한 존재라는 말로, 도의 본체의 절대성을 강조함. '불개'는 도가 낳은 만물은 끊임없이 변화하지만, 도 자신은 오히려 영원불변하는 존재라는 말로, 도의 본체의 영원성을 강조함. 왕필본에는 '이(而)' 자가 없으나, 하상공본 및 기타 고본에 근거해 보충함으로써 다음 구(句)와 짝을 이루게 함.

5 널리 두루… : 원문은 '주행(周行)'. 이는 두 가지 의미가 있으니, 첫째 왕필이 '이르지 않는 곳이 없다'는 뜻으로 풀이했듯이 널리 두루 운행함을 이르며, 둘째 순환 반복 운행함을 이름. 곧 도의 작용의 광대함과 무궁함을 강조함.

6 그침이 없나니 : 원문은 '불태(不殆)'. 불식(不息)과 같은 뜻으로, 쉬지 않음・그치지 않음. '태'는 태(怠)와 같음.

7 천지 만물의… : 원문은 '천지모(天地母)'. 백서본과 고(古)왕필본에는 모두 이와 같은 반면, 통행본과 현행 왕필본에는 모두 '천하모(天下母)'로 되어 있음. 한데 마 쉬룬이 이른 대로, 앞에서 '선천지생(先天地生)'이라고 하였

그것을 이름하여[9] '도'라고 하고, 또 억지로 그것을 형용하여[10] '한없이 크고 넓다'[11]고 하노라. 한없이 크고 넓으니[12] 가고 가며 운행에 그침이 없고,[13] 운행에 그침이 없으니 멀리 멀리 이르지 않는 곳이 없으며,[14] 이르지 않는 곳이 없으니 돌고 돌아 본원(本源)으로 되돌아온다.[15]

그러므로 도는 위대하다. 그리고 하늘도 위대하고, 땅도 위대하며, 사람[16] 또한 위대하다. 우주[17]에는 네 가지 위대한 것이 있

으니, 여기서는 응당 '천지모'라고 해야 옳을 것이므로, 고본에 근거해 고침.

8 억지로 : 원문은 '강(强)'. 통행본을 비롯해 다수의 고본에는 이 글자가 없으나, 부혁본(傅奕本)·범응원본(范應元本) 등과 유사배(劉師培)의 견해에 근거해 보충함.

9 이름하여 : 원문은 '자(字)'. 여기서는 명명(命名)한다는 뜻임. 옛날 사람들은 명(名)도 있고, 자(字)도 있었는데, 자는 사실상 별명(別名)이라 할 것임.

10 형용하여 : 원문은 '명(名)'. 이는 제15장 '강위지용(强爲之容)'의 '용'과 같은 말로, 형용한다는 뜻임.

11 한없이… : 원문은 '대(大)'. 광대하기 그지없다는 뜻으로, 한없이 크고 넓어서 우주 만물 가운데 어느 것 하나 그 안에 포함되지 않는 것이 없다는 말임.

12 ~으니 : 원문은 '왈(曰)'. 여기서는 즉(則)이나 이(而)와 같은 뜻으로 이해됨. 이하 같음.

13 가고 가며… : 원문은 '서(逝)'. 간다는 뜻으로, 곧 쉼 없는 도의 운행을 두고 이르는 말임.

14 멀리 멀리… : 원문은 '원(遠)'. 궁극(窮極), 즉 어떤 과정의 마지막이나 끝이라는 뜻으로, 도의 운행이 이르지 않는 곳이 없다는 말임.

15 돌고 돌아… : 원문은 '반(反)'. 반(返)과 같음. 이는 제16장의 '귀근(歸根)'이나 '복명(復命)'과 같은 뜻으로, 도가 운행을 거듭하여 결국은 다시 그 본원으로 되돌아온다는 말임.

16 사람 : 원문은 '인(人)'. 통행본과 왕필본에는 모두 '왕(王)'으로 되어 있으나, 부혁본과 범응원본에는 이와 같이 '인'으로 되어 있음. 한데 시 통과

으며, 사람이 그중 한 가지를 차지하고 있는 것이다. 사람은 땅을 본받고,[18] 땅은 하늘을 본받으며, 하늘은 도를 본받고, 도는 모든 것을 저절로 그러함에 맡긴다.[19]

有物混成, 先天地生. 寂兮寥兮, 獨立而不改, 周行而不殆, 可以爲天地母. 吾不知其名, 强字之曰道, 强爲之名曰大. 大曰逝, 逝曰遠, 遠曰反. 故道大, 天大, 地大, 人亦大. 域中有四大, 而人居其一焉. 人法地, 地法天, 天法道, 道法自然.

옌 링펑(嚴靈峯), 첸 꾸잉을 비롯한 많은 사람들이 주장하였듯이, 아래의 '인법지(人法地)' 운운 구절과 연관지어 볼 때 분명 '인'이 옳은 것으로 판단되며, 따라서 부혁본 등에 근거해 고침. 아래 '이인거기일언(而人居其一焉)' 구(句)의 '인'도 통행본과 왕필본에는 '왕'으로 되어 있는데, 그 또한 같은 이유로 '인'으로 고침.

17 우주 : 원문은 '역(域)'. 백서본에는 '국(國)'으로 되어 있음. 두 글자는 고대에 서로 통용하였으나, 여기서 '역'을 '국'의 뜻으로 보는 것은 적절치 못함. 왜냐하면 '사람'이 그(나라)중의 하나라는 것은 문제가 없지만, '도'나 '하늘'과 '땅'이 그중의 하나라는 것은 어울리지 않기 때문임. '역'은 여기서 우주를 가리키는 것으로 이해됨.

18 본받고 : 원문은 '법(法)'. 본받음, 법칙으로 삼음.

19 도는 모든 것을… : 원문은 '도법자연(道法自然)'. 여기서 '자연'은 자연계를 가리키는 것이 아니라, 만사 만물이 '저절로 그러함', 즉 자연적으로 그렇게 되는 것을 이르는 말로, 도의 본질적 특성을 나타내며, 이른바 '무위(無爲)'와 상통함. 바로 그 때문에 흔히 '무위자연'이라고 함. 다시 말해 도는 우주 만물의 본원이요, '자연'은 도의 본질·본성을 이를 뿐, 결코 도의 상위(上位)에 '자연'이라는 고차원의 또 다른 존재가 있는 것이 아님. 따라서 이 구절을 '도는 자연을 본받는다'라고 옮기는 것은 오해의 소지가 있음. 이는 곧 도는 무위자연을 법칙으로 삼음, 다시 말해 도는 만물이 '저절로 그러함'에 전적으로 맡겨둔다는 대원칙을 강조한 것임.

해설

이는 도가 어떤 것인지, 그 체용(體用) 즉 본체와 작용에 대한 설명이다. 사실 도란 그 형상을 어떠하다고 설명할 수도, 또 그 이름을 뭐라고 부를 수도 없는 것이다.(*제1장 참조) 이에 노자는 '억지로'라고 전제하면서 편의상 '도'라고 이름하고, '한없이 크고 넓은' 그 형상을 설명하였다.

도는 한 마디로 우주 만물의 어머니다. 도는 우주 만물의 유일무이한 근원이자 본원으로, 영원불변·영원불멸의 절대적 존재이다. 그 본체는 '혼돈'과 '허무(虛無)'의 상태이며, 그 작용은 널리 두루 순환 반복하며 그침도 없고, 끝도 없다. 그리하여 우주에는 네 가지 위대한 존재가 있으니, 만물을 초월하며 독보적인 도를 비롯하여 천(天)·지(地)·인(人)이 바로 그것이다. 또한 사람이 그중의 하나라는 점에 주목해야 한다. 여기서 사대(四大) 존재는 각각 순차적으로 그 전범(典範)을 본받는데, 그 정점 내지 근원에는 바로 도가 있다. 도의 두드러진 특성은 곧 '무위자연'으로, 이는 노자 철학의 본질이자 핵심이다. 사람은 결국 도를 본받아 무위자연의 길을 가야 한다는 것이다.

제26장

무거움은 가벼움의 근본이요, 고요함은 조급함의 주재자(主宰者)다.[1]

그러므로 군자[2]는 온종일 길을 가면서도, 결코 입을 옷과 먹을 양식, 쓸 물건을 실은 짐수레[3]를 떠나지 않는다. 또한 비록 화려한 궁궐[4]이 있지만, 한가로이 거처하며[5] 초연히 탈속(脫俗)하도다. 병거(兵車) 만승(萬乘)을 보유한 대국(大國)[6]의 군주로서

---

1 무거움은… : 원문은 '중위경근, 정위조군(重爲輕根, 靜爲躁君)'. 나무를 예로 들면, 아래에는 뿌리가 무겁게 박혀 있고, 위에는 가지와 잎이 가볍게 자라 있는데, 가지와 잎은 바람에 조급히 움직이지만, 뿌리는 시종(始終) 고요히 멈춰 있는 것과 같음.

2 군자(君子) : 여기서는 일반 군주를 가리킴. 왕필본에는 '성인(聖人)'으로 되어 있으나, 백서본과 『한비자(韓非子)』「유로편(喩老篇)」, 그리고 경룡본을 비롯한 당(唐)·송대(宋代) 고본(古本)에는 모두 '군자'로 되어 있음. 이에 쟝 시창은 '성인'은 이상적인 군주로, 응당 깊이 거처하며 밖을 잘 나가지 않으며 '무위'로써 백성들을 감화할 뿐, 결코 온종일 자신의 주장을 펼치며 마냥 군중(軍中)에서 짐수레의 일을 관장하지는 않으므로, 마땅히 '군자'라고 하는 것이 옳다고 함. 첸 꾸잉도 이에 동조하였듯이, 쟝 시창의 견해는 설득력이 있음. 하여 백서본 등에 근거해 고침.

3 입을 옷과… : 원문은 '치중(輜重)'. 옛날 덮개가 있으며, 옷이나 양식 등을 싣는 수레로, 그 짐이 아주 무거워 이같이 일컬음. 일설에는 덮개 있는 수레에 실린 무거운 짐이나 군수물자(軍需物資)를 이른다고도 함.

4 화려한 궁궐 : 원문은 '영관(榮觀)'. 여러 견해가 있으나, 아래의 '만승지주(萬乘之主)' 운운(云云)과 연관지어 볼 때, 궁궐의 뜻으로 풀이한 하상공(河上公)의 견해가 따를 만함.

5 한가로이… : 원문은 '연처(燕處)'. 안거(安居)함, 한거(閑居)함.

6 병거 만승을… : 원문은 '만승(萬乘)'. 곧 만승지국(萬乘之國)의 뜻으로, 병거(전쟁할 때 쓰는 수레) 만 승을 보유한 대국, 즉 천자의 나라를 가리킴.

천하를 다스림에 어찌 그 몸을 가벼이 놀릴 수 있겠는가?[7] 경거(輕擧)하면 신하를 잃을 것이요, 망동(妄動)하면 백성을 잃을 것이다.[8]

병거 천 승을 보유한 중간 규모의 나라, 즉 제후국은 '천승지국(千乘之國)'이라고 함. '승'은 네 필의 말이 끄는 병거 한 대를 이름. 춘추시대에는 여러 나라가 전쟁을 하면서 모두 병거를 사용하였고, 그 때문에 한 나라의 국력을 평가할 때 각국이 소유한 병거의 수(數)를 기준으로 함.

7 천하를 다스림에… : 원문은 '이신경천하(以身輕天下)'. 이는 백서본과 『한비자』「유로편」에 '이신경어천하(以身輕於天下)'로 되어 있는 것을 참고해 풀이하면 그 뜻이 보다 명확할 것임. 오징(吳澄)이 '그 몸을 천하에서 가볍게 움직임을 말한다'고 풀이한 것도 같은 맥락으로 이해됨.

8 경거하면… : 원문은 '경즉실신, 조즉실민(輕則失臣, 躁則失民)'. 여기서 '신(臣)'은 『한비자』와 하상공본을 비롯한 다수의 고본에 모두 이와 같이 되어 있는 반면, 백서본과 왕필본에는 '본(本)'으로 되어 있고, 『영락대전(永樂大全)』에는 '근(根)'으로 되어 있음.(사실 '본'이나 '근'은 그 뜻에는 별 차이가 없음) '민(民)'은 모든 판본에 '군(君)'으로 되어 있음. 이에 유월은, 장(章) 머리에서 '중위경근, 정위조군(重爲輕根, 靜爲躁君)'이라고 하였으니, 장 말미에서는 '경즉실근, 조즉실군(輕則失根, 躁則失君)'이라 함이 옳다는 입장에서, 응당 『영락대전』을 따라야 한다고 하였고, 후세 많은 사람들이 그 주장에 동조함. 하지만 노자가 과연 '가벼우면 그 근본, 즉 무거움을 잃어버린다'는 식의 '너무나 당연한 말'을 했을까? 왕필이 '실본(失本)'을 상신(喪身) 즉 목숨을 잃음으로, '실군(失君)'을 군위(君位)를 잃음으로 풀이한 것만 봐도, 그 풀이의 옳고 그름을 떠나서 적어도 그같이 '너무나 당연한 말'로 보지는 않았음을 알 수 있음. 한편 까오 헝은 이 두 구절은 응당 '경즉실신, 조즉실민(輕則失臣, 躁則失民)'이라고 해야 할 것 같다는 견해를 피력하였는데, 매우 설득력이 있어 따를 만함. 그에 따르면, 하상공본의 '신(臣)' 자(字)는 『한비자』에서 인용한 것과 같으니, 고본이 본디 잘못된 게 아니었음을 증명할 수 있음. 또 '민(民)'을 '군(君)'이라고 한 것은 대개 그 모양이 비슷한 데서 빚어진 오류일 것임. 요컨대 '경즉실신, 조즉실민'이라 함은 군주가 경거하면 그 신하가 찬탈(簒奪)할 것을 생각하고, 군주가 망동하면 그 백성이 배반할

重爲輕根, 靜爲躁君. 是以君子終日行不離輜重. 雖有榮觀, 燕處超然. 奈何萬乘之主, 而以身輕天下? 輕則失臣, 躁則失民.

해설

노자는 통치자들에게 처신 처사에 각별히 신중하고, 또 차분하고 의젓해야 함을 일깨워주고 있다. 일국의 통치자라면 항시 그 막중한 임무를 생각하면서 추호도 데면데면해서는 안 된다. 설사 존귀한 지위에 처하고, 호화로운 생활을 할지라도, 늘 스스로를 점검하며 한가로이 거처할 것이며, 결코 마음 내키는 대로 행동하며 향락에 빠져, 스스로를 주체하지 못하는 지경에 이르러서는 안 된다. 만약 그렇지 않고 경거망동한다면, 필시 신민(臣民)들이 등을 돌리면서 통치의 기반이 뿌리 채 흔들릴 것이요, 결국은 망신(亡身)과 망국(亡國)의 현실 앞에서 회한의 눈물을 흘릴 것이다.

것을 생각한다는 말임.

제27장

길을 잘 가는 사람은 자취[1]를 남기지 않고, 말을 잘 하는 사람은 과실[2]을 범하지 않으며, 셈[3]을 잘하는 사람은 산(算)가지[4]를 쓰지 않는다. 또 닫기를 잘하는 사람은 문빗장[5]을 걸지 않아도 열 수가 없고, 묶기를 잘 하는 사람은 노끈[6]으로 동여매지 않아도 풀 수가 없다.

그러므로 성인은 항상 사람들을 잘 교화해 그 재능을 다하게 하[7]므로 버려지는 사람이 없고, 항상 물건을 잘 다루어 그 쓰임을 다하게 하므로 버려지는 물건이 없나니, 이를 일러 대도의 밝음에 순응하는 것[8]이라고 한다.

---

1 자취 : 원문은 '철적(轍迹)'. 수레바퀴 자국. 여기서는 흔적 · 자취를 통칭함.

2 과실 : 원문은 '하적(瑕謫)'. 하적(瑕璃)과 같음. 과실, 과오, 허물을 뜻함. '하'와 '적'은 모두 옥(玉)의 티, 흠을 이름.

3 셈 : 원문은 '수(數)'. 하상공본과 소철본(蘇轍本) 등에는 '계(計)'로 되어 있는데, '수'와 '계'는 모두 셈하다, 계산하다는 뜻임.

4 산가지 : 원문은 '주책(籌策)'. 옛날 수효를 셈하는 데 쓰던 막대기, 즉 산가지 따위를 말함.

5 문빗장 : 원문은 '관건(關楗)'. 문빗장. 가로로 거는 것을 '관', 세로로 거는 것을 '건'이라고 함. '건'이 일부 판본에는 '건(揵)' 혹은 '건(鍵)'으로 되어 있기도 하나, 그 뜻에는 차이가 없음.

6 노끈 : 원문은 '승약(繩約)'. 승삭(繩索)과 같음. 곧 노와 새끼를 이름.

7 사람들을… : 원문은 '선구인(善救人)'. 직역하면 사람들을 잘 구제한다는 뜻인데, 좀 더 구체적으로 말하면 사람들을 잘 교화해 그 재능을 다하게 한다는 뜻으로 이해됨. 아래의 '선구물(善救物)'도 같은 맥락으로 풀이됨.

8 대도의… : 원문은 '습명(襲明)'. '습'은 인습(因襲)함. 여기서는 순응함으로 이해됨. '명'은 제52장 '복귀기명(復歸其明)'의 '명'과 같은 뜻으로, 대도(大

또한 그러므로 선한 사람은 선하지 않은 사람의 스승이요, 선하지 않은 사람은 선한 사람의 거울[9]이다. 한데 만약 선하지 않은 사람이 그 스승을 존중하지 않고, 선한 사람이 그 거울을 아끼지 않는다면, 비록 스스로 지혜롭다고 할지라도 사실은 한없이 어리석은 것이다. 이 같은 이치를 일러 지극히 현묘(玄妙)하다[10]고 한다.

善行無轍迹, 善言無瑕謫, 善數不用籌策, 善閉無關楗而不可開, 善結無繩約而不可解. 是以聖人常善救人, 故無棄人; 常善救物, 故無棄物. 是謂襲明. 故善人者, 不善人之師; 不善人者, 善人之資. 不貴其師, 不愛其資, 雖智大迷. 是謂要妙.

해설

도(道)와 일체화된 성인이 나라를 다스리고 백성을 평안하게 하거나, 사람을 대하고 사물을 접할 때는, 한결같이 상도(常道)에 부

道) 본체의 본연(本然)의 밝음을 가리킴.(*제52장 주석11 참조) 시 통(奚侗)이 '습명'을 '상도에 순응함(因順常道)'이라고 풀이한 것도 같은 얘기임. 다만 시통이 '명'을 제16장과 제55장 '지상왈명(知常曰明)'의 '명'과 같은 뜻으로 본 것은 재론의 여지가 있음. 또 일설에 '명'을 총명・지혜의 뜻으로 풀이했는데, 총명이니 지혜니 하는 것은 노자의 사상에 반하는 것이니, 이 또한 재론의 여지가 있음.

9 거울 : 원문은 '자(資)'. 취(取)함, 취하여 씀. 또는 사자(師資), 즉 학문이나 덕행을 닦는 데 도움을 주는 사람 내지 스승을 이름. 여기서는 거울로 삼는다는 말. 또 그 거울을 이름.

10 지극히… : 원문은 '요묘(要妙)'. 지극히 현묘함을 이름. 이는 '요'를 지극하다는 뜻으로 풀이한 오징(吳澄)의 견해에 따른 것임. 일설에는 '요'를 유(幽)와 같은 뜻으로 보아, 심오함으로 풀이함.

합되고 물성(物性)에 순응하여 억지로 애를 쓰지 않고, 어떠한 자취나 흔적을 남기지도 않으며, 오로지 '무위자연'의 섭리에 따를 뿐이다. 이것이 이 장의 논지다.

우선 글머리의 다섯 가지 비유는, 고원(高遠)하기 그지없는 성인의 도덕적 품행을 표현하였다. 노자의 논리에 따르면, 길을 잘 가는 방도는 곧 가지 않는 것이다. 길을 가면 어떻게든 자취가 남게 마련이다. 그 때문에 어떠한 자취도 남기지 않으려면 가지 않는 게 상책이다. 말을 잘 하는 방도는 곧 말을 하지 않는 것이다. 말을 하면 옳고 그름을 떠나 피차간의 시각이나 입장 차이로 인해, 아무래도 논란을 야기하게 되고, 크고 작은 과실을 범하게 된다. 그 때문에 과실을 범하지 않으려면 말을 하지 않는 게 상책이다. 셈을 잘하는 방도는 곧 셈을 하지 않는 것이다. 여기서 셈이란 속셈이나 꾀 정도로 확대 해석할 수 있다. 도가(道家)의 경구(警句) 가운데 "사람의 셈으로 천 번을 셈해도, 하늘의 셈으로 한 번 셈함만 못하다.〔人算千算, 不如天算一算〕"는 말이 있다. 사람이 제아무리 지혜를 짜내도 천리(天理)를 능가할 수는 없다는 얘기다. 사람의 머리로 계산기를 두드리고, 잔머리를 굴리는 어설픈 셈은 하지 않는 게 상책이다. 『삼국지연의(三國志演義)』에서는 "일을 도모하는 것은 사람이 하지만, 일을 이루는 것은 하늘에 달렸다.〔謀事在人, 成事在天〕"고도 하였다. 같은 얘기다.

문을 잘 닫는 것은 빗장을 걸어 닫는 게 아니다. 사람을 대함에 무형(無形)의 빗장, 즉 성심을 다한다면 어느 누가 그를 떠나겠는가? 묶기를 잘 하는 것은 노끈으로 동여매는 게 아니다. 사람을 대함에 무형의 노끈, 즉 겸허를 다한다면 어느 누가 그에게 등을 돌리겠는가?

이상의 다섯 가지 '잘 하는 것'은 그야말로 '무위하면 오히려 이루지 못할 일이 없음〔無爲而無不爲〕'(제37, 48장)의 진리를 예증(例證)하고 있는 것이다. 같은 맥락에서 성인은 사람과 물건을 구제함에 있어서, 그 본연의, 도에 순응하는 큰 지혜로 인성과 물성에 적극적으로 순응해, 모두가 탐욕하지도, 미혹하지도, 다투지도 않으면서, 사람은 그 재능을 다하고, 물건은 그 쓰임을 다하게 한다. 그러니 어느 사람, 어느 물건이 버려지겠는가?

또한 그처럼 사람마다 적성을 살려 재능을 다한다면, 선한 사람과 선하지 않은 사람도 각각 스승이 되고, 거울이 되면서 상호 보완의 이상적인 역할을 할 수가 있다. 후세에 상용(常用)하는 '사자(師資, *주석9 참조)'란 말은 바로 여기에서 유래된 것이다. 노자는 사람들에게 '그 스승을 존중하고' '그 거울을 아낄 것'을 요구하였는데, 그 지극히 현묘한 이치를 어찌 감히 거스를 수 있겠는가?

제28장

모름지기 사람은 수성(性)의 굳셈[1]을 잘 알고, 기꺼이 암성의 부드러움[2]을 견지하며, 천하의 시내[3]가 되어야 한다. 천하의 시내가 되면, 영원불변의 지극한 덕[4]이 떨어져 나가지 아니하여 갓난아이처럼 순진하고 자연(自然)한 상태로 되돌아가게 된다.

또한 사람은 깨끗하고 밝음을 잘 알고, 기꺼이 더럽고 어두움에 안거(安居)하며, 천하의 본보기[5]가 되어야 한다. 천하의 본보기가 되면, 영원불변의 지극한 덕이 어그러지지[6] 아니하여 대도의 광대하고 무궁한 경지[7]로 되돌아가게 된다.

---

1 수성의 굳셈 : 원문은 '기웅(其雄)'. '웅'은 동물의 수컷. 여기서는 수성, 즉 수컷다운 성질을 이르는 말로, 강건(剛健)・역동(力動)・존귀(尊貴)・호전(好戰)・상(上)・실(實)・앞다퉈 나섬 등등의 특성을 비유함.

2 암성의 부드러움 : 원문은 '기자(其雌)'. '자'는 동물의 암컷. 여기서는 암성, 즉 암컷다운 성질을 이르는 말로, 유순(柔順)・안정(安靜)・비천(卑賤)・부쟁(不爭)・하(下)・허(虛)・기꺼이 물러섬 등등의 특성을 비유함.

3 시내 : 원문은 '계(谿)'. 계(溪)와 같음. 산골짜기에 흐르는 시내. 이는 아래 '위천하곡(爲天下谷)'의 '곡'(산골짜기)과 함께 공허(空虛)・겸하(謙下, 겸손하게 자기를 낮춤)・포용(包容) 등을 비유함. 시내는 산골짝의 가장 낮은 지대에 위치하고 있기 때문에, 산중의 물은 결국 모두 그곳으로 흘러들게 됨. 도가의 성인도 그와 마찬가지로 암성을 지키며 겸허히 한껏 낮게 처하기 때문에, 천하 사람들이 모두 그에게로 귀부(歸附)하게 됨.

4 영원불변의… : 원문은 '상덕(常德)'. 이를 비롯해 상도(常道)・상명(常名)・상무(常無)・상유(常有) 등은 모두 노자의 상용(常用) 술어임. *제1장 참조. 도와 덕의 관계에 대해서는 *제21장 주석1 참조.

5 본보기 : 원문은 '식(式)'. 법식(法式), 준칙. 여기서는 본보기를 이름.

6 어그러지지 : 원문은 '특(忒)'. 여기서는 어그러짐, 그릇됨, 잘못됨을 이름.

사람은 또 존귀함의 영예를 잘 알고, 기꺼이 비천함의 치욕을 감수하며, 천하의 골짜기가 되어야 한다. 천하의 골짜기가 되면, 영원불변의 지극한 덕이 한껏 충족되어 원시(原始)의 질박한 상태[8]로 되돌아가게 된다.

원시의 질박함이 두드러진 도(道)는 널리 흩어져 만물의 덕(德)이 되나니,[9] 성인은 도의 그 순수하고 질박한 본질[10]에 순응함으로써[11] 마침내 천하를 다스리는 군주[12]가 되는 것이다. 그러므로 최상의 통치[13]는 도의 순박한 본질을 훼손하지 않는 것

---

7 대도의… : 원문은 '무극(無極)'. 무한함, 무궁함. '극'은 다하다〔盡〕는 뜻. 도의 본체는 무소부재(無所不在), 즉 모든 피조물 속에 그 존재와 섭리가 널리 미쳐 있고, 도의 작용은 끝도 없고 다함도 없어 그야말로 무궁무진함. 그러므로 여기서 '무극'은 곧 도(대도)를 두고 이르는 것으로 이해됨.

8 원시의… : 원문은 '박(樸)'. 원목(原木), 즉 다듬지 않은 나무. 이는 원시의 질박한 형상으로, 여기서는 도를 두고 이름. *제19장 주석8 참조.

9 원시의 질박함이… : 원문은 '박산즉위기(樸散則爲器)'. 이는 하나의 비유로, 원목이 각기 다양한 기물(器物)이 되듯이, 도가 각기 다양한 사물, 즉 만물에 내재하는 덕을 형성하게 된다는 뜻을 비유함. '기'는 세상의 온갖 구체적인 기물로, 곧 만물을 가리킴. 제29장의 하상공(河上公) 주(註)에서 '기(器)는 물(物)을 이른다'고 함.

10 도의 그 순수하고… : 원문은 '지(之)'. 이는 까오 헝, 첸 꾸잉, 위 페이린 등 많은 사람들이 모두 이른 대로, 앞에서 말한 '박(樸)'을 가리킴.

11 순응함으로써 : 원문은 '용(用)'. 여기서는 인(因)의 뜻으로, 순응함·의거함으로 이해됨.

12 천하를… : 원문은 '관장(官長)'. 백관(百官)의 장(長), 즉 군주를 가리킴.

13 최상의 통치 : 원문은 '대제(大制)'. 쟝 시창(蔣錫昌)이 '대치(大治)'와 같은 말이라고 하였듯이, 이는 최상의 통치, 이상 정치 등의 뜻으로 이해됨. 까오 헝은 '제'를 치국(治國)의 도, 즉 나라를 다스리는 이치를 이르는 것으로 풀이했는데, 참고할 만함.

이다.[14]

知其雄, 守其雌, 爲天下谿. 爲天下谿, 常德不離, 復歸於嬰兒. 知其白, 〔守其黑, 爲天下式. 爲天下式, 常德不忒, 復歸於無極. 知其榮,〕[15] 守其辱, 爲天下谷. 爲天下谷, 常德乃足, 復歸於樸. 樸散則爲器, 聖人用之, 則爲官長, 故大制不割.

해설

이는 노자 특유의 인생철학이요, 정치철학이다. 다시 말해 사람은 수유(守柔)・부쟁(不爭), 즉 유순함을 견지하며 남과 다투지 않아야 함을 일깨우는가 하면, 그 같은 원칙을 정치에도 적용해 수박(守樸)・무위(無爲), 즉 순박함을 견지하며 무위자연의 섭리에 입각해 정사(政事)를 처리하는 것이 바람직함을 역설하였다.

수성과 밝음과 영예는, 모든 사람이 희구하는 바다. 하지만 노자의 생각은 다르다. 모름지기 사람은 굳세고 강한 수성 등의 실체를

---

14 도의 순박한… : 원문은 '불할(不割)'. '할'은 가름, 나눔. 여기서는 까오 헝이 상해(傷害)한다는 뜻으로 풀이했듯이, 훼손함으로 이해됨.

15 수기흑(守其黑)… : 이 6구(句) 23자(字)는, 청대(淸代) 역순정(易順鼎)이 후세 사람들이 잘못 집어넣은 것이라는 주장을 내놓은 이래, 거의 정설로 굳어져가고 있는 듯함. 마 쉬룬・까오 헝・장 쑹루(張松如)・첸 꾸잉・위 페이린 등도 모두 그에 동조함. 그 주요 근거는 『장자』「천하편(天下篇)」에서 노담(老聃)의 말을 인용하며 "지기백, 수기욕, 위천하곡.(知其白, 守其辱, 爲天下谷)"이라고 한 것으로, 후세 사람들이 '수기흑(守其黑)'을 넣어 '지기백'과 대응시키고, '지기영(知其榮)'을 넣어 '지기욕'과 대응시키는 식으로 임의로 고쳤다고 봄. 다만 전한(前漢) 초(初)의 필사본인 백서본은 기본적으로 이 통행본 구절과 다르지 않은데, 그렇다면 후세인들이 임의로 고친 것은 가장 늦으면 전국시대 말(末)이나 진(秦)・한(漢) 교체기일 것이나, 아직은 확증이 없는 상태이므로, 일단은 원문을 그대로 이해하기로 함.

꿰뚫어 보고, 기꺼이 암성과 어두움과 치욕을 감수하며 천하의 시내와 본보기와 골짜기가 됨으로써, 마침내 "천하에 어느 누구도 그와 다툴 수가 없는"(제22장) 경지에 이르러야 한다. "하지만 부드러움이 굳셈을 이기고, 약함이 강함을 이긴다는 것을, 세상에 아무도 제대로 이해하지 못하고, 또 제대로 실행하지도 못하기"(제78장) 때문에 노자의 고민이 깊어진 것이다.

노자가 이르기를, "굳세고 강한 것은 죽음으로 가는 유(類)요, 부드럽고 약한 것은 삶으로 가는 유다."(제76장) "강과 바다가 뭇 냇물의 왕이 될 수 있는 까닭은, 그 스스로 기꺼이 뭇 냇물의 아래에 처하기 때문이다. 바로 그렇기 때문에 뭇 냇물의 왕이 될 수 있는 것이다."(제66장)라고 하였듯이, 약하고 부드러움과 낮고 천함이야말로 최고의 생명력과 경쟁력을 가지고 있다. 또한 그것은 인생의 가장 이상적인 지향(指向)이요, 영원불변의 순후(淳厚)한 덕이다. 만약 이 같은 '상덕(常德)'이 쌓이고 쌓인다면, 필시 갓난아이처럼 순진하고 자연하며, 광대하고 무궁하며, 원시의 질박한 상태, 즉 대도로 되돌아가게 될 것이니, 그 이상 무엇을 더 바라겠는가?

천하 만백성을 다스리는 정치 또한 같은 맥락에서, 대도의 순박한 본질을 추호도 훼손함이 없이 성실히 순응 견지하여 무위이치(無爲而治, *제5장 「해설」 참조)를 실현하여야 한다. 앞에서 노자가 "밖으로는 순진함을 드러내고 안으로는 질박함을 지키며, 사심을 없애고 욕망을 버릴 것이다."(제19장) "무위자연의 원칙으로 만사를 다스리면 다스려지지 않는 것이 없다."(제3장)라고 한 것은, 모두 이와 같은 맥락으로 이해된다.

제29장

만약 누군가가 장차 천하를 다스림[1]에 유위(有爲)의 방법으로 하고자 한다면,[2] 내가 보기에 그는 성공하지 못할 것이다.[3] 천하는 신성한 것[4]이므로, 유위로 다스려서도 아니 되고, 억지로 붙잡아서도 아니 된다.[5] 유위로 다스리면 결국 파멸시킬[6] 것이요,

---

1 다스림 : 원문은 '취(取)'. 여기서는 치(治)와 같은 뜻임. 첸 꾸잉은 섭화(攝化), 즉 만백성을 거두고 보살펴 교화함이라고 함.

2 유위(有爲)의… : 원문은 '위지(爲之)'. '위'는 유위(즉 '무위'와 상반된 개념)로 한다는 뜻으로, 곧 갖가지 정책을 시행함으로써 통치의 기반을 공고히 하고자 함을 이름. '지'는 천하를 가리킴. 아래 '위자패지, 집자실지(爲者敗之, 執者失之)'의 '지'도 이와 같음.

3 성공하지… : 원문은 '부득이(不得已)'. '부득'은 불가득(不可得)의 뜻임. '이'는 어조사로, 의(矣)나 야(也)와 같음.

4 신성한 것 : 원문은 '신기(神器)'. 신물(神物)과 같은 말로, 지극히 신성(神聖)하고 귀중한 존재를 이름. 이는 '천하(天下)', 즉 천하 만인을 두고 이르는 것임. '기'는 하상공이 일찍이 물(物)의 뜻으로 풀이함.

5 억지로… : 원문은 '불가집야(不可執也)'. 왕필본에는 본디 빠져 있는 구절임. 하지만 유사배(劉師培)는 왕필의 주문(註文)에서 "만물은 자연함을 본성으로 한다. 그러므로 위정자는 단지 그 본성에 순응해 다스려야 하지, 결코 유위로 다스려서는 아니 되며, 단지 천하가 두루 통하게 하여야 하지, 결코 억지로 붙잡아 두어서는 아니 된다.〔萬物以自然爲性, 故可因而不可爲也, 可通而不可執也〕"라고 한 것을 보면, 이 구절이 '불가위야(不可爲也)' 아래에 있었어야 한다고 함. 이에 역순정, 마 쉬룬, 까오 헝, 첸 꾸잉 등도 모두 유사배의 견해에 동조 부연하였는데, 설득력이 충분하므로, 그 주장에 근거해 보충함. '집'은 붙잡다, 독차지한다는 뜻으로 이해됨.

6 파멸시킬 : 원문은 '패(敗)'. 『설문해자(說文解字)』에서 "'패'는 '훼'의 뜻이다.〔敗, 毁也〕"라고 한 데에 근거하면, 이는 (천하를) 훼멸(毁滅)·파멸시킨다는 말로 이해됨.

억지로 붙잡으면 결국 잃을 것이다. 그러므로 성인은 천하를 무위(無爲)로 다스리며, 그렇기 때문에 파멸시키지 않고, 또 억지로 붙잡지 않으며, 그렇기 때문에 잃지 않는다.

무릇[7] 천하 만인[8]은 본시 그 천성에 차이가 있어,[9] 어떤 이는 앞서 나가고 어떤 이는 뒤따라가며, 어떤 이는 입바람을 천천히 불어 따뜻하게 하고 어떤 이는 거세게 불어 차게 하며,[10] 어떤 이는 강건(强健)하고 어떤 이는 허약하며,[11] 어떤 이는 안정되고 어떤 이는 위태롭다.[12] 그러므로 성인은 천하를 다스림에 극단

---

7 무릇 : 원문은 '부(夫)'. 왕필본에는 '고(故)'로 되어 있음. 반면 경룡본과 부혁본 등 다수의 고본에는 '부'나 '범(凡)'으로 되어 있음. 까오 헝과 첸 꾸잉이 이른 대로, '고'는 전후 문맥상 타당치 않음. 하여 경룡본 등에 근거해 고침. 한편 위 페이린은 여기서 '고'는 문두(文頭) 어조사로, '부'와 같다고 함.

8 천하 만인 : 원문은 '물(物)'. 제24장 '물혹오지(物或惡之)'의 '물'과 같음. 곧 천하 만물을 통칭하면서도, 특히 사람을 가리켜 이르는 말임.

9 본시 그… : 이는 원문에는 없는 말이나, 독자의 이해를 돕기 위해 행간에 함축된 뜻을 드러낸 것임.

10 어떤 이는 입바람을… : 원문은 '혹허혹취(或歔或吹)'. '허'는 허(嘘)와 같음. 『옥편(玉篇)』 소인(所引) 『성류(聲類)』에서 "숨을 내쉴(입바람을 불) 때, 거세게 내쉬는 것을 '취'라 하고, 천천히 내쉬는 것을 '허'라 한다.〔出氣急曰吹, 緩曰噓〕"라고 하였는데, 까오 헝이 이른 대로, 여기서 '허'는 입바람을 천천히 불어 따뜻하게 함이고, '취'는 입바람을 거세게 불어 차게 함임.

11 허약하며 : 원문은 '리(羸)'. 약(弱)과 같음.

12 어떤 이는 안정되고… : 원문은 '혹재혹휴(或載或隳)'. 하상공이 '재'는 안정됨, '휴'는 위험함을 뜻한다고 풀이함. '재'는 수레에 탄다는 뜻이고, '휴'는 추(墜)와 같아서 수레에서 떨어진다는 뜻이니, 각각 안정됨과 위험함으로 확대 해석할 수 있음. 한편 '재'가 왕필본에는 '좌(挫)'로 되어 있는데, 그것은 좌(坐)의 가차(假借)로 편안하다는 뜻이니, 의미상 차이는 없음. 다만 하상공본의 '재'가 문맥상 보다 자연스러운 표현이므로, 그에 근거해 고침.

적이거나 과분하거나 과도한 조치[13]는 취하지 않는다.

將欲取天下而爲之, 吾見其不得已. 天下神器, 不可爲也, 〔不可執也.〕 爲者敗之, 執者失之. 〔是以聖人無爲, 故無敗; 無執, 故無失.〕[14] 夫物或行或隨, 或歔或吹, 或强或羸, 或載或隳. 是以聖人去甚, 去奢, 去泰.

해설

노자가 '유위'의 정치에 대해 엄중한 경고를 내리면서, '무위'의 정치를 강력히 권장하고 있다. 이른바 유위란, 통치자가 사리사욕에 눈이 멀어 천하를 무력으로 탈취 사유(私有)하며 폭력으로 통치하면서, 백성들에게 무거운 병역(兵役)과 노역(勞役), 조세(租稅)의 부담을 지우는 따위를 말한다. 이 같은 통치는 도의 정신과 법칙에 위배되는 것이므로, 필시 천하를 파멸의 길로 몰아넣으며, 송두리째 잃어버리고 말 것이라는 게 노자의 생각이다.

노자의 주장은 한결같다. 천하를 다스림에는 응당 도의 본질과

---

13 극단적이거나… : 원문은 '심(甚)·사(奢)·태(泰)'. 이 세 글자는 의미상 별 차이가 없으며, 모두 지나치다는 뜻임. 대략 '심'은 극단적임, '사'는 과분함, '태'는 과도함으로 이해됨. 하상공은 '심'은 가무(歌舞)와 여색(女色)을, '사'는 복식(服飾)과 음식을, '태'는 궁실(宮室)과 정각(亭閣)을 두고 이른 것이라고 했는데, 뭔가 억지로 분별한 듯한 감이 없지 않으나, 일설(一說)로 참고할 만함.

14 시이성인무위(是以聖人無爲)… : 이 4구는 본디 제64장에 들어 있는 글임. 한데 시 통과 마 쉬룬은 이를 착간(錯簡)으로 제64장에 잘못 들어간 것이라고 하였으며, 그 주장에 상당한 설득력이 있으므로, 그에 근거해 이 장으로 옮겨 이해하기로 함. 다만 이중적이기는 하나, 제64장에서도 그대로 두고 이해함으로써, 신중을 기하고자 함.

법칙을 철저히 준수해, 무위자연의 이상 정치를 펼쳐야 한다는 것이다. 천하 만인의 인성(人性)과 만물의 물성(物性)은 그야말로 천차만별이다. 따라서 위정자는 그 차별성과 특수성을 인정하고 감안해, 최대한 만인·만물의 자연적 변화 발전의 원리에 순응하여, 극단적이거나 분수와 정도에 지나친 어떠한 조치도 취하지 않으면서 무위이치(無爲而治)를 추구하여야 한다. 진정 '무위하면 오히려 이루지 못할 일이 없도다.〔無爲而無不爲〕'(제48장)

제30장

도(道)로써 임금을 보좌하는 이는 병력(兵力)으로 천하에 위세를 부리지 않는다. 병력을 동원하는 일은 흔히[1] 대갚음이 따른다.[2] 예를 들면 군대가 주둔한 곳에는 어김없이 가시나무가 자라고,[3] 큰 전쟁이 휩쓸고 간 뒤에는 반드시 흉년이 든다.

군사를 잘 부리는 이[4]는 전쟁에서 이겨 환난 구제의 목적만 달성하면[5] 전쟁을 그만두며, 감히 강성한 패자(霸者)가 되려고[6] 하지 않는다. 무릇 군사를 부리는 이는 전쟁에서 이기더라도 긍지를 갖지 말고, 전쟁에서 이기더라도 자랑하지 말며, 전쟁에서 이기더라도 교만하지 말고, 전쟁에서 이기더라도 그것은 부득

---

1 흔히 : 원문은 '호(好)'. 여기서는 쉬이, 쉽게, 흔히의 뜻임.

2 대갚음이… : 원문은 '환(還)'. 곧 보응(報應) · 보복을 받음을 이름.

3 가시나무가… : 원문은 '형극생언(荊棘生焉)'. 곧 황폐화된다는 말.

4 군사를… : 원문은 '선자(善者)'. 용병(用兵)을 잘하는 사람이란 뜻. 왕필본에는 '선유(善有)'로 되어 있으나, 의미상 자연스럽지 못함. 왕필도 주문(註文)에서는 '선용사자(善用師者)'라고 함. 반면 하상공본과 백서본, 부혁본에는 모두 '선자'로 되어 있으므로, 그에 근거해 고침.

5 전쟁에서… : 원문은 '과(果)'. 효과, 결과의 뜻으로, 전쟁에서 이김을 이름. 『이아(爾雅)』「석고(釋詁)」: "'과'는 싸움에서 이긴다는 뜻이다.〔果, 勝也〕" ○노자는 이 장에서 전쟁 문제를 논하면서 '과' 자(字)를 쓰고 있는데, 그것은 부득이 전쟁을 할 수는 있지만, 전쟁은 단지 승전(勝戰)의 결과로 국가적 위난(危難)과 환난을 구제하는 데까지만 하고 그만두어야 함을 강조한 것임. 왕필이 '과' 자를 '제난(濟難)', 즉 환난 구제의 뜻으로 풀이한 것도 바로 그 같은 맥락일 것임.

6 강성한… : 원문은 '취강(取强)'. 이는 강패(强霸), 즉 강성(强盛)한 패자 내지 패국(霸國)의 지위를 쟁취함을 이른다고 한, 까오 헝의 풀이를 따른 것임.

이한 것이었어야 하며,[7] 전쟁에서 이기더라도 위세를 부리지 말아야 한다.

만사 만물은 일단 강성하면[8] 점차 쇠락하게 되는 법, 강성함을 좇는 것은 도의 정신에 부합하지 않는다[9] 할 것이니, 무엇이든 도의 정신에 부합치 않으면 일찍 쇠멸(衰滅)하게 된다.[10]

以道佐人主者, 不以兵强天下. 其事好還. 師之所處, 荊棘生焉. 大軍之後, 必有凶年. 善者果而已, 不敢以取强. 果而勿矜, 果而勿伐, 果而勿驕, 果而不得已, 果而勿强. 物壯則老, 是謂不道, 不道早已.

해설

겸비(謙卑)·부쟁(不爭), 즉 겸손하게 자기를 낮추고 다른 사람과 다투지 않아야 한다는 것이 노자의 일관된 주장이다. 그것은 물론 도의 본질적 특성에 뿌리를 두고 있다. 노자 당시에는 크고 작은 전쟁이 하루도 끊일 날이 없었다. 전쟁은 오만(傲慢)과 다툼의 극치다. 그러니 노자가 전쟁을 반대하는 것은 당연한 것이다. 예나 지금이나 전쟁만큼 참혹한 것이 또 있을까? 지든 이기든 그 대가는

---

7 전쟁에서 이기더라도 그것은… : 원문은 '과이부득이(果而不得已)'. 이는 전쟁에서 이기는 것이 적의 침공에 부득이 응전해 승전한 것일 뿐, 호승지벽(好勝之癖, 남과 겨루어 이기기를 좋아하는 성미나 버릇)이나 탐욕에 찬 마음에서 전쟁을 일으키고, 또 승전에 취하는 게 아니어야 한다는 말임.

8 강성하면 : 원문은 '장(壯)'. 여기서는 강(强)의 뜻으로, 강성함을 말함.

9 도의 정신에… : 원문은 '부도(不道)'. 곧 불합어도(不合於道)의 뜻임.

10 쇠멸하게 된다 : 원문은 '이(已)'. 지(止)와 같은 뜻으로, 멈춤, 그침, 끝남, 사라짐, 죽음.

혹독하기 그지없다.

한데 노자의 반전(反戰) 관념은 무조건적이지 않다. 무력으로 위세를 부리고, 다른 나라를 침공하는 것은 당연히 반대한다. 하지만 적의 침공을 받았을 경우에는, 마땅히 응전하고 승전하여 백성들을 환난에서 구제해야 한다. 이처럼 '부득이'한 전쟁은 용인된다. 다만 그 '부득이'한 전쟁도 적군을 격퇴하는 거기까지다. 어차피 일어난 전쟁을 틈타 강성한 패자가 되고픈 야욕을 불태워서는 안 된다는 얘기다. 왜냐하면 그것은 '겸비'와 '부쟁'을 기본으로 하는 도의 정신에 위배되며, 결국은 쇠망을 앞당기게 될 뿐이기 때문이다. 군사를 부리는 이는, 이 같은 이치를 한시도 잊어서는 안 된다.

제31장

무릇 병기(兵器)란[1] 상서롭지 못한 도구이며, 따라서 사람들은 대개 그것을 혐오한다.[2] 그러므로 도를 체득한 사람은 병기를 가까이하지 않는다.[3]

군자는 평상시에는 왼쪽을 숭상하지만, 군사를 부릴 때는 오른쪽을 숭상한다.[4] 병기란 상서롭지 못한 도구이며, 따라서 군자의 도구가 아니다. 하여 만부득이 병기를 쓰게 되더라도 욕심 없이 담박하게 임하는 것[5]이 좋다. 설사 전쟁에서 이기더라도 득의양양하지[6] 않아야 하나니, 만약[7] 득의양양한다면 그것은 사

---

1 무릇… : 원문은 '부병자(夫兵者)'. 통행본과 왕필본에는 '부가병자(夫佳兵者)'로 되어 있으나, 의미상 무리가 있음. 이에 왕염손(王念孫)이 '가'는 '유(唯)'의 잘못이라고 함. 하지만 '부유(夫唯)'는 앞 말을 이어받는 것으로 글의 첫머리에 오지 않으므로(*제2장 주석14 참조) 성립되기 어려운 견해임. 한편 백서본에는 '부병자'로 되어 있어, 의미상 나무랄 데 없으며, 따라서 그에 근거해 고침. '병'은 병기, 무기. 또 용병(用兵, 군사를 부림)의 일, 전쟁을 이름.

2 사람들은… : 원문은 '물혹오지(物或惡之)'. *제24장 주석6, 7 참조.

3 가까이하지… : 원문은 '처(處)'. 여기서는 가까이함, 사용함을 이름.

4 평상시에는… : 원문은 '거즉귀좌, 용병즉귀우(居則貴左, 用兵則貴右)'. 옛날 사람들은 좌양우음(左陽右陰), 즉 왼쪽은 양, 오른쪽은 음이며, 양은 살림〔生〕과 길(吉)함을 상징하고, 음은 죽임〔殺〕과 흉(凶)함을 상징하는 것으로 여겼음. '거(居)'는 평거(平居), 즉 평상시를 말함.

5 욕심 없이… : 원문은 '염담(恬淡)'. 까오 헝이 '염'은 사사로운 원한이 없음을 이르고, '담'은 탐욕의 마음이 없음을 이른다고 하였으니, '염담'은 명리(名利)를 탐하는 마음 없이 담박한 자세와 태도를 이르는 것으로 이해됨. 곧 앞(제30) 장에서 말한 '선자(善者, 군사를 잘 부리는 이)'의 태도를 말함.

6 득의양양하지 : 원문은 '미(美)'. 스스로 찬미한다는 뜻이니, 곧 득의양양함, 의기양양함을 이름. 여기서 '승이불미(勝而不美)'는 곧 앞 장에서 말한

람 죽이기를 즐기는 것이다. 무릇 사람 죽이기를 즐기는 자는 결코 천하에서 뜻을 이룰 수가 없다.

길한 일은 왼쪽을 숭상하고, 흉한 일은 오른쪽을 숭상한다. 그러므로 전쟁터에서 편장(偏將)[8]은 왼쪽에 위치하고, 대장(大將)은 오른쪽에 위치하는데, 그것은 곧 상례(喪禮)에 따라 출병(出兵)과 전쟁의 일을 처리함을 말한다. 전쟁은 많은 사람을 죽이게 되므로, 비통한 마음[9]으로 임해야[10] 하며, 전쟁에서 승리하더라도 모든 것을 다 상례로써 처리하여야 한다.

夫兵者, 不祥之器, 物或惡之, 故有道者不處. 君子居則貴左, 用兵則貴右. 兵者不祥之器, 非君子之器, 不得已而用之, 恬淡爲上. 勝而不美, 而美之者, 是樂殺人. 夫樂殺人者, 則不可以得志於天下矣. 吉事尚左, 凶事尚右. 偏將軍居左, 上將軍居右, 言以

'전쟁에서 이기더라도 긍지를 갖지 말고, 전쟁에서 이기더라도 자랑하지 말며, 전쟁에서 이기더라도 교만하지 말아야 함'을 이른다고 할 것임.

7 만약 : 원문은 '이(而)'. 여기서는 가정(假定)의 뜻을 나타내는 말로, 약(若)과 같음.

8 편장 : 원문은 '편장군(偏將軍)'. 곧 편장(대장을 돕는 한 방면의 장수).

9 비통한 마음 : 원문은 '비애(悲哀)'. 왕필본에는 '애비(哀悲)'로 되어 있으나, 하상공본과 부혁본을 비롯한 다수의 고본에는 모두 '비애'로 되어 있음.

10 임해야 : 원문은 '읍(泣)'. 두 가지로 풀이되는데, 첫째 흐느껴 운다는 뜻으로, 곧 애도함을 말함. 둘째 '리(莅)'의 잘못으로, 제60장 "이도리천하(以道莅天下)"의 '리'와 같음. 백서본에는 '립(立)'으로 되어 있으니, 곧 '리'의 약자(略字)이고, 초간본에는 '위(位)'로 되어 있으니, 곧 '립'의 잘못임. '리(莅)'는 '리(蒞)' · '리(涖)'와 같은 글자로, 임(臨)하다 · 이르다 · 참가하다는 뜻임. 전후 문맥상, 첫째 풀이보다는 둘째 풀이가 한결 자연스럽고 적절한 것으로 판단됨.

喪禮處之. 殺人之衆, 以悲哀泣之, 戰勝以喪禮處之.

해설

이 장은 일부 문구(文句)가 중복되는 등 문맥상 다소 산만한 느낌을 주고 있는데, 아마도 후세의 주문(註文)이 정문(正文)에 혼입된 결과일 것이다. 하지만 백서본을 비롯한 한대(漢代) 이래의 판본 역시 이와 크게 다르지 않으며, 따라서 혼입된 주문을 지금 우리가 정확히 가려내기는 쉽지 않다.

아무튼 이 장은 앞 장의 연장선상에 있으며, 살인이 공공연히 자행되는 전쟁에 대한 노자의 반감이 재차 강하게 표출되고 있다. 노자가 볼 때 병기는 흉기로, 곧 흉살(凶殺)의 도구다. 환언하면 세상의 많은 화난(禍難)은 모두 사람들이 이 '흉기'를 휘두르는 데서 기인한다. 그러니 보통 사람들이 그것을 좋아할 리 없고, 득도(得道)한 군자가 그것을 가까이할 리 더욱 만무하다. 병기에 대한 이 같은 노자의 혐오감은 곧 반전(反戰)사상의 표현이다.

한데 앞 장에서도 말했듯이, 노자는 약탈적인 침략 전쟁을 반대하지만, 자위적인 방어 전쟁은 '부득이'한 것으로 인정하여, 오히려 적극 나서서 백성을 구제할 것을 요구하였다. 다만 전쟁터에서는 무수한 인명의 살상을 피할 수 없는 만큼, 반드시 욕심 없이 담박하면서도 비통한 마음으로 임하여 만사를 상례로써 처리하며, 무엇보다 사람 죽이기를 즐기는 잔혹함은 특히 경계해야 한다. 이 같은 노자의 생각은 바로 인도주의사상의 표현이라 할 것이다.

노자의 반전 및 인도주의 사상은, 무력적 침략 전쟁의 참혹함이 극에 달했던 당시의 정치 사회적 현실에 대한 심각한 우려와 신랄한 비판을 반영하고 있다.

제32장

도는 영원불변하고,[1] 이름도 없으며,[2] 한없이 질박하다.[3] 그 형상은 비록 어렴풋하나,[4] 천하에 어느 누구도 도를 신하 부리듯 할 수가 없다.[5] 만약 군왕이 능히 도를 지켜 무위(無爲)할 수 있으면, 만물[6]이 절로 따르[7] 것이다. 천지 음양의 기운이 서로 화합하

---

1 영원불변하고 : 원문은 '상(常)'. *제1장 주석3 참조. 일설에는 부사 '영원히'로 옮기기도 하는데, 그 함의는 결국 한가지라 할 것임.

2 이름도… : 원문은 '무명(無名)'. 제1장에서 이르기를 "이름이란 뭐라고 이름할 수 있으면, 그것은 영원불변의 지극한 이름이 아니다."라고 하였는데, 노자가 말하는 도는 곧 '상도(常道)'로, 뭐라고 이름할 수 없기 때문에, 그것은 본디 '무명' 즉 이름이 없는 것임.

3 한없이… : 원문은 '박(樸)'. 이는 도(道) 본체의 특성을 두고 이르는 말로, 질박(質樸) 자연(自然)함을 이름. *제28장 주석8 참조. 노자는 또 "원시의 질박함이 두드러진 도는 널리 흩어져 만물의 덕이 된다."(제28장)고 한 바 있음.

4 어렴풋하나 : 원문은 '소(小)'. 이는 도 본체의 '무형상(無形狀)의 형상'(*제14장 참조), 즉 무형적(無形的) 형상을 형용하는 말로, 곧 은미(隱微, 겉으로 잘 드러나지 않고 어렴풋함)함을 이름. 제25장에서 노자가 "억지로 그것을 형용하여 '한없이 크고 넓다'고 하노라.〔强爲之名曰大〕"라고 하였으니, 이를 '대소(大小)'의 '소', 즉 작다는 뜻으로 보는 것은 적절치 않음.

5 어느 누구도… : 원문은 '막능신(莫能臣)'. 왕필본에는 '신' 자(字) 다음에 '야(也)' 자가 덧붙여져 있음. 반면 하상공본과 부혁본, 백서본, 초간본, 그리고 당·송대의 여러 판본에는 모두 '야' 자가 없으므로, 그에 근거해 삭제함. 까오 헝은 '신'·'빈(賓)'·'균(均)'이 운자(韻字)인 데서 알 수 있듯이, '야' 자는 연문(衍文, 글 가운데에 쓸데없이 들어간 군더더기 글귀)이라고 함. 여기서 '신'은 동사로, 신하로 복종케 하다·신하로 부리다·지배하다는 뜻임.

6 만물(萬物) : 여기서는 특히 만민(萬民), 만백성을 가리킴.

7 따를 : 원문은 '빈(賓)'. 빈복(賓服)함, 복종함, 따름.

여 감로(甘露)를 내리면, 누가 그것을 애써 어떻게 하지 않아도 모든 사람이 절로 골고루 그 은택을 입게 된다.[8]

애초에 만물이 비로소 생성되면서[9] 각기 이름이 붙여지게 되었는데, 이미 그 이름까지 붙여졌으니,[10] 장차 도를 굳게 지키며 멈출 줄도 알아야 한다.[11] 왜냐하면 도를 굳게 지키며 멈출 줄 아는 것이 바로 위험에 빠지지 않는 근원[12]이기 때문이다. 비유하자면 도가 천하 만물의 귀의처(歸依處)인 것은, 마치 강과 바

---

8 누가 그것을… : 원문은 '민막지령이자균(民莫之令而自均)'. 까오 헝은 이를 '막지령이민자균(莫之令而民自均)'과 같은 말이라고 했는데, 옳은 풀이로, 따를 만함. '막지령'은 막령지(莫令之)와 같음. '령'은 (어떻게 하도록) 명령하다 · 시키다 · 부리다는 뜻이고, '지'는 감로를 가리킴. 결국 이 구절은 천지 음양의 조화로 내리는 감로를 어느 누가 부리거나 조종하지 않아도, 만민이 절로 골고루 그 은택을 입게 된다는 말임. 한데 그것은 사실 도의 작용으로 그렇게 되는 것이니, 이는 곧 도의 '무위이무불위(無爲而無不爲)'(제37, 48장)를 역설한 것임.

9 생성되면서 : 원문은 '제(制)'. 제(製)와 같음. 곧 (도가 만물을) 창조 · 생성함.

10 이미 그… : 원문은 '명역기유(名亦旣有)'. 이는 곧 각각의 이름이 갖는 명분과 가치와 이익을 쟁취하기 위한 다툼이 잇따를 수밖에 없음을 전제한 말임.

11 도를 굳게… : 원문은 '지지(知止)'. 여기서 '멈춘다〔止〕'는 것은, 도를 벗어나 그릇된 방향으로 나아가지 않는다는, 즉 도를 지킨다는 뜻임. 그 때문에 원문에는 없는 '도를 굳게 지키며'란 말을 번역문에 보충해 이해를 도움.

12 근원 : 원문은 '소이(所以)'. 근원, 까닭. 왕필본에는 '가이(可以)'로 되어 있음. 하지만 왕필의 주문(註文)에는 '고지지소이불태야(故知止所以不殆也)'라고 하였으니, 왕필본도 원래는 '소이'로 되어 있었음을 알 수 있음. 또한 하상공본과 백서본을 비롯한 고본에도 모두 '소이'로 되어 있으므로, 그에 근거해 고침.

다가 뭇 냇물과 골물〔谷水〕의 귀착점인 것과 같다.[13]

道常無名, 樸. 雖小, 天下莫能臣. 侯王若能守之, 萬物將自賓. 天地相合, 以降甘露, 民莫之令而自均. 始制有名, 名亦既有, 夫亦將知止, 知止所以不殆. 譬道之在天下, 猶川谷之於江海.

해설

노자는 여기서 '무위이치(無爲而治)'의 정치적 이념 내지 이상을 설파하였는데, 그것은 물론 도의 본질적 특성에 근거하고 있다. 영원불변의 도는 원시적 무명의 질박한 상태에 있지만, 어떤 객관적 요소도 그것에 영향을 줄 수 없고, 어떤 외부적 힘도 그것을 지배할 수 없다. 오히려 무위자연의 특성을 지닌 도는, 우주의 본원이자 만물의 주재자로서 그 위대한 덕성을 발할 뿐이다. 하여 통치자가 부단히 심성을 닦아 도를 체득하고, 무위자연의 원칙을 통달해 현실 정치에 적용한다면, 만물과 만인이 골고루 '감로'의 은택을 입고, 절로 귀부(歸附)하게 될 것이다.

한데 도의 작용에 의해 천하 만물이 생성된 이후, 온갖 이름들이 붙여졌으며, 그로 인해 명분이 더해지고, 위상(位相)이 정해지며, 가치가 매겨지면서 탐욕적인 분쟁이 끊이지 않게 되었다. 이처럼

---

13 강과 바다가… : 원문은 '천곡지어강해(川谷之於江海)'. 이는 '강해지어천곡(江海之於川谷)'의 도치임. '어'는 하상공본과 백서본에는 '여(與)'로 되어 있는 반면, 초간본과 왕필본에는 통행본과 같이 '어'로 되어 있음. 옛날에는 '어'와 '여'를 통용함. 다만 오늘날에는 '어'로 읽는 것이 의미상 보다 적절할 것임. 아무튼 이 구절과 앞 구절은 모두 구법(句法)이 특이하고, 자구(字句) 또한 생략되어 있어 의미 파악이 쉽지 않으나, 대개 도를 강해(江海)에, 천하 만물을 천곡(川谷, 냇물과 골물)에 각각 비유한 것으로 이해됨.

유위적(有爲的)인 '이름〔名〕'이 바로 인간 사회의 온갖 분란과 쟁탈의 원인이라는 게 노자의 생각이다. 훗날 장자(莊子) 역시 "이름은 사람들이 서로 갈등하는 원인이요, 지혜는 사람들이 서로 다투는 도구다. 그 때문에 이 두 가지는 모두 흉기이니, 세상에서 힘써 행할 바가 아니다.〔名也者, 相軋也; 知也者, 爭之器也. 二者凶器, 非所以盡行也〕"〈『장자』「인간세(人間世)」〉라고 하며, 같은 취지의 주장을 하였다. 아무튼 통치자는 천하를 다스림에 있어, 응당 도의 겸허와 질박과 무위의 정신을 살려 탐욕을 극복하고, 적절한 선에서 멈출 줄 알아야 한다. 그렇게 하면 위험을 자초하지 않게 되고, 또한 뭇 냇물과 골물이 강과 바다로 흘러 들 듯이 만백성의 신뢰와 지지와 추종을 받게 될 것이다.

제33장

다른 사람을 아는 사람은 지혜롭고, 자기 자신을 아는 사람은 현명하다.[1] 다른 사람을 이기는 사람은 힘이 세고, 자기 자신을 이기는[2] 사람은 부드러이 강하다.[3] 만족할 줄 아는 사람은 마음이 부유하고,[4] 부지런히 도(道)를 행하는[5] 사람은 의지가 있다.

---

1 지혜롭고 · 현명하다 : 원문은 '지(智)' · '명(明)'. 노자는 '명'을 한껏 중시한(*제16, 52장 참조) 반면, '지'는 몹시 배척함(*제19, 65장 참조). '지'와 '명'의 차이는 결코 크지 않아 구별이 쉽지 않은데, 위 페이린의 설명이 참고할 만함. 즉, '지'는 밖으로 투사(投射)하는 것이고, '명'은 안으로 조명(照明)하는 것임. 환언하면 '지'는 다른 사람을 관찰하는 것이고, '명'은 자기 자신을 성찰하는 것임. 엄복(嚴復)이 '지'는 촛불과 같고, '명'은 거울과 같다고 했는데, 그 비유가 실로 절묘함. 다른 사람을 관찰하는 것은 단지 지인(知人)의 능력만 있으면 되지만, 자기 자신을 성찰하는 것은 특히 사욕(私慾)을 이기지 않으면 안 되기 때문에, '자기 자신을 아는 것〔自知〕'이 '다른 사람을 아는 것〔知人〕'보다 훨씬 어려움. 한데 사람이 사욕을 이기면 능히 '귀근(歸根)' '복명(復命)'(*제16장 참조)하여 '도에 가깝게 되는데(幾於道)'(제8장), 노자는 바로 그 때문에 '명'을 중시한 반면, '지'를 배척한 것임.

2 자기 자신을 이기는 : 원문은 '자승(自勝)'. 곧 사람이 스스로 자신의 욕망을 억제하고, 결함을 극복하는 따위를 이름.

3 부드러이 강하다 : 원문은 '강(强)'. 이는 제52장 '수유왈강(守柔曰强)'의 '강', 즉 부드러움을 굳게 지키는 강함으로, 포양(褒揚, 아름답고 훌륭함을 크게 기리고 드러냄)의 의미가 있음. 다시 말해 제76장 '견강자사지도(堅强者死之徒)'의 '강', 즉 약함의 반대 개념으로서의 강함(이는 폄하의 의미를 띰)과는 다른 것임. 위 페이린이 이른 대로, 사람은 누구나 사욕이 있고, '자승'은 바로 그 사욕을 버림으로써 가능한 것임. 한데 사욕을 버리는 것은 물리적인 힘이 아니라, 이른바 '허(虛)' · '정(靜)'(*제16장 주석1, 2 및 「해설」 참조)을 통해서 가능한데, 이 '허'와 '정'은 곧 '부드러움〔柔〕'의 표현임. 그러므로 여기서 '강'은 '수유왈강'의 '강'으로 이해됨.

근본을 잃지 않는 사람은 그 덕(德)이 장구하고,[6] 죽어서도 그 도와 덕이 잊히지 않는 사람은 영원히 산다.[7]

知人者智, 自知者明. 勝人者有力, 自勝者强. 知足者富, 强行者有志. 不失其所者久, 死而不亡者壽.

---

4 만족할 줄… : 원문은 '지족자부(知足者富)'. 이는 곧 물질적으로 만족할 줄 알면 마음이 부유하다는 말임. 예나 지금이나 억만금이 있어도 만족할 줄 모르는 사람이 있는가 하면, 공자의 제자 안회(顔回)처럼 한 대그릇의 밥을 먹고 한 바가지의 물을 마시며 누추한 골목에서 살아도 편안히 도를 즐기는 삶을 사는 사람이 있음을 새겨 볼 일임.

5 부지런히… : 원문은 '강행(强行)'. 이를 두고 왕필이 '근능행지(勤能行之)'라고 풀이하였으니, 곧 제41장의 '근이행지(勤而行之)' 즉 부지런히 도를 행한다는 뜻으로 이해됨. 현묘하기 그지없는 도는, 물론 깊이 깨달아야 하겠지만, 더욱 중요한 것은 깨달은 도를 힘써 행하는 것임. "상등 선비가 도를 들으면 그것을 부지런히 실행함"(제41장)은 바로 그 때문임. 고원(高遠)한 이상(理想)일수록 추구하기가 쉽지 않아 크고 작은 난관에 부딪히게 되며, 따라서 애초에 어지간히 확고한 뜻과 의지를 가지고 있지 않다면, 유종의 미를 거두기는 어려움.

6 근본을 잃지… : 원문은 '불실기소자구(不失其所者久)'. 여기서 '소'는 일반적인 처소(處所)가 아니라, 정신의 처소·근본, 즉 도를 가리킴. '구'는 덕(德)의 장구함을 이름. 이를테면 물고기가 그 근본인 물을 떠나거나, 나무가 그 근본인 흙을 떠나면 죽음을 면키 어려움. 노자의 사상에 따르면 만물은 모두 그 근본인 도에서 생성되어 나왔으니, 사람이 처신 처사함에 능히 도를 지킬 수 있으면, 곧 그 '영원불변의 지극한 덕이 어그러지지 아니하여'(제28장) 장구(長久)할 수 있다는 것임.

7 죽어서도… : 원문은 '사이불망자수(死而不亡者壽)'. 여기서 '불망'은 불후(不朽), 즉 영원히 변하거나 없어지지 아니함의 뜻으로, 그 생전에 체득한 도와 성취한 덕을 두고 이르는 말로 이해됨. 유가에서는 흔히 입덕(立德)·입공(立功)·입언(立言)을 '삼불후(三不朽)'로 높이나, 도가의 불후는 오로지 도(道)에 집중되어 있을 뿐임.

해설

사람이 보다 의미 있고 가치 있는 삶을 살기 위해서는, 어떤 자세와 태도를 가져야 할까? 노자의 가르침에 따르면, 사람은 다른 사람을 알고, 다른 사람을 이기는 것도 중요하지만, 그보다 더 중요한 것은 자기 자신을 알고, 자기 자신을 이기는 것이다. 다른 사람을 겨냥한 지혜와 힘이 아니라, 자기 자신의 내실을 기하는 현명함과 부드러이 강함이 우선이라는 얘기다. 또한 그 같은 고차원의 인격적 자질의 바탕 위에 만족할 줄 알고, 부지런히 도를 행하며, 항시 근본을 잃지 아니하여 죽어서도 그 도와 덕이 잊히지 않도록 해야 한다. 왜냐하면 그렇게 하여야만 비로소 인생의 참된 의미와 가치를 창출해 영원 불후(不朽)할 수 있기 때문이다.

제34장

대도[1]는 그야말로 널리 행(行)해져[2] 상하좌우[3] 이르지 않는 곳이 없다. 만물이 모두 그것에 의지해 생겨나고 자라지만, 이래라 저래라 어떤 간섭도 하지 않으며,[4] 만물 생장(生長)에 공로를 이루고도 결코 그 공로를 자부하지 않는다.[5] 그렇듯 만물을 보살펴 기르지만,[6] 결코 주인입네 하지 아니하며, 항시 사사로운

---

1 대도(大道) : 여기서 '대(大)'라는 말로 '도'를 형용한 데에는, 곧 우주 만물의 대모(大母)로서 그 작용이 무궁무진한, '도'의 위대함과 지고무상(至高無上)함을 강조하는 뜻이 담겨 있음.

2 널리 행해져 : 원문은 '범(氾)'. 범(泛)·범(汎)과 같음. 범람함, 즉 큰물이 흘러넘침. 여기서는 대도가 널리 행해짐을 비유 형용함.

3 상하좌우 : 원문은 '좌우(左右)'. 곧 사방팔방 곳곳을 통칭함.

4 이래라 저래라… : 원문은 '불사(不辭)'. 말하지 않는다는 뜻으로, 곧 간섭하지 않음을 이름. 제2장에서 말한 성인의 '불언(不言, *제2장 주석11 참조)' 정치 역시 이의 연장선상에 있음.

5 만물 생장에… : 원문은 '공성이불유(功成而不有)'. 왕필본에는 '공성불명유(功成不名有)'로 되어 있음. 하지만 역순정(易順鼎)이 이르기를, 『문선(文選)』「변명론(辨命論)」 주(注)에서 '공성이불유'로 인용하고, 그 아래에 다시 왕필의 주(注)를 인용하고 있어, '공성이불유'가 곧 왕필본의 원래 모습임이 분명하다고 함. 그리고 쟝 시창은 '불유'의 표현이 제2, 10, 51장에도 보이고 있어 노자의 상용어임을 알 수 있다는 말로, 역순정의 견해에 동조 부연함. 이들의 주장에 설득력이 있어, 그에 근거해 고침. '불유'는 공로를 소유하지 않는다는 뜻이니, 곧 공로를 자부하지 않음을 이름. 반면 '불명유(不名有)'는 한문 문리에 맞지 않는 표현으로, 뜻이 통하기 어려움.

6 보살펴… : 원문은 '의양(衣養)'. 하상공본에는 '애양(愛養)'으로, 부혁본과 영락대전본에는 '의피(衣被)'로 되어 있음. 다만 이 셋 다 그 뜻은 한가지로, 보살피고 돌보아 기른다는 말임. 여기서 '의'는 복육(覆育), 즉 양육한다는 뜻임.

욕심이 없으니,[7] 그것을 형용하여 '작다〔小〕'고 할 것이다.[8] 또한 만물이 모두 스스로 달려와 붙좇지만, 결코 주인입네 하지 않으니, 그것을 형용하여 '크다〔大〕'고 할 것이다. 아무튼 대도는 시종(始終) 스스로 위대하다고 여기지 않으며, 그렇기 때문에 그 위대함을 이룩할 수 있는 것이다.

大道氾兮, 其可左右. 萬物恃之而生而不辭, 功成而不有. 衣養萬物而不爲主, 常無欲, 可名於小; 萬物歸焉而不爲主, 可名爲大. 以其終不自爲大, 故能成其大.

해설

'작으면서도 큰', 도의 작용은 실로 위대한 것이다. 여기서 노자가 '대도를 형용하여 작다고, 또 크다고 할 수 있다'고 함은, 곧 도는 '무위이무불위(無爲而無不爲)'(제37, 48장)하여 전혀 드러나지 않

---

7 항시… : 원문은 '상무욕(常無欲)'. 이는 현재 연문(衍文)이라는 견해가 공감을 불러일으키고 있는데, 이 석 자가 잘못 들어가면서 의미가 통하기 어렵게 되었고, 이 구절을 삭제하고 나면 '의양만물이불위주, 가명어소; 만물귀언이불위주, 가명위대.(衣養萬物而不爲主, 可名於小; 萬物歸焉而不爲主, 可名爲大)'로, 완벽히 대구(對句)를 이룬다는 게 그 이유임. 시 통, 쟝 시창, 옌 링펑, 첸 꾸잉 등이 모두 이 같은 주장을 하며, 실제로 고환본(顧歡本), 이영본(李榮本) 등 일부 고본(古本)에는 이 구절이 없음. 다만 '대구를 이룬다'는 점이 감오(勘誤)의 절대적 근거가 될 수 있는지 재론의 여지가 없지 않고, 또 백서갑을본에도 모두 이 구절이 들어 있음을 감안할 때, 신중을 기할 필요가 있다는 판단하에, 일단은 통행본을 그대로 이해하기로 함.

8 형용하여… : 원문은 '가명어소(可名於小)'. 여기서 '명'은 형용함. *제25장 주석10 참조. '어소'는 루어 윈시엔(羅運賢)은 '위소(爲小)'와 같다고 하고, 까오 헝은 마땅히 '위소'라고 해야 한다고 함.

는 가운데 우주 만물을 생장시키므로, 그 작용의 형상을 형용하자면 '작다'고도 할 수 있고, 또 '크다'고도 할 수 있다는 말이다. 도는 우주 만물을 생장 · 양육시키며, 그 특유의 은택을 널리 베풀지만, 결코 스스로 주재자로 자처하거나 스스로 위대하다고 여기지 않으며, 만사를 오로지 무위자연의 원칙에 따를 뿐이다. 그러므로 상술하였듯이 도가(道家) 성인의 통치는 진정 대도의 무위 · 무욕 정신에 부합하고 순응하는 것이다.(*제2장 참조)

제35장

누구든 대도를 깊이 깨닫고 굳게 지키면,[1] 천하 만인이 모두 그에게로 달려가 붙좇을 것이다.[2] 또한 모두가 그에게 달려가서도 어떠한 피해도 입지 않을 것이며,[3] 그리하여 온 세상은 태평을 구가하리라.[4]

---

1 누구든… : 원문은 '집대상(執大象)'. '집'은 장악함, 즉 무엇을 마음대로 할 수 있게 휘어잡음. 여기서는 도(대도)를 깊이 깨닫고 굳게 지키는 것으로, 예를 들면 "무위자연의 태도로 세상사를 처리하고, 정령을 발하지 않는 방법으로 교화를 행함"(제2장)을 가리킴. '대상'은 곧 '대도'를 비유 지칭함. 우주 만물이 모두 그 형상이 있는 데 반해, 도의 형상과 물상(物象)은 무형적인 것으로, 그야말로 '무물상의 물상〔無象之象〕'(제14장)임. 요컨대 우주에서 가장 큰 물상은 어떤 일정한 형체를 갖추고 있지 않은데, 도는 어떤 형체도 없이 만물을 낳고 기르며 무소부재(無所不在, 그 존재와 섭리가 모든 피조물 속에 미쳐 있음)하므로, '대상'이라고 한 것임. 제41장에서도 '대상무형(大象無形)'이라고 함.

2 천하 만인이… : 원문은 '천하왕(天下往)'. '천하'는 천하인(天下人)을 말함. '왕'은 귀왕(歸往)·귀부(歸附)함, 즉 (남에게) 스스로 달려가 몸을 의탁하고 붙좇음.

3 어떠한… : 원문은 '불해(不害)'. 이는 능히 '집대상'하는, 즉 '무위'의 통치를 펼치는 성군(聖君)은 필시 뭇사람의 아래와 뒤에 처하며, 그 존귀함을 감추고, 권위를 숨길 것이므로, 일반 백성들은 한껏 안락한 삶을 살며 어떤 직간접적인 피해도 입지 않는다는 말임. 일설에는 '달려온 천하 만인이 서로 해치지 않는다'는 뜻으로 풀이하나, 논점의 핵심을 벗어난 견해로 설득력이 떨어짐.

4 그리하여… : 원문은 '안평태(安平太)'. '안'은 여기서는 내(乃), 즉 이에, 그리하여, 곧 등의 뜻임. 이는 왕인지(王引之)『경전석사(經傳釋詞)』의 풀이에 근거한 것임. '평태'는 곧 태평(太平 / 泰平)으로, 압운을 맞추기 위해 도치시킨 것임.

아름다운 음악과 맛있는 음식은 지나가는 나그네를 멈추게 한다. 하지만 도는 아무리 언어로 묘사를 해도[5] 그저 담백하여 무미(無味)할 뿐이다. 게다가 아무리 보아도 볼 수 없고,[6] 들어도 들을 수 없으며, 쓰고 또 써도 다 쓸[7] 수가 없다.

執大象, 天下往; 往而不害, 安平太. 樂與餌, 過客止. 道之出口, 淡乎其無味, 視之不足見, 聽之不足聞, 用之不足既.

해설

음악과 음식은 아름다운 소리와 좋은 맛으로, 지나가는 나그네의 발길까지 멈추게 한다. 이에 반해 대도는 사람을 끄는 어떤 소리도 맛도 형체도 없어, 일견 그 흡인력(吸引力)이 음악과 음식에 비할 수 없어 보인다. 물론 어찌 그럴 리 있겠는가? 음악과 음식은 단지 사람의 이목(耳目)과 구복(口腹)의 욕구를 충족시켜 주는 정도에 그친다. 하지만 대도는 지금까지 누차 강조해 왔듯이, 그 작용이 실로 무궁무진하여, 가히 위대함의 극치라 할 것이다. 우주 만물은 어느 것 하나 대도의 섭리에 의해 생성 변화 발전하지 않는 것이 없다. 그래서 만약 누구든, 대도의 그 고유한 '무위자연'의 본질과 정신을 깊이 깨닫고 굳게 지켜 나간다면, 천하 만인의 심복(心服)과 추종을 받으며, 태평성대를 이룩할 수 있을 것이다. 이는 노자의 일관된 정치적 신념이요, 소망이다.

---

5 언어로… : 원문은 '출구(出口)'. 입으로 말한다는 뜻이니, 곧 언어로 묘사함을 이름. 백서본갑을본에 모두 '출언(出言)'으로 되어 있는 것을 보면, 이같이 풀이함이 옳음을 알 수 있음.

6 ~수 없고 : 원문은 '부족(不足)'. 여기서는 불가(不可)나 불능(不能)의 뜻.

7 다 쓸 : 원문은 '기(既)'. 진(盡), 이(已)와 같음. 다함.

제36장

무언가를 장차 수축시키려면[1] 반드시 먼저[2] 확장시켜야 하고, 장차 약화시키려면 반드시 먼저 강화시켜야 하며, 장차 눌러 없애려면 반드시 먼저 일으켜 세워야[3] 하고, 장차 빼앗으려면 반드시 먼저 주어야[4] 한다. 이 같음을 일러 '잘 드러나지는 않지만 너무나 명백한 이치'[5]라 하나니, 결국 부드럽고 약함이 굳세고

---

1 수축시키려면 : 원문은 '욕흡(欲歙)'. '흡'은 수축(收縮)함, 위축(萎縮)함, 오그라듦.

2 먼저 : 원문은 '고(固)'. 고(姑)와 같음. 잠시. 다만 여기서는 일단, 즉 우선 먼저·우선 잠깐의 뜻으로 이해되며, 번역문에서는 '먼저'로 옮겨 한글 표현의 자연스러움을 더함.

3 일으켜 세워야 : 원문은 '여(與)'. 왕필본과 기타 고본에는 모두 '흥(興)'으로 되어 있음. 하지만 백서갑을본에는 '여'로 되어 있는데, 그게 옳음. 왜냐하면 이 장에서는 '장(張)'과 '강(强)'이 압운이고, '여'와 '여(予)'가 압운이기 때문임. 까오 헝과 라오 찌엔(勞健) 등이 모두 같은 맥락의 주장을 함. '여'는 거(擧)와 통하며, 여기서는 들어 올림, 일으켜 세움의 뜻으로 이해됨. 『예기(禮記)』 「예운편(禮運篇)」에서 말한 '선현여능(選賢與能, 어질고 유능한 이를 가려서 등용함)'의 '여'도 이와 같음. 추정컨대 이 글자가 애초 『노자』 원본에는 '여'로 되어 있었을 것이나, 후세에 누군가가 '폐(廢)' 자(字)를 의식해 함부로 '흥' 자로 고쳤고, 이후(以後) 쭉 그대로 전해진 것으로 보임.

4 주어야 : 원문은 '여(予)'. 왕필본과 기타 고본에 모두 '여(與)'로 되어 있으나, 백서갑을본에 근거해 고침.

5 잘 드러나지 않지만… : 원문은 '미명(微明)'. 하상공은 여기서 말한 네 가지 일을 두고, 그 이치는 은미(隱微, 겉으로 거의 드러나지 않음)하나, 그 효과는 명백한 것이라고 함. 또 범응원(范應元)은 기미(幾微, 조짐, 징조, 낌새)는 비록 은미하나, 일어나는 일은 너무나 명백한 것이라고 함. 예를 들면 먼저 확장시킴에는 이미 장차 수축될 기미가 거의 드러나지 않게 내재되어 있으며, 나중에는 결국 그 수축이 명백히 일어나게 되는 이치라는 애기임.

강함을 이긴다.

물고기는 물을 떠나서는 아니 되고,[6] 한 나라의 날카로운 무기인 권력은 함부로 사람들에게 휘둘러져서는 아니 된다.[7]

將欲歙之, 必固張之; 將欲弱之, 必固强之; 將欲廢之, 必固與之; 將欲奪之, 必固予之. 是謂微明: 柔弱勝剛强. 魚不可脫於淵, 國之利器不可以示人.

해설

'부드럽고 약함이 굳세고 강함을 이긴다.' 여기서 노자가 우리에게 주고픈 메시지다. 사람은 누구나 굳세고 강함을 희구한다. 하지만 굳세고 강함은, 결코 부드럽고 약함의 생명력과 경쟁력에 비할 바가 못 된다. 장(章) 머리에서 열거한 '네 가지 처사 원칙'은 바로 그 같은, '잘 드러나지는 않지만 너무나 명백한 이치'를 여실히 말해준다.

"사람은 살아서는 그 몸이 부드럽고 연하지만, 죽어서는 그 몸이

그렇다면 '미명'은 곧 '잘 드러나지는 않지만 너무나 명백함', 또 '그러한 이치'라는 말로 이해됨.

6 물고기는… : 원문은 '어불가탈어연(魚不可脫於淵)'. '연'은 깊은 못을 이르며, 물을 통칭하는 말로 쓰임. 물은 물고기가 생존할 수 있는 근본인바, 여기서는 그로써 유약(柔弱)과 겸허(謙虛)가 곧 우리네 인생, 특히 군주 치국(治國)의 근본임을 비유함.

7 한 나라의… : 원문은 '국지이기불가이시인(國之利器不可以示人)'. '이기'는 날카로운 무기. 이에 대해 여러 가지 견해가 있으나, 까오 헝이 말한 '정권(政權)'이나 성현영(成玄英)이 말한 '권병(權柄, 권력으로 사람을 마음대로 좌우할 수 있는 힘)'을 지칭하는 것으로 봄이 무난할 것임. '시(視)'는 과시함. 여기서는 (권력을) 휘두름을 이름.

굳고 단단하다. 초목 또한 살아서는 부드럽고 여리지만, 죽어서는 마르고 빳빳하다. 그러므로 굳세고 강한 것은 죽음으로 가는 유(類)요, 부드럽고 약한 것은 삶으로 가는 유다."(제76장) 이처럼 노자는 부드럽고 약함은 삶과, 굳세고 강함은 죽음과 각각 연관되어 있음에 주목하면서, 급기야 부드럽고 약함을 한껏 중시하기에 이르렀다. 노자의 논리에 따르면, 부드럽고 약함은 곧 사물 신생(新生)의 상태요, 아름다운 발전의 동력(動力)이란 얘기다. "세상에 물보다 부드럽고 약한 것은 없다."(제78장) 물고기가 그 삶의 근본이면서 부드럽고 약함의 상징인 물을 떠나서는 아니 되듯, 사람은 처신처사에 있어 인생 만사의 근본인 부드럽고 약함을 잃어서는 안 된다. 그러므로 만약 군주가 권력을 함부로 휘두르며 마냥 굳세고 강포(强暴)함을 일삼는다면, 필시 패망만 앞당길 뿐임을 알아야 한다. 이는 당시 위정자들에 대한 노자의 강력한 경고다.

〔참고〕 여기서 이른바 '네 가지 처사 원칙'의 실례(實例)를 소개해 이해를 돕기로 한다. (1) 춘추시대에 오(吳)나라를 멸망시킬 궁리를 하던 월(越)나라 왕 구천(句踐)은, 먼저 오나라 왕 부차(夫差)를 부추겨 제(齊)나라를 무찌르게 하고, 그 다음에는 또 진(晉)나라와 패권을 다투게 하였다. 이 일련의 과정에서 만족할 만한 성과를 거둔 부차는, 날로 교만하고, 사치 방탕해져 갔다. 바로 그 때를 놓치지 않고, 구천은 일거에 오나라를 멸망시켰다. 이는 곧 '장차 수축시키려면 반드시 먼저 확장시켜야 하는' 실례이다.

(2) 춘추시대 정(鄭) 장공(莊公)이 공숙단(共叔段)을 제거할 궁리를 하며, 우선 그에게 많은 땅과 백성을 주어 반란의 야심을 불러일으키게 하였다. 공숙단은 과연 난을 일으켰고, 이에 장공은 일거에 그를 토벌 축출하였다. 이는 곧 '장차 약화시키려면 반드시 먼저

강화시켜야 하는' 실례이다.

(3) 춘추시대 초엽 초(楚)나라는, 동진(東進)의 최대 걸림돌인 수(隨)나라를 침공하였다. 그러자 수나라는 소사(少師)를 보내 협상을 하는 한편, 초나라 군대의 허실(虛實)을 탐색하였다. 이에 초나라는 정예 부대는 물리고, 늙고 허약한 병사와 낡고 허름한 병기들만 드러내 보였다. 수나라는 초나라를 가벼이 여기며 방심하기 시작하였고, 얼마 후 초나라는 수나라를 멸망시켰다. 이는 곧 '장차 눌러 없애려면 반드시 먼저 일으켜 세워야 하는' 실례이다.

(4) 춘추시대 진(晉) 헌공(獻公)은 우(虞)나라를 멸망시킬 궁리를 하며, 먼저 우나라 왕에게 진귀한 옥그릇과 준마를 선물하며, 괵(虢)나라 정벌에 나서는 자국 군대에게 길을 좀 내어달라고 하였다. 우나라 왕은 선물 욕심에 그 요구를 수락하였다. 결국 진나라는 괵나라를 정벌하고, 돌아오는 길에 우나라를 멸망시켰다. 이는 곧 '장차 빼앗으려면 반드시 먼저 주어야 하는' 실례이다.

○ 한데 이상의 실례들을 보면, 피차간에 근본적인 차이를 발견하기 어려울 뿐만 아니라, 결국은 모두 음모와 술책이 아닌가 하는 생각을 하게 된다. 그래서인가 전국(戰國)시대 말엽의 한비자(韓非子)를 필두로 후세의 적지 않은 논자(論者)들이, 노자가 말한 '네 가지 처사 원칙'을 권모술수로 보는 견해를 피력하였다. 하지만 그들의 견해에는 『노자』 전편에서 어떠한 방증도 찾을 수 없다는 한계가 있어 설득력이 떨어진다.

사실 이 '네 가지 처사 원칙'은, 범응원(范應元)이 말한 대로, '만물 조화의 사라짐과 자라남, 참과 이지러짐의 운행〔造化消息盈虛之運〕'을 두고 이른 것일 뿐이다. 다시 말하면 노자는 만사 만물 변화 발전의 미묘한 법칙에 대한 분석과 통찰을 통해, 궁극에는 '부드럽고 약함이 굳세고 강함을 이긴다'는 관점을 정립하고 제시한 것이다. 더욱이 노자는 시종 끊임없이 '무위'의 정치를 주장해 왔거늘, 그런 그가 어찌 사람들에게 음모와 술책을 숭상하고, 권모술수를 부리라고 가르쳤겠는가?

제37장

도는 영원불변하고,[1] 오직 우주 만물의 자연적 변화 발전에 순응하며 무위하지만,[2] 세상의 어느 것 하나 이루어 내지 않는 것이 없다.[3] 만약 군왕이 능히 도를 지켜 무위하면, 만물[4]은 저절로 생장 변화할[5] 것이다. 다만 만물이 저절로 생장 변화하면서 사사로운 욕망이 일어나게 되면, 그땐 내가 본디 '무명(無名)한' 도의 질박함[6]으로 만물을 진정시킬 것이다. '무명한' 도의 질박함으로 진정시키면,[7] 만물은 결코 사사로이 욕심을 부리지 않을

---

1 영원불변하고 : 원문은 '상(常)'. *제32장 주석1 참조.

2 무위하지만 : 원문은 '무위(無爲)'. *제2장 주석10 참조.

3 세상의… : 원문은 '무불위(無不爲)'. 도의 본체는 허정(虛靜)하여 오직 자연 섭리에 순응해 만물을 창조할 뿐이며, 바로 그 때문에 '무위'라고 함. 한데 만물은 도에 의지하고, 도로 인하여 생성되므로, 또 '무불위'라고 하는 것임. 결국 '무위'는 도의 작용 방식을 두고 이르는 말이고, '무불위'는 도의 작용 효과를 두고 이르는 말임.

4 만물(萬物) : 여기서는 만물 가운데, 특히 만민(萬民), 만백성을 가리킴.

5 저절로 생장… : 원문은 '자화(自化)'. 그 본성에 따라 절로 생장 변화 번성함을 이름.

6 본디 '무명한'… : 원문은 '무명지박(無名之樸)'. 제32장에서 이르기를, "도는 영원불변하고, 이름도 없으며, 한없이 질박하다.〔道常無名, 樸〕"고 하였듯이, 여기서 '무명'은 도를 지칭하고, '박'은 도의 본질적 특성을 형용함.

7 '무명한' 도의… : 원문은 '진지이무명지박(鎭之以無名之樸)'. 통행본은 물론, 왕필본을 비롯한 고본에 모두 단지 '무명지박'으로만 되어 있어, 일각에서는 그 네 글자를 연문(衍文)으로 보고 삭제해야 한다는 주장을 내놓음. 하지만 백서을본에는 '진지이' 세 글자의 의미가 덧붙여져 있어 한결 문맥이 잘 통하므로, 그에 근거해 보충함. 까오 헝, 첸 꾸잉, 위 페이린 등도 모두 이처럼 백서본을 따름.

것이다.[8] 또한 만물이 사사로이 욕심을 부리지 아니하여 청정(淸靜)해지면,[9] 천하가 저절로 정도를 걷게[10] 될 것이다.

道常無爲而無不爲. 侯王若能守之, 萬物將自化. 化而欲作, 吾將鎮之以無名之樸. 鎮之以無名之樸, 夫將不欲. 不欲以靜, 天下將自正.

해설

이는 노자 『도덕경』의 상편(上篇)인 『도경(道經)』의 마지막 장(章)으로 특별한 의미를 갖는데, 노자는 첫 장에서 제시한 도(道)의 정신을 그의 이상 사회와 이상 정치에 적용해 구현하고자 함을 분명히 하였다. 다시 말해 노자는 철학적 개념으로서의 '무위'에 근거해, 정치적 이상으로서의 '무위'를 강력 주창한 것이다. 이른바 "도는 영원불변하고, 오직 우주 만물의 자연적 변화 발전에 순응하며 무위하지만, 세상의 어느 것 하나 이루어 내지 않는 것이 없다."

---

8 만물은 결코… : 원문은 '부장불욕(夫將不欲)'. '부'는 피(彼), 즉 저(멀리 떨어져 있는 대상을 가리키는 지시대명사)의 뜻으로, 만물을 지칭함. '부'가 일부 판본에는 '역(亦)'으로 되어 있으나, 옳지 않음. '불욕'은 왕필본에는 '무욕(無欲)'으로 되어 있음. 반면 백서본·부혁본 등 고본에는 '불욕'으로 되어 있고, 그것이 옳은 것으로 판단되어 그대로 고침.

9 청정해지면 : 원문은 '정(靜)'. 청정함, 곧 욕심이 없고 마음이 깨끗함으로, 여기서는 영정(寧靜)함(*제16장 주석2 참조)과 같은 말임.

10 저절로 정도(正道)를 걷게 : 원문은 '자정(自正)'. 통행본과 왕필본, 초간본에는 '자정(自定)'으로 되어 있음. 하지만 백서본은 물론, 부혁본 등의 당대 판본에는 모두 '자정(自正)'으로 되어 있고, 더욱이 제57장에서도 "아호정, 이민자정(我好靜, 而民自正)"이라 하여 '정(靜)'과 '정(正)'을 짝을 지어 언급하고 있음. 이로 미루어 『노자』 원문은 본디 '자정(自正)'이었을 것으로 보임. 그러므로 첸 꾸잉과 위 페이린 등이 그랬듯이, 백서본 등에 근거해 고침.

함은, 바로 노자가 말하는 도의 사상적 특성을 핵심적으로 개괄한 말이다.

그 같은 인식의 바탕 위에, 노자는 다시 현실 정치에 대해 유위(有爲)의 통치와 변혁을 반대하고, 무위이치(無爲而治, *제5장 「해설」 참조)의 구현을 주장하였다. 통치자는 스스로 도의 기본 정신을 충실히 체득 구현하려는, 무위와 무욕의 마음가짐으로, 백성에 대한 일체의 간섭을 줄여야 한다. 그렇게 하면 그들은 자연 섭리에 따라 절로 잘 살아갈 수 있게 된다. 또한 진실하고 질박한 민풍(民風)을 일으켜, 백성들이 어쩔 수 없이 갖게 되는 사사로운 욕망을 억제케 함으로써, 정상 궤도를 벗어나지 않게 한다. 통치자의 이러한 노력은 결국 백성들이 편안하게 살면서 즐거이 일하고, 국가 사회 전반에 정도가 행해지며, 안정과 번영을 노래하게 할 것이다.

하편下篇

덕경 德經

제38장

높은 덕을 체득한 사람[1]은 애써 덕을 베풀려고 하지 않나니,[2] 그러므로 진실로 덕이 있는 것이다. 반면 낮은 덕을 체득한 사람은 애써 덕을 베풀려고 하나니,[3] 그러므로 실상은 덕이 없는 것이다. 높은 덕을 체득한 사람은 만사를 무위자연의 섭리에 따르면서도, 애써 그렇게 하려는 마음을 가지고 있지 않다.[4] 반면 낮은 덕을 체득한 사람은 만사를 무위자연의 섭리에 따르면서, 애써 그렇게 하려는 마음을 가지고 있다.[5]

---

1 높은 덕을… : 원문은 '상덕(上德)'. 상덕지인(上德之人)의 뜻으로, 높은 덕을 갖춘 사람, 특히 군왕을 일컬음. 아래의 '하덕(下德)'·'상인(上仁)'·'상의(上義)'·'상례(上禮)'도 모두 이와 유사하게 풀이됨.

2 애써 덕을… : 원문은 '부덕(不德)'. 덕을 베풀지 않음. 또는 스스로 덕이 있다고 여기지 않음.

3 애써 덕을… : 원문은 '부실덕(不失德)'. 한시도 덕을 잃지 않는다는 뜻이니, 곧 애써 덕을 베풀거나, 또는 스스로 덕이 있다고 여긴다는 말임.

4 높은 덕을… : 원문은 '상덕무위이무이위(上德無爲而無以爲)'. '무위'는 무위자연을 말함. 임희일(林希逸)의 견해에 따르면, '이(以)'는 유심(有心), 즉 ~할 마음(생각)이 있음·일부러 ~하려고 함이니, '무이위'는 곧 무심이위지(無心而爲之), 즉 애써 그렇게 할 마음 없이 그냥 그렇게 함을 이름. 물론 여기서 '그렇게 함(爲之)'이란 앞에서 말한 '무위'를 두고 이르는 것이며, 유위(有爲)를 뜻하는 것은 아님.

5 낮은 덕을… : 원문은 '하덕무위이유이위(下德無爲而有以爲)'. 앞 주석에서 이른 대로, '이(以)'는 유심(有心)의 뜻이니, 여기서 '유이위'는 곧 처음부터 그렇게 할 마음을 가지고 그렇게 함을 이름. 결국 덕이 높은 사람과 덕이 낮은 사람은 공히 무위자연의 섭리를 따르지만, 전자는 시종(始終) 어떠한 의도나 목적 없이 그냥 절로 그렇게 하는 데 반해, 후자는 애초부터 일정한 의도와 목적을 가지고 그렇게 하는 것이 다르다는 말임. 한편 이 구절은

높은 인(仁)을 체득한 사람은 항시 인을 행하면서도, 애써 그렇게 하려는 마음은 없다.[6] 반면 높은 의(義)를 체득한 사람은 항시 의를 행하면서, 애써 그렇게 하려는 마음을 가지고 있다.[7] 또 높은 예(禮)를 체득한 사람은 힘써 예를 행하는데도 호응하는 이가 없으면, 팔을 걷어붙이고[8] 사람들을 잡아끌어 억지로 따르게 한다.

그러므로 도를 행할 수 없게 된 뒤에는 덕이 드러나고, 덕을 행할 수 없게 된 뒤에는 인이 드러나며, 인을 행할 수 없게 된 뒤에는 의가 드러나고, 의를 행할 수 없게 된 뒤에는 예가 드러

자구(字句)상 논란이 끊이지 않는데, 첫째 '무위'가 하상공본과 왕필본 등에는 '위지(爲之)'로 되어 있어 논란이 됨. 하지만 마기창(馬其昶), 첸 꾸잉 등이 이른 대로, '상덕(上德)'이든 '하덕(下德)'이든 모두 '무위'함은 한가지이나, '상덕'은 '부덕(不德)'하므로 '무이위'한 반면, '하덕'은 '부실덕(不失德)'하므로 '유이위'한 것임. 한데 만약 하상공본 등과 같이 '위지'라고 한다면, '상의(上義)' 구(句)와 같아져 우열이 없어지고, '하덕'의 조예가 오히려 '상인(上仁)'보다도 못하게 되어, 논리적 타당성을 결여함. 둘째, 백서갑을본에는 모두 이 구절 자체가 없어 논란이 됨. 이에 리우 띠엔쥐에(劉殿爵)는 왕필본 등의 논리적 모순을 거론하며, 『노자』 원문은 본디 백서본과 같았을 것이라고 함. 물론 그 주장에 상당한 설득력이 있기는 하나, 신중을 기할 필요도 있다는 생각에서, 일단은 마기창 등의 견해를 따르기로 함.

6 높은 인을… : 원문은 '상인위지이무이위(上仁爲之而無以爲)'. 곧 '상인(上仁)'은 지성(至誠)으로 인을 행하며 사람들을 교화(敎化)할 뿐, 어떠한 사심(私心)이나 목적도 없다는 말임.

7 높은 의를… : 원문은 '상의위지이유이위(上義爲之而有以爲)'. 곧 '상의(上義)'는 사전(事前)에 시비곡직을 따져 알맞고 마땅한 바를 행하면서, 그 나름의 준칙과 목적을 가지고 있다는 말임.

8 팔을… : 원문은 '양비(攘臂)'. 소매(팔)를 걷어붙임. 이는 분기(奮起)하거나 격앙함을 나타냄.

난다. 무릇 예란 결국 도(道)의 질박함이 희박해진 결과물로,[9] 진정 화란(禍亂)의 근원이다.[10]

선견지명(先見之明)이 있다는 지자(智者)[11]는, 단지 도를 허화(虛華)하게 타락시키면서[12] 진정 어리석음이 시작되게 한 것이다. 그러므로 대장부[13]는 처신 처사함에 도의 후박(厚樸)함[14]에 따

---

9 도(道)의 질박함이… : 원문은 '충신지박(忠信之薄)'. '충신'은 위 페이린이 이른 대로, 질박함을 가리키는 말로, 유가에서 말하는 충신과는 다름. 허룽이(賀榮一)가 '충'은 성(誠)의 뜻이고, '신'은 실(實)의 뜻이니, '충성'은 성실함을 이르는데, 성실함은 곧 단순 진실한 덕성으로, 또 박덕(樸德)이라고도 한다고 했는데, 그 역시 같은 맥락으로 이해됨. 아무튼 여기서 질박함이란 도의 본질적 특성을 형용하는 말인데(*제32장 주석3 참조), 도(道)에서 예(禮)에 이르기까지 변화되면 될수록 도에서 멀어지고, 또 그 순후 질박함을 잃어감. 그러므로 '예란 결국 도의 질박함이 희박해진 결과물'이라고 한 것임.

10 화란의 근원이다 : 원문은 '난지수(亂之首)'. '수'는 시작, 발단, 근원. 무릇 온갖 예(禮)의 표현은 곧 겉보기, 외관을 꾸미는 것이며, 그처럼 번거롭고 쓸모없는 예가 유행하면서 사람들의 질박한 본성이 사라지고, 허위와 기만이 성(盛)하게 됨. 그러므로 예가 '화란의 근원'이라고 한 것임.

11 선견지명이… : 원문은 '전식자(前識者)'. 선견지명이 있는 사람, 선지(先知)·선각자. 여기서는 특히 제례자(制禮者), 즉 예법을 제정한 사람을 가리킴. 범응원이 이른 대로, '전식'이란 선견(先見)과 같은 말임. 그리고 이 구절은, 곧 예를 제정한 사람들은 스스로 선견지명이 있다고 여긴 나머지, 예절에 관한 규칙과 규범을 제정해 인사(人事)의 준칙으로 삼았으나, 그것은 오히려 사람들로 하여금 질박함과는 멀어지고 문식(文飾, 실속 없이 겉만 그럴듯하게 꾸밈)만을 숭상하게 했다는 뜻을 표현한 것임.

12 도를 허화하게… : 원문은 '도지화(道之華)'. '화'는 허화(虛華)·부화(浮華), 즉 실속은 없고 겉으로만 화려함으로, 곧 부실(不實)함을 이름. 위 페이린은 '화'는 실(實)과 상대되는 말로, 표(表, 겉)·말(末, 끝)의 뜻이라고 했는데, 일리가 있음.

13 대장부(大丈夫) : 노자가 말하는 도를 추구하는 사람을 일컬음. 맹자가

를 뿐, 도의 경박함[15]은 추구하지 않으며, 도의 진실함[16]에 따를 뿐, 도의 허화함[17]은 추구하지 않는다. 그런 까닭에 사람은 누구나 경박하고 허화한 예를 버리고, 후박하고 진실한 도·덕을 취해야 한다.

上德不德, 是以有德; 下德不失德, 是以無德. 上德無爲而無以爲; 下德無爲而有以爲. 上仁爲之而無以爲; 上義爲之而有以爲. 上禮爲之而莫之應, 則攘臂而扔之. 故失道而後德, 失德而後仁, 失仁而後義, 失義而後禮. 夫禮者, 忠信之薄, 而亂之首. 前識者, 道之華, 而愚之始. 是以大丈夫處其厚, 不居其薄; 處其實, 不居其華. 故去彼取此.

해설

대도를 숭상한 노자는 무위자연을 추구하며, 유위(有爲)의 변혁을 반대하였다. 이 장 역시 그 같은 견지에서 제기된 노자의 중요한 정치 철학으로, 핵심은 예(禮)에 대한 비판이자 부정(否定)이다.

노자가 말하는 도는 우주 만물의 본원이요, 우주 만물의 운동과 변화의 법칙이다. 그리고 덕은 세상 만물이 도의 특성을 획득하고 부여받은 것인데, 그 특성은 바로 무위자연이다. 사람에게 있어 덕

말하는, 유가의 도를 추구하는 '대장부'(*『맹자』「등문공(滕文公)·하」 참조)와는 다름.

14 도의 후박함 : 원문은 '기후(其厚)'. 이는 상술한 '충신(忠信)', 즉 도(道)·덕(德)의 순후 질박함을 가리킴.

15 도의 경박함 : 원문은 '기박(其薄)'. 이는 상술한 예(禮)를 가리킴.

16 도의 진실함 : 원문은 '기실(其實)'. 이는 진실한 도와 덕을 두고 이르는 말임.

17 도의 허화함 : 원문은 '기화(其華)'. 이는 허화한 예를 두고 이르는 말임.

이란, 도의 본질적 원리와 정신을 깨닫고 따르며, 인생 만사에 응용함으로써 구현해 낸 공능(功能)을 말한다. 한 마디로 도는 덕의 본체이고, 덕은 도의 작용으로, 양자는 불가분의 관계에 있다. 노자는 또 덕을 상·하 두 등급으로 구분하였는데, 상덕은 무심(無心)의 발로인 반면, 하덕은 의도(意圖)를 내재하고 있다.

한편 당시 사람들은 대개 인의(仁義)와 예법에 얽매어, 그들의 의식과 가치관을 도덕의 경지까지 끌어올리지 못하고 있었다. 노자가 보기에, 인·의·예는 모두 도·덕이 사라지면서, 하덕으로부터 파생 출현한 인위적인 규범으로, 도의 원리나 정신과는 점차 멀어진 것이다. 특히 예는 일종의 강제된 행위로, 사람들에게 일정한 예법 제도와 행위 규범을 준수하도록 강요한다. 예는 비록 부덕(不德)·불인(不仁)·불의(不義)로 인한 잔학과 흉포(凶暴)·사기(詐欺)와 약탈 등의 악행을 겨냥해 제정된 것이지만, 그러한 사회 문제를 해결하기는커녕 오히려 사회의 모순과 혼란을 가중시켰을 뿐이다. 그리하여 선견지명이 있다는 통치자들이 창도(唱導)한 번거롭고 쓸모없는 예법은, 급기야 인성(人性)의 속박과 파괴를 가속화하는 가운데 갖가지 허위와 기만이 이어지고, 나아가 권력을 쟁취하고, 명예를 탐하는 도구로 전락하였다.

결론적으로 상고(上古) 사회의 도덕은 순후하고 질박한 것이었던 반면, 당시 예법 사회의 도덕은 이미 희박하고 허화한 지경에 이르렀던 것이다. "그런 까닭에 사람은 누구나 경박하고 허화한 예를 버리고, 후박하고 진실한 도·덕을 취해야 한다."는 게 노자의 생각이다.

제39장

그 옛날[1] '일(一)'[2], 즉 도를 얻은 예(例)는 이러하다. 하늘은 도를 얻어서 청명해졌고, 땅은 도를 얻어서 안정되었으며, 신[3]은 도를 얻어서 영험(靈驗)해졌고, 강[4]은 도를 얻어서 물로 가득 차게 되었으며, 만물은 도를 얻어서 생장하게 되었고, 군왕은 도를 얻어서 천하의 본보기[5]가 되었다.

이로부터 추측컨대[6] 만약 하늘이 청명해지지 못했다면 아마

---

1 그 옛날 : 원문은 '석(昔)'. 왕필이 '시(始)'로 풀이한 것처럼, 이는 시초, 애초, 즉 맨 처음을 이르는 말임. 이를 흔히 '예로부터'라는 뜻으로 옮기는데, 그것은 논리적으로 맞지 않음.

2 일(一) : 도를 비유 지칭함. 왕필이 이르기를, "'일'은 수(數)의 시작이고, 물(物)의 근본이다.〔一, 數之始而物之極也〕"라고 함. 노자는 곧 모든 수의 시작인 '일'로 만물의 근원인 '도'를 비유한 것임.

3 신(神) : 세속적인 신앙으로서의 신명(神明), 즉 천지(天地)의 신령을 일컬음. 까오 헝이 이른 대로, 노자가 말하는 신은 우주의 본체가 낳은 영물(靈物)일 뿐, 우주만물의 창조주는 아님.

4 강(江) : 원문은 '곡(谷)'. 본디 산곡(山谷, 산골짜기)을 이르나, 여기서는 하곡(河谷, 하천이 흐르는 골짜기)을 뜻하며, 모든 강을 통칭함.

5 본보기 : 원문은 '정(正)'. 모범, 본보기, 귀감. 또 전의(轉義)되어 군장(君長), 수령(首領), 우두머리. 왕필본에는 '정(貞)'으로 되어 있는데, 그 뜻은 '정(正)'과 같음. 왕염손(王念孫)은 '정(貞)'은 가차자(假借字)일 뿐이며, 응당 '정(正)'으로 써야 한다고 함. 까오 헝은 제45장의 '청정위천하정(淸靜爲天下正)'을 예로 들며, 왕염손의 주장에 동조함. 백서본과 하상공본을 비롯한 다수의 고본에도 모두 '정(正)'으로 되어 있음.

6 이로부터… : 원문은 '기치지야(其致之也)'. 통행본과 왕필본에는 '야' 자가 없으나, 어기(語氣)가 완비되지 못한 느낌이 있어, 백서본에 근거해 보충함. 까오 헝은 여기서 '치'는 추(推)와 같은 뜻으로, 아래와 같이 추론(推論)한다는 말이라고 함. 장 쑹루(張松如) 역시 이 구절은 아래의 말을 이끄는 것이

도 장차[7] 갈라져 버릴 것이고, 땅이 안정되지 못했다면 아마도 장차 허물어져 버릴 것이며,[8] 신이 영험해지지 못했다면 아마도 장차 사라져 버릴 것이고,[9] 강이 물로 가득 차지 못했다면 아마도 장차 완전히 말라 버릴 것이며, 만물이 생장하지 못했다면 아마도 장차 한 가지도 살아남지 못할 것이고, 군왕이 천하의 본보기가 되지 못했다면[10] 아마도 장차 몰락하고 말 것이다.[11]

지, 위의 말을 종합해 이르는 것이 아니라고 하며, 까오 헝의 견해에 동조함. 한편 옌 링펑(嚴靈峯)은 '치'는 지(至), 즉 (어떤 결과를) 낳다, 일으키다는 뜻이라고 하며, 이 구절은 곧 상술한 것은 모두 '일', 즉 도가 그렇게 한 것이라는 말이라고 함. 하지만 앞에서 이미 그 옛날 '일'을 얻은 예는 이러하다고 하며 서두를 열었는데, 뒤에서 또다시 종합 결론성의 구절을 덧붙이는 것은, 이미 한 말을 재차 되풀이하는 폐단이 있어, 적절치 못한 것으로 보임.

7 아마도 장차 : 원문은 '장공(將恐)'. 장차 아마도. '공'은 아마, 아마도의 뜻임.

8 허물어져… : 원문은 '폐(廢)'. 여러 판본에 모두 '발(發)'로 되어 있는데, 이에 대해 유사배는 '발'은 '폐'의 약자라고 하고, 옌 링펑은 '발'은 '폐' 자의 엄호〔广〕가 훼손돼 없어지면서 초래된 오자(誤字)라고 함. 한편 까오 헝과 위 페이린 등은 '발'은 '폐'의 통가자(通假字)라고 함. 이상의 주장에 근거해 '발'을 '폐'로 바로잡음.

9 사라져… : 원문은 '헐(歇)'. 그침, 멈춤. 여기서는 사라져 없어짐을 이름.

10 천하의 본보기가… : 원문은 '무이정(無以正)'. '정'이 통행본과 왕필본에는 '귀고(貴高)'로 되어 있고, 범응원본(范應元本)과 조지견본(趙至堅本)에는 '정(貞)'으로 되어 있음. 이에 범응원은 '고본이 이와 같다(古本如此)'고 하였고, 유사배, 역순정, 옌 링펑 등은 모두 전후 문맥의 일관성 측면에서 볼 때 분명 '정(貞)'이 옳다는 관점에서 이르기를, '귀'는 자형(字形)이 '정(貞)'과 비슷해 생긴 오류이고, '고'는 후세 사람이 아래의 '귀이천위본, 고이하위기(貴以賤爲本, 高以下爲基)' 두 구(句)를 보고 임의로 덧붙인 것이라고 함. 이들의 주장은 충분한 설득력이 있어 따르기로 하되, 다만 위 주석5와 같은 이유로 '정(貞)'을 '정(正)'으로 고침. 첸 꾸잉도 이와 같이 이해함.

무릇[12] 귀함은 천함을 근본으로 하고, 높음은 낮음을 기초로 한다.[13] 그러므로 군왕은 스스로 일컫기를[14] 고독하고 덕이 없는 사람이라는 뜻의 '고(孤)'나, 덕이 부족한 사람이라는 뜻의 '과(寡)', 혹은 선(善)하지 못한 사람이라는 뜻의 '불곡(不穀)'[15]이라 하거니, 이 어찌 천함을 근본으로 한 것이 아니겠는가? 그런 게 아닌가? 그러므로 최고의 칭송은 곧 칭송되지 않는 것이다.[16] 또

---

11 몰락하고… : 원문은 '궐(蹶)'. 넘어짐, 엎어짐. 곧 실각(失脚)함, 몰락함.

12 무릇 : 원문은 '고(故)'. 이를 '그러므로'의 뜻으로 보면 문맥상 적절치 않은데, 위 페이린은 '부(夫)'와 같은 발어사라고 하고(*제29장 주석7 참조), 까오 헝은 연문(衍文)으로, 후세 사람이 덧붙인 것이라고 함. 일단 위 페이린의 견해를 따름.

13 귀함은 천함을… : 원문은 '귀이천위본, 고이하위기(貴以賤爲本, 高以下爲基)'. 곧 '귀'와 '천', '고'와 '하〈즉 비(卑)〉'는 서로 대비되는 관계에서 그 위상이 결정된다는 말임. 다시 말해 나의 고귀함은 다른 사람의 비천함을 바탕으로 한다는 것이니, 만약 다른 사람의 비천함이 없다면 내가 어떻게 고귀해질 수 있겠는가? 이 같은 이치를 안다면, 고귀한 이는 절대로 거만해서는 안 된다는 것임.

14 스스로… : 원문은 '자칭(自稱)'. 왕필본에는 '자위(自謂)'로 되어 있으나, 범응원본과 임희일본(林希逸本) 등과 응당 '자칭'으로 써야 한다는 역순정의 주장에 근거해 고침.

15 고(孤)·과(寡)·불곡(不穀) : 까오 헝은, 고대 군왕의 이 세 가지 자칭은 도가사상의 영향을 받은 것으로 보이나, 사실상 모두 기만적인 겸사(謙辭)라고 함.

16 최고의 칭송은… : 원문은 '지예무예(至譽無譽)'. 하상공본에는 '치수거무거(致數車無車)'로 되어 있고, 왕필본에는 '치수여무여(致數輿無輿)'로 되어 있는데, 둘 다 의미상 자연스럽지 못해 이해하기 어려움. 고연제(高延第)와 까오 헝, 첸 꾸잉 등의 견해를 종합하면, '치'는 '지(至)'의 통가자(通假字)로, 백서을본에는 '지'로 되어 있음. '수'는 연문으로, 응당 삭제해야 함. '여'는 '예'의 잘못으로, 부혁본을 비롯한 다수의 판본에는 모두 '예'로 되어 있

한 그렇기 때문에 사람은 옥처럼 영롱하기를 바랄 것이 아니라, 차라리 돌처럼 투박하기를 바라야 할 것이다.[17]

昔之得一者: 天得一以清, 地得一以寧, 神得一以靈, 谷得一以盈, 萬物得一以生, 侯王得一以爲天下正. 其致之也, 天無以清, 將恐裂; 地無以寧, 將恐廢; 神無以靈, 將恐歇; 谷無以盈, 將恐竭; 萬物無以生, 將恐滅; 侯王無以正, 將恐蹶. 故貴以賤爲本, 高以下爲基. 是以侯王自稱孤寡不穀. 此非以賤爲本邪? 非乎? 故至譽無譽. 是故不欲琭琭如玉, 珞珞如石.

해설

노자는 우선, 우주의 본원이자 천지 만물 생장의 근원으로서, 도가 갖는 더할 나위 없이 중요한 존재 의의를 역설하였다. 하늘, 땅, 신, 강, 만물, 그리고 군왕은 모두 도에서 기원하였을 뿐만 아니라, 도의 원리와 기운을 얻음으로써 비로소 안정적으로 존재하며, 나

음. '거'는 '여'(수레)로 인해 빚어진 오자(誤字)임. 그리고 무엇보다 『장자』「지락편(至樂篇)」에서 노자의 말을 인용해 이르기를, '지예무예'라고 하였으니, 분명 『노자』 원문이라 할 것임. 따라서 그에 근거해 고침. '예'는 찬예(讚譽)·칭예(稱譽), 즉 칭송함, 찬미함. 이 구절의 의미는 제17장에서 "가장 훌륭한 군주는, 백성들이 그가 있다는 사실조차 알지 못한다. 그 다음 등급의 군주는, 백성들이 그를 친애하고 찬미한다."고 한 것과 연관 지어 보면, 쉽게 이해가 됨.

17 사람은 옥처럼… : 이 두 구절은 영롱한 옥처럼 사람들의 애호와 중시(重視)를 받기보다는, 차라리 투박한 돌처럼 사람들의 관심과 주목은 받지 못하지만, 묵묵히 그리고 견실히 제 역할을 하는 것이 중요하다는 뜻을 표현함. '녹록(琭琭)'은 녹록(碌碌)과 같음. 옥석(玉石)이 아름다운 모양. '낙락(珞珞)'은 낙락(落落)과 같음. 옥석이 단단한 모양.

름의 속성을 이루고 발휘할 수가 있다. 이처럼 천지 만물이 존재하며 제 역할과 기능을 다하기 위해 도에 의지하는 것은, 절대적이요 필수불가결한 것이다.

이 같은 견지에서 노자는 또, 특히 군왕은 도의 본질적 특성인 겸비(謙卑, 겸손하게 자기를 낮춤)의 정신을 적극 배양 실천해야 함을 강조하였다. 난세를 산 노자의 고민은 물론 구세(救世)에 있었다. 만백성의 삶에 절대적 영향을 미쳤던 군왕에 대해 특별한 요구를 하는 것은 바로 그 때문이다. 일국의 군왕은, 그 존귀함과 굳건함의 근본과 기초는 바로 빈천한 만백성이란 사실을, 직시하고 통찰하여야 한다. 그리하여 항상 겸허히 '처하(處下, 아래에 처함)' · '거후(居後, 뒤에 자리함)'하며, 묵묵히 제 역할을 다하여야 한다. 이른바 '백성들이 그가 있다는 사실조차 알지 못하는' '가장 훌륭한 군주'(* 제17장 참조)란 바로 이런 사람일 것이다.

제40장

순환 반복[1]이 도의 운행[2]이요, 겸허 유약(柔弱)[3]이 도의 작용이다. 천하 만물은 유(有)[4]에서 생겨나고, 유는 무(無)[5]에서 생겨난다.

反者道之動; 弱者道之用. 天下萬物生於有, 有生於無.

---

1 순환 반복 : 원문은 '반(反)'. 이는 첫째 상반상성(相反相成), 즉 서로 대립 배척하면서도 서로 보충 완성함을 이르는데, 예를 들면 제2장에서 아름다움과 추함, 선함과 악함 운운한 것과 같음. 둘째 반본복초(返本復初), 즉 본원과 시초로 되돌아감〈이때 '반'은 반(返)과 통함〉, 곧 순환 반복을 이름. 그리고 양자 가운데서는, 후자가 보다 근원적이면서 궁극적인 의의를 띰. 곧 제16장에서 "우주 만물은 모두 함께 어우러져 나고 자라는데, 우리는 그 가운데서 순환 반복의 법칙을 보게 된다."고 한 것과 같음.

2 운행 : 원문은 '동(動)'. 여기서는 운행, 즉 도가 그 원리와 법칙에 따라 운동하는 일을 이름.

3 겸허 유약 : 원문은 '약(弱)'. 유약함. 다만 여기서는 모든 소극적이고 좋지 않은 측면, 예를 들면 빔〔虛〕·고요함〔靜〕·낮음〔卑〕·아래〔下〕·물러남〔退〕·뒤〔後〕 등등을 대표하는 말임. 그 때문에 번역문에 '겸허'란 말을 덧붙임.

4 유(有) : 이는 제1장에서 말한 만물의 어머니로서의 '유'와 같은 것으로, 초현상계의 형이상적(形而上的)인 도(道)를 지칭함.(*제1장 주석6과 「해설」 참조) 따라서 제2장 '유무상생(有無相生)'과 제11장 '유지이위리(有之以爲利)'의 '유'가 현상계의 구체적 존재물을 이르는 것과는 다름.

5 무(無) : 이는 제1장에서 말한 천지의 시원으로서의 '무'와 같은 것으로, 초현상계의 형이상적인 도를 지칭함.(*제1장 주석6과 「해설」 참조) 따라서 제2장 '유무상생'과 제11장 '무지이위용(無之以爲用)'의 '무'가 현상계의 비구체적 존재물을 이르는 것과는 다름.

해설

노자는 여기서 도(道), 좀 더 구체적으로 말하면 곧 도의 본체는, 천하 만물 생성과 변화 발전의 근원임을 다시 한 번 강조하면서, 그 운행(운동)과 작용의 속성을 설명하였다. 한 마디로 천지 만물의 화육(化育)은 도 본체의 원리와 법칙에 근거한 그 운행과 작용의 결과이며, 도의 본체는 곧 그 운행과 작용에 의해 자신의 존재를 드러낼 따름이다.

도의 운행은, 세상 만물이 서로 대립하면서도 서로 보완케 하고, 또 궁극에는 그 본원과 시초로 되돌아가게 하는, 순환 반복의 법칙에 따른다. 그리고 이 같은 도의 운행 과정에, 도는 줄곧 겸허하면서도 유약한 방식으로 작용하게 되며, 따라서 만물은 도의 무위(無爲)한 보조(輔助)를 받으며 절로 생장하면서, 추호의 외력(外力), 즉 외부에서 가해지는 어떠한 힘도 느끼지 못하게 된다. 한편 '겸허 유약이 도의 작용'이라 함은 또 노자 인생철학의 중요한 명제이기도 하다. 다만 그것은 결코 사람들이 생각하는 만큼 그렇게 소극적이지 않으며, 오히려 우리네 인생 속에서 대단히 적극적인 의의를 띤다. 그러므로 노자는 허정(虛靜)과 무위를 숭상하며, '부드럽고 약함이 굳세고 강함을 이긴다'(제36장)는 것을 확신하고 중시한다.

그리고 노자는 또 '유'와 '무'의 개념을 빌려, 도야말로 진정 천하 만물 생성의 근원임을 분명히 하였다. 특히 "'유'는 '무'에서 생겨난다."는 그 한 마디는, 도의 다른 이름인 '무'와 '유'의 관계를 명확히 함으로써, 노자가 말하는 도의 체계와 맥락을 이해하는 데 핵심적 실마리를 제공했다는 점에서 더없이 중요한 의미를 갖는다.

제41장

상등 선비[1]는 도를 들으면 그것을 부지런히 실행하고, 중등 선비는 도를 들으면 긴가민가하며,[2] 하등 선비는 도를 들으면 그것을 크게 비웃나니,[3] 만약 그네들에게 비웃음을 사지 않는다면 도라고 하기에는 부족함이 있다.[4]

그러므로 옛 격언[5]에 이런 말이 있다. "밝은 도는 일견 어두운 듯하고, 앞으로 나아가는 도는 일견 뒤로 물러나는 듯하며, 평탄한[6] 도는 일견 험난한[7] 듯하다. 높은 덕은 오히려 낮은 골짜기

---

1 선비 : 원문은 '사(士)'. 이는 본디 주대(周代) 귀족 가운데 가장 낮은 계층을 일컬었으나, 춘추 전국시대에 이르러서는 남다른 견문 지식이나 기예(技藝)를 가진 사람에 대한 통칭이 됨. 여기서는 당시의 학자, 지식인을 이름. 노자는 이들을 또 그 재학(才學)이나 도에 대한 이해와 관심의 정도에 따라 상・중・하 세 등급으로 나눔.

2 긴가민가하며 : 원문은 '약존약무(若存若亡)'. 약유약무(若有若無)와 같음. 도의 존재에 대해 있는 것 같기도 하고 없는 것 같기도 하며, 또 도의 사상과 정신에 대해 그런 것 같기도 하고 그렇지 않은 것 같기도 하다는 말로, 곧 반신반의하고 긴가민가함을 이름.

3 크게 비웃나니 : 원문은 '대소지(大笑之)'. 하등 선비는 식견이 천박해, 도가 무엇인지 도무지 알지 못하므로, 그저 터무니없고 허황된 소리라고 생각해 크게 비웃는다는 말임. '지'는 도를 가리킴.

4 만약 그네들에게… : 이는 아주 일반적인 이치라면, 하등의 선비들도 충분히 이해가 되어 결코 비웃지 않겠지만, 그러한 것은 도라고 하기에는 고원(高遠)함과 심오함이 부족하다는 말임.

5 옛 격언 : 원문은 '건언(建言)'. 옛사람이 입언(立言)한 말이란 뜻으로, 여기서는 당시에 널리 알려진 격언 따위를 가리킴. '건'은 입(立)의 뜻임. 한편 까오 헝은 이를 책 이름일 것이라고 함.

6 평탄한 : 원문은 '이(夷)'로, 평(平)의 뜻임.

7 험난한 : 원문은 '뢰(纇)'로, 불평(不平)의 뜻임. 곧 기구(崎嶇)함, 험난함

이듯 하고, 지극히 깨끗한 것은 오히려 때가 묻은 듯하며,[8] 넓은 덕은 오히려 부족한 듯하다. 굳센[9] 덕은 오히려 힘없고 약한[10] 듯하고, 지극히 진실한 것은 오히려 공허한 듯하다.[11] 한없이 큰 정방형(正方形) 물체는 오히려 모서리가 없고, 한없이 큰 그릇은 오히려 정해진 꼴이 없으며,[12] 한없이 큰 소리는 오히려 그 소리

을 이름. 하상공본과 백서을본에는 '류(類)'로 되어 있는데, 까오 헝은 '뢰'는 본자(本字)이고, '류'는 가차자(假借字)라고 함.

8 지극히 깨끗한… : 원문은 '대백약욕(大白若辱)'. '욕'은 때가 묻음, 더러움. 까오 헝과 장 쑹루는 설득력 있는 이유를 들어 이 구절을 착간으로 보고, 응당 '대방무우(大方無隅)' 구(句) 앞으로 옮겨야 한다고 함. 다만 『장자』 「우언편(寓言篇)」에서 인용하기를, '대백약욕, 광덕약부족(大白若辱, 廣德若不足)'이라 하고 있어, 일단은 현행 통행본을 그대로 따름.

9 굳센 : 원문은 '건(建)'. 건(健)과 통함. 강건함, 굳셈.

10 힘없고 약한 : 원문은 '투(偸)'. 타(惰)의 뜻으로, 게으름, 나태함. 여기서는 전의되어 허약함. 까오 헝은 이를 유(嬬)의 가차자로 보고, 유약(柔弱)함의 뜻이라고 함.

11 지극히 진실한… : 원문은 '질진약유(質眞若渝)'. '질'은 유월이 이른 대로, 지(至)와 통함. '유(투)'는 까오 헝이 이른 대로, 유(窬)의 가차자로, 속이 빔, 공허함의 뜻임. 일설에는 변한다는 뜻으로, 그 진실함을 잃어 감을 가리킨다고 함. 한편 유사배는 '진'을 '덕(德)'의 잘못일 것으로 의심했는데, 그 이유는 '덕'의 정자(正字)가 '덕(悳)'인 까닭에 글자꼴이 비슷해서 그렇게 되었을 것이라고 함. 하지만 장 쑹루는 '질진'은 '대백(大白)'과 대(對)를 이루며 그 글의 뜻이 아주 분명하므로, 굳이 글자꼴이 비슷해서 잘못된 것으로 볼 필요가 없다고 함. 두 주장에 모두 일리가 있는 데다 확증이 없으므로, 일단 통행본을 그대로 따르기로 함. 한편 '질진'을 흔히 질박하고 순진함의 뜻으로 풀이하나, 앞뒤의 여러 구절에서 모두 앞의 글자가 뒤의 글자를 수식하는 관형어로 쓰인 점에 비춰보면, 문맥의 일관성에 어긋나, 적절치 않음.

12 한없이 큰 그릇은… : 원문은 '대기만성(大器晩成)'. 이는 흔히, 널리 알려진 대로, 큰(진귀한) 그릇은 오랜 시간 공을 들여서야 비로소 만들어진다

를 들을 수 없고,[13] 한없이 큰 모양은 오히려 그 모양을 볼 수 없다." 도는 은미(隱微)하여 어떠한 이름도 없지만,[14] 오직 도만이 능히 만물을 낳고,[15] 만물을 장성(長成)케 한다.

上士聞道, 勤而行之; 中士聞道, 若存若亡; 下士聞道, 大笑之, 不笑不足以爲道. 故建言有之: "明道若昧, 進道若退, 夷道若纇. 上德若谷, 大白若辱, 廣德若不足. 建德若偷, 質真若渝. 大方無隅, 大器晚成, 大音希聲, 大象無形." 道隱無名, 夫唯道, 善貸且成.

는 뜻으로, 큰 인물은 장기간의 연마(鍊磨)를 거쳐 늦게 성과를 내게 됨을 비유하는 것으로 이해함. 까오 헝은 또 이는 성인(聖人)은 노년이 되어서야 비로소 성인이 됨을 비유한다고 함. 한데 이 같은 풀이는 앞뒤 문맥의 일관성에도 맞지 않고, 게다가 여기서 '대기'는 곧 도를 비유한다는 점을 상기한다면, 더욱 적절치 않음. 결국 관건은 '만' 자(字)의 풀이인데, 첸 쭈(陳柱)는 '만'은 면(免)의 가차자(백서을본에는 '면'으로 되어 있음)로, 무(無)의 뜻이라고 함. 위 페이린도 이에 동조하였는데, 첸 쭈의 견해에 의거하면 글의 뜻이 한결 잘 통하고, 노자 사상의 정신이 두드러지므로, 그대로 따르기로 함. '만성', 즉 무성(無成)은 곧 고정되거나 일정한 형상(꼴) 내지 용도(쓰임새)가 없다는 말임.

13 그 소리를… : 원문은 '희성(希聲)'. 곧 무성(無聲). *제23장 주석1 참조. 다만 제14장에서는 또 "(도는) 들어도 들리지 않으니 '희(希)'라 한다." 하였으니, '그 소리를 들을 수 없다'라고 옮김.

14 은미하여… : 원문은 '은무명(隱無名)'. 이는 곧 제14장에서 대도의 특성을 형용해, "한없이 은미하고 현묘하여 뭐라고 이름할 수도 없다.〔繩繩不可名〕"라고 한 것과 같은 말임. '은'은 은미함, 즉 겉으로 잘 드러나지 않고 어렴풋함.

15 만물을 낳고 : 원문은 '대(貸)'. (은혜를) 베풂. 곧 도가 만물을 낳음을 이르는 것으로 이해됨. 일설에는 돕는다, 돌봐준다는 뜻으로 풀이하기도 하나, 뒤의 '성(成)', 즉 장성케 한다는 말에 이미 그 뜻이 내포되어 있으므로, 재론의 여지가 있음.

해설

노자가 말하는 도는 심오하기 그지없는 데다 그 드러남 또한 결코 일반적이지 않다. 그렇기 때문에 사람들이 이해하기에는 상당한 어려움이 있다. 노자는 여기서 옛 격언을 인용해, 도의 그 같은 특성을 설명하고 있는데, 도의 내재적 속성과 그 작용이자 드러남인 외형적 덕(德, *제21장 주석1과 「해설」 참조)은, 그야말로 상반되고 상이한 경향과 취향을 보인다. 도는 본시 밝고, 앞으로 나아가며, 평탄하지만, 사람들에게는 오히려 어둡고, 뒤로 물러나며, 험난하다는 느낌을 준다. 또한 덕은 본시 높고, 깨끗하며, 넓고, 굳세며, 진실하지만, 사람들에게는 오히려 낮고, 더러우며, 부족하고, 힘없으며, 공허하다는 느낌을 준다. 그리고 도는 또 '대방(大方)', '대기(大器)', '대음(大音)', '대상(大象)'으로 비유될 정도로, 실로 그 참모습을 헤아리기 어렵다. 하지만 우주 만물 생장의 본원으로서 그 의의와 위상은 진정 숭고하고 위대하다.

아무튼 노자는 결국 도야말로 인간 심성(心性) 수양의 최고의 경지임을 강조하고 있음이니, 바로 이 같은 맥락에서 노자의 인생철학에서는 허정(虛靜)함이 욕망함을 이기고, 유약함이 강건함을 이기며, 무위함이 유위함을 이긴다는 주장이 나오게 된 것이다.

한데 오직 상등 선비만이 도의 진가를 알고 절실히 추구하며 진실히 깨달아 힘써 실행하는 등, 사람의 지적 자질이나 식견에 따라 도에 대한 인식이나 수용에도 차이를 보인다는 게 노자의 생각이다. 우리는 어떤가? 정도(正道)와 진리 앞에서 얼마나 진정성을 가지고, 능동적이고 적극적인 태도를 취하고 있는가? 가슴이 찔린다.

제42장

도의 본체인 무(無)는 유(有)를 낳고,[1] 유는 음과 양 두 기운[2]을 낳으며, 음양의 기운은 서로 결합해 두 기운이 지극히 조화로운 상태[3]를 이루고, 음양 화합의 지극히 조화로운 상태는 우주 만물을 낳는다. 만물은 음기를 등에 업고, 양기를 품에 안고 있는

---

1 도의 본체인… : 원문은 '도생일(道生一)'. 이는 자못 난해한 구절로, 그 풀이에 설득력을 갖게 하기는 쉽지 않음. 왜냐하면 노자의 사상 체계에서 '일(一)'은 곧 도를 지칭하는 것으로 알려져 있는데(*제39장 주석2 참조,), "도가 일을 낳는다."고 하였으니, 이해가 쉽게 될 리가 없기 때문임. 하여 이를 "도는 바로 태일(太一)이다."(까오 헝) "도는 유일무이(唯一無二)한 것이다."(첸 꾸잉) "도는 그 자신을 낳는다."(리우 쿤성) "도의 본시(本始) 상태는 혼돈의 '일'이다."(쑨 이카이) 등등으로 풀이하기에 이름. 반면 위 페이린은, 노자가 '도는 일을 낳고,' '무는 유를 낳는다'(*제40장 참조)고 하였고, 장자는 또 '무는 일을 낳는다'(*『장자』「천지(天地)」 참조)고 하였으니, 결국 도는 곧 무이고, 일은 곧 유라고 풀이함. 다시 말해 '도생일'은 곧 '무생유(無生有)'와 같은 말이란 얘기임. 이 같은 위 페이린의 견해는, 무와 유는 도의 다른 이름으로, 무는 도의 본체를, 유는 도의 작용을 두고 이르는 것(*제1장 주석6 참조)이라는 노자 우주론의 체계와도 완전히 일치하는 것으로, 충분한 설득력이 있어, 따르기로 함.

2 음과 양 두 기운 : 원문은 '이(二)'. 곧 음양(陰陽) 이기(二氣)를 이름. 일설에는 천지(天地)를 이른다고 하는데, 그것은 천지가 각각 양과 음의 시원적(始原的) 대표자로서 도보다는 나중이지만, 만물보다는 먼저 존재한 것이라는 전통적 관점에 입각하고 있을 따름임.

3 두 기운이 지극히… : 원문은 '삼(三)'. 전통적으로 두 가지 견해가 있으니, 하나는 음양의 두 기운이 서로 결합해 형성된 하나의 균일하고 조화로운 상태를 일컫고, 다른 하나는 음양의 두 기운이 서로 결합해 생성된 제삼의 기운, 즉 화기(和氣)를 일컬음. 다만 여기서는 만물 생성 이전의 상태를 말하므로, 전자로 이해함이 적절할 것임.

데,[4] 음양의 두 기운이 서로 부딪치고 격동(激動)해 마침내 지극히 조화롭고 통일된 화기(和氣)를 이룬다.[5]

사람들이 싫어하는 것이 유독 고독한 사람과 덕이 부족한 사람, 선하지 못한 사람[6]이거늘, 천자와 제후들은 그런 이를 가리키는 말로 스스로를 일컫는다.[7] 그러므로 만사 만물은 혹은 손해를 보는 것 같은데 실제로는 이익이 되기도 하고, 혹은 이익을 보는 것 같은데 실제로는 손해가 되기도 한다.[8] 옛날 사람들이 가르친 것[9]을, 나 또한 다른 사람들에게 가르칠 것이나니, "강포(强暴)한 자는 제명에 죽지 못한다."[10] 나는 이 말을 가르침

---

4 음기를 등에… : 원문은 '부음이포양(負陰而抱陽)'. 배음이조양(背陰而朝陽)과 같은 뜻으로, 만물 생성 이후의 상태를 묘사하며, 곧 음양 이기(二氣)가 만물을 구성하는 원소(元素)라는 말임.

5 음양의 두 기운이… : 원문은 '충기이위화(沖氣以爲和)'. '충'은 『설문해자(說文解字)』에서 '용솟음치며 흔들림〔涌搖〕'의 뜻이라고 하였으니, 여기서는 곧 부딪쳐 격동함을 이름. 이 '충'은 제4장 '도충(道沖)'의 '충'이 '충(盅)'의 가차자인 것과는 다름. '기'는 음양 이기를 가리킴. '화'는 화기, 즉 음양 이기가 서로 부딪치고 격동하며 마침내 지극히 조화롭고 통일된 상태를 형성한 기운을 이름. 이는 전후 문맥상, 만물이 생성된 이후의 그 사물이 함축하고 있는 기운을 이르는 것으로 이해됨.

6 고독한 사람과… : 원문은 '고(孤)'·'과(寡)'·'불곡(不穀)'. *제39장 참조.

7 스스로를… : 원문은 '자칭(自稱)'. '자'가 왕필본에는 '위(爲)'로 되어 있으나, 백서본과 부혁본에 근거해 고침.

8 만사 만물은… : 이는 곧 제58장에서 말한 "화는 복이 기대어 있는 것이요, 복은 화가 숨어 있는 것이다."와 같은 의미이니, 예를 들면 군왕이 스스로를 '고'·'과'·'불곡'이라 일컫는 것은 언뜻 손해를 보는 것 같지만, 실제로는 큰 이득이 된다는 말임.

9 옛날 사람들이… : 원문은 '인지소교(人之所教)'. 이는 곧 아래의 '강포한 자는…' 구(句)를 가리킴. '인'은 고인(古人)을 이름.

의 근본으로 삼을 것이다.

道生一, 一生二, 二生三, 三生萬物. 萬物負陰而抱陽, 沖氣以爲和. 人之所惡, 唯孤寡不穀, 而王公以自稱. 故物或損之而益, 或益之而損. 人之所教, 我亦教之: "强梁者不得其死." 吾將以爲教父.[11]

해설

노자는 여기서 우선 우주론을 설파하고 있는데, 이는 제40장에서 말한 "천하 만물은 '유'에서 생겨나고, '유'는 '무'에서 생겨난다."는 이론을 부연 설명한 것이나 다름이 없다. 곧 도의 본체인 무로부터 발동해 유를 거쳐 음양으로 진전 분화(分化)한 후, 마침내 음양의 두 기운이 결합해 지극히 조화로운 상태를 이룸으로써 만물을 생성하게 된다는 것이니, 이는 우주 만물의 본원으로서 도가 갖는 존재 의의와 위상을 단적으로 말해준다. 또한 음과 양은 우주

---

10 강포한 자는… : 원문은 '강량자부득기사(强梁者不得其死)'. 이는 주대(周代)의 「금인명(金人銘)」임. 『공자가어(孔子家語)』「관주편(觀周篇)」에 따르면, 공자가 후직(后稷)의 사당에 들어갔을 때, 전당(殿堂) 우측 계단 앞에 '금인', 즉 사람 동상(銅像)이 있었고, 그 등에 새겨진 명문(銘文)에 이 구절이 있었다고 함. 노자는 바로 그 명문을 인용한 것임. 그러므로 앞 주석에서 이른 대로, '인'은 옛날 사람을 지칭하는 것으로 이해됨. '강량'은 강포함, 횡포(橫暴)함. 여기서는 애써 진취하고, 급급(汲汲)히 유위(有爲)함을 비유함.

11 인지소오~오장이위교부(人之所惡~吾將以爲教父) : 이 단락은 제39장의 착간(錯簡)일 가능성이 제기되고 있는데, 첸 쭈, 옌 링펑, 첸 구잉 등이 모두 문맥상 앞 단락과는 무관한 반면, 오히려 제39장과 연관성이 있는 점을 이유로 들어, 이 같은 주장을 함. 물론 설득력은 있으나, 일단은 신중을 기해 여러 판본을 그대로 따름.

만물의 이대(二大) 구성 요소로서, 만물에 내재하며 피차간의 일정한 대립과 갈등을 극복하고, 지극히 조화롭고 통일된 기운을 형성하게 된다. 결국 우주 만물은 음양 화합의 산물이자, 음양 조화의 통일체라 할 것이다.

후반 단락에서 노자는 인생론을 설파하고 있는데, 그것은 곧 겸허 유약(柔弱)한 도의 본질과 정신에 입각하고 있음을 알 수 있다. 곧 존귀하기 그지없는 군주가, 오히려 스스로를 지극히 겸허히 일컫는 사실과, '강포한 자는 제명에 죽지 못한다.'는 경구(警句)를 거론하며, 사람이 처신 처세함에 있어 오로지 겸허히 물러나며 부드럽고 약하게 무위(無爲)할 때, 비로소 도의 정신에 맞아 스스로를 보전하고 천수를 다할 수 있음을 일깨워 준다.

제43장

천하에서 가장 부드럽고 약한 것[1]이 천하에서 가장 단단하고 강한 것[2]을 지배한다.[3] 무릇 아무 형체도 없는 것[4]이 어떤 틈도 없는 것[5]을 뚫고 들어가나니, 나는 그래서 '무위'가 이롭다는 것을 알게 되었다. 한데 '불언(不言)'의 가르침[6]과 '무위'의 이로움을, 세상 사람들 가운데 제대로 행할 수 있는 이는 극히 드물다.[7]

---

1 가장 부드럽고… : 원문은 '지유(至柔)'. 곧 물〔水〕이나 기(氣) 같은 것을 이름. 노자는 가장 부드럽고 약한 것이 사실은 가장 강인하고 강력하다고 여겼는데, 이른바 '낙숫물이 댓돌을 뚫는다.'는 것은 바로 그 같은 이치를 실증함. 왕필은, "기는 들어가지 않는 곳이 없고, 물은 지나가지 않는 곳이 없다.〔氣無所不入, 水無所不經〕"라고 했는데, 이는 곧 도를 물과 기에 비유해 그 특성을 설명한 것임.

2 가장 단단하고… : 원문은 '지견(至堅)'. 곧 쇠〔金〕나 돌〔石〕 같은 것을 이름. 노자는 '지견'함은 단지 표면적인 현상일 따름이며, 실상은 결코 그렇지 않다고 여김.

3 지배한다 : 원문은 '치빙(馳騁)'. 말을 빨리 몲. 여기서는 마음대로 부림, 지배함, 이김을 뜻함.

4 아무 형체도… : 원문은 '무유(無有)'. 무형(無形)의 물질. 이는 상술한 '지유'에 상응하는 것으로, 곧 도를 가리킴. '유'는 형상, 형체를 이름.

5 어떤 틈도… : 원문은 '무간(無間)'. 벌어진 틈이 없이 지극히 알찬 물체. 이는 상술한 '지견'에 상응하는 것으로, 곧 만물을 가리킴. '간'은 간극(間隙), 즉 틈을 이름.

6 '불언'의… : 원문은 '불언지교(不言之敎)'. *제2장 참조.

7 극히 드물다 : 원문은 '희(希)'. 희(稀)와 같음. 드묾, 적음. ○이 구절〔天下希及之〕을, 어떤 이는 '천하에 이에 비할 수 있는 것은 드물다'는 뜻으로 풀이함. 한데 노자의 사상에서 '불언'과 '무위'는 그야말로 최상의 지향임을 감안한다면, '드물다'가 아니라 응당 '아무것도 없다'고 해야 옳을 것임. 다시 말해 여기서 노자는 '드물다'는 뜻을 분명히 하였으니, 이는 필시 그 두 가지

天下之至柔, 馳騁天下之至堅. 無有入無間, 吾是以知無爲之有益. 不言之教, 無爲之益, 天下希及之.

해설

노자는 여기서 유약(柔弱)함의 작용과 무위의 효과를 강조하며, 사람들에게 인생의 이치를 일깨워 주고 있다. 노자는 본디 물의 덕성을 한껏 높이 샀는데(*제8장 참조), 물은 유약함의 표본이다.(*제78장 참조) 물은 그야말로 자연 순리에 따르며, 기꺼이 낮고 천한 곳에 처한다. 한데 그런 물의 힘은 오히려 무궁무진하여, 땅을 가름은 물론 심지어 바위를 뚫는다. 이 같은 자연 현상은 결국 대도의 본질이자 기본 정신, 즉 물러남으로써 나아가는 '무위'의 특성을 여실히 보여준다. 이에 노자는 '부드럽고 약함이 굳세고 강함을 이긴다'(제36장)는 이치를 깨달았고, 또한 나아가 사람이 나라를 다스리고, 가정을 이끌며, 세상에서 처신 처사함에 있어, 무엇보다 유약 무위함이 최상의 방책이라는 결론에 이르렀다. 하지만 세상 사람들은 대개 천단(淺短)한 안목과 식견으로, 강경(剛勁) 유위함을 고집하며 눈앞의 성과와 이익에 급급하고 있으니, 어찌 노자의 이 같은 가르침을 제대로 행할 수 있겠는가?

를 제대로 행할 수 있는 사람을 두고 이르는 것으로 이해됨.

제44장

명예와 목숨[1] 가운데 어느 것이 더 중요한가?[2] 목숨과 재물 가운데 어느 것이 더 소중한가?[3] 명리(名利)를 얻는 것과 목숨을 잃는 것 가운데 어느 것이 더 해로운가? 명예를 지나치게 좋아하면 반드시 크게 대가를 치를 것이요,[4] 재물을 지나치게 모으면 반드시 심각한 위험이 닥칠 것이다.[5] 그러므로[6] 만족할 줄 알면 모욕을 당하지 않고, 멈출 줄 알면 위험에 처하지 않으므로, 목숨을 길이 보전할 수 있다.

名與身孰親? 身與貨孰多? 得與亡孰病? 甚愛必大費; 多藏必厚

---

1 목숨 : 원문은 '신(身)'. 몸. 곧 목숨, 생명을 이름.

2 중요한가 : 원문은 '친(親)'. 친근함, 친밀함. 곧 중요함을 이름.

3 소중한가 : 원문은 '다(多)'. 중(重)과 같은 뜻으로, 귀중함, 소중함을 이름. 여기서 '중'이라 하지 않고 '다'라고 한 것은, 앞의 '화(貨)' 자(字)와 압운을 맞추기 위한 것임.

4 명예를 지나치게… : 원문은 '심애필대비(甚愛必大費)'. 여기서 '애'는 명예를 두고 이르고, '비'는 몸·목숨을 두고 이르는 말임. '대비'란 크게 소비·소모한다, 비용을 지출한다는 뜻이니, 곧 크게 대가를 치른다는 말로 이해됨. 왕필본에는 이 구절 앞에 '시고(是故)' 두 자(字)가 덧붙여져 있으나, 연문(衍文, 글 가운데에 쓸데없이 들어간 군더더기 글귀)이므로, 하상공본과 백서본에 근거해 삭제함.

5 재물을 지나치게… : 원문은 '다장필후망(多藏必厚亡)'. 여기서 '장'은 재물·이익을 두고 이르고, '망'은 몸·목숨을 두고 이르는 말임. '후망'은 망신(亡身), 즉 몸을 망칠, 목숨을 잃을 가능성이 높아진다는 뜻이니, 곧 심각한 위험이 닥친다는 말로 이해됨.

6 그러므로 : 원문은 '고(故)'. 통행본과 왕필본에는 본디 없는 글자이나, 백서본과 초간본, 엄준본(嚴遵本), 경룡본(景龍本) 등에 근거해 보충함.

ㄷ. 故知足不辱, 知止不殆, 可以長久.

해설

예나 지금이나 얼마나 많은 사람들이 명리(명예와 이익)에 눈이 어두워 패가망신하였던가? 그러므로 노자는 신외지물(身外之物), 즉 우리 몸 밖의 물(物)인 명리를 가벼이 여기고, 오직 하나 뿐인 목숨을 무엇보다 귀중히 여기며, 지족(知足, 만족할 줄 앎)하고, 지지(知止, 멈출 줄 앎)해야 함을 일깨워 주고 있다. 세상에는 명예 때문에 목숨을 던지고, 재물(물질적 가치) 때문에 삶을 포기하는 이가 끊이지 않는다. 무위와 겸양, 부쟁(不爭)을 강조하는 노자 사상의 깊은 뜻을 새기고 또 새겨야 할 것 같다.

제45장

더없이 완정(完整)한 것[1]은 언뜻 결함이 있는 듯하지만,[2] 그 작용은 결코 끝이 없다.[3] 더없이 충만한 것은 언뜻 공허한[4] 듯하지만, 그 작용은 결코 다함이 없다. 더없이 곧은 것은 언뜻 굽은 듯하고, 더없이 정교한 것은 언뜻 졸렬한 듯하며, 더없이 언변이 뛰어난 것은 언뜻 어눌한 듯하다.

무릇 조급히 움직여 열이 나면 한기(寒氣)를 이기지만, 고요히 멈춰 있으면 또 그 열기를 이기게 되나니,[5] 결국 맑게 무욕(無欲)

---

1 더없이… : 원문은 '대성(大成)'. '성'은 완정함, 완미(完美)함. 여기서 '대성'은 도의 본체를 두고 이름. 아래의 '대영(大盈)'·'대직(大直)'·'대교(大巧)'·'대변(大辯)'도 모두 그와 같음. 다만 그중 특히 '대직'·'대교'·'대변'은 이상적인 인격 형상의 내재적 수양을 아울러 이르는 것으로 이해됨.

2 결함이… : 원문은 '약결(若缺)'. 왕필이 이르기를 "사물에 따라 신축적으로 완정함을 이루며, 굳이 특정한 하나의 물상(物象)을 만들지 않기 때문에 결함이 있는 듯한 것이다.〔隨物而成, 不爲一象, 故若缺也〕"라고 함. 곧 이는 도의 형상을 두고 이름. 아래의 '약충(若沖)'·'약굴(若屈)'·'약졸(若拙)'·'약눌(若訥)'도 모두 그와 같음. 다만 그중 특히 '약굴'·'약졸'·'약눌'은 이상적인 인격 형상의 외형적 표양(表樣, 겉으로 드러난 모양)을 아울러 이르는 것으로 이해됨.

3 끝이 없다 : 원문은 '불폐(不敝)'. '폐'가 왕필본에는 '폐(弊)'로 되어 있으나, 초간본과 백서본에 근거해 고침. 다만 두 글자는 서로 통용하며, 해짐, 망가짐, 쇠잔(衰殘)함을 뜻함. 여기서는 끝남〔終〕, 다함〔盡〕으로 이해됨. 여기서 '불폐'는 도의 작용을 두고 이름. 아래의 '불궁(不窮)'도 그와 같음.

4 공허한 : 원문은 '충(沖)'. 허(虛)와 같은 뜻임. *제4장 주석1 참조.

5 조급히 움직여… : 원문은 '조승한, 정승열(躁勝寒, 靜勝熱)'. 이 두 구는 『노자』에서도 특히 난해한 구절의 하나인데, 쟝 시창이 나름의 증거를 제시하며 '정승조, 한승열(靜勝躁, 寒勝熱)'로 고쳐야 할 것 같다고 하였고, 첸

하고 고요히 무위(無爲)하면 천하의 우두머리[6]가 될 수 있다.

大成若缺, 其用不敝. 大盈若沖, 其用不窮. 大直若屈, 大巧若拙, 大辯若訥. 躁勝寒, 靜勝熱, 清靜爲天下正.

해설

이 장은 세 가지 측면의 의미를 담고 있다. 첫째는 도의 특성에 대한 설명이다. 지극히 완정한 도는 언뜻 결함이 있어 보이고, 지극히 충실한 도는 언뜻 공허해 보인다는 얘긴데, 그것은 곧 제41장에서 말한 "한없이 큰 소리는 오히려 그 소리를 들을 수 없고, 한없이 큰 모양은 오히려 그 모양을 볼 수 없다."는 것과 같은 맥락으로

꾸잉, 위 페이린도 그에 가세함. 그 같은 견해를 제기한 까닭은, 필시 이를 아래의 '청정위천하정(清靜爲天下正)' 구(句)와 잇대어 보면, 의미상 앞뒤가 모순된다는 느낌 때문일 것임. 이에 리우 쿤성은 다음과 같이 반론했는데, 설득력이 있어 따를 만함. 즉, 사람들이 이를 어려워한 까닭은, 그 내용상의 순서에 대해 제대로 이해하지 못했기 때문임. 자세히 보면 노자는 '한(寒)'에서 발단해 '조(躁)', '열(熱)'을 거쳐 '정(靜)'으로 귀결시키고 있음. 이를 부연하면, 생기(生氣)라고는 전혀 없는 심리적 정적(靜寂) 상태〔寒〕→ 거세게 흔들어 움직여 생기를 불어 넣음〔躁〕→ 심중(心中)이 요동치면서 열기가 오름〔熱〕→ 맑고 고요함으로 그 열기를 진정시킴〔靜〕, 곧 이렇게 하여 마침내 도의 정신에 부합하게 된다는 것임. 노자는 제15장에서 "어느 누가 흐리멍덩한 가운데서 그 정서를 안정시켜 서서히 맑고 밝아지게 할 수 있는가? 어느 누가 편안하고 고요한 가운데서 그 정서를 변동시켜 서서히 생동감이 넘치게 할 수 있는가?〔孰能濁以靜之徐清, 孰能安以動之徐生〕"라고 한 바 있는데, 여기서 말하는 '조승한'은 곧 '안이동지(安以動之)'요, '정승열'은 곧 '탁이정지(濁以靜之)'라 할 것임. 결국 노자가 말하는 청정(清靜)함은 적막함만 감도는, 죽은 것이 아니라, 생기가 넘치는, 살아 있는 것, 즉 동정(動靜)의 결합임을 알 수 있음.

6 우두머리 : 원문은 '정(正)'. *제39장 주석5 참조.

이해된다. 하지만 그러한 도의 작용은 오히려 무궁무진함을 곱씹고 새겨야 할 것이다.

둘째는 체도지사(體道之士), 즉 대도를 체득한 선비에 대한 설명이다. 체도지사는 도의 본질적 특성인 무위자연의 원칙에 따라 처신 처사한다. 하여 그들은 사람이 듬쑥하여(즉 사람됨이 가볍지 아니하고 속이 깊어) 겉으로 드러내거나 떠벌리지 않고, 오로지 무위 겸양하며 남과 다투지 않는다. 그 때문에 겉으로 보기엔 '대직약굴, 대교약졸, 대변약눌(大直若屈, 大巧若拙, 大辯若訥)'한데, 이 또한 제41장에서 말한 "밝은 도는 일견 어두운 듯하고, 앞으로 나아가는 도는 일견 뒤로 물러나는 듯하며, 평탄한 도는 일견 험난한 듯하다."는 것과 같은 맥락으로 이해된다. 아무튼 그들은 진실로 도의 정수(精髓)를 깨달은 것이다.

셋째는 도의 원리와 법칙에 대한 설명이다. '조승한, 정승열(躁勝寒, 靜勝熱)'이라 하였듯이, 우주 만물의 운행이나 만사 만물의 변화 발전은 언제나 상생(相生) 상극(相剋) 속에서 이루어지고 있고, 언제나 상호 대립하는가 하면, 또 상호 전화(轉化,질적으로 바뀌어서 달리 됨)한다. 다만 청정(淸靜) 유약(柔弱)함이야말로 진정 최고의 생명력을 갖는다는 게 노자의 생각이다. 그러므로 "부드럽고 약함이 굳세고 강함을 이기고"(제36장) "맑게 무욕하고 고요히 무위하면 천하의 우두머리가 될 수 있다." 또한 그렇기 때문에 노자의 인생철학은 한결같이 겸허, 청정, 유약, 무위, 부쟁(不爭) 등을 강조한다.

제46장

천하에 대도가 행해지면,[1] 전마(戰馬)[2]를 되돌려 보내[3] 밭을 갈게 한다.[4] 반면 천하에 대도가 행해지지 않으면, 전마가 변경(邊境)에서 새끼를 낳는다.[5]

결국 사람이 탐욕스러운 것보다 더 큰 죄악이 없고,[6] 만족할 줄 모르는 것보다 더 큰 화난(禍難)이 없으며, 끝없이 욕심을 부리는 것[7]보다 더 큰 허물이 없다. 그러므로 사람이 만족할 줄

---

1 천하에… : 원문은 '천하유도(天下有道)'. 나라의 정치가 바르게 행해지고, 천하가 태평한 상태를 이르는 말. 아래의 '천하무도(天下無道)'는 이와 상반된 개념임. 왕필은 '천하유도'하면 만족할 줄도 알고 멈출 줄도 알아서 물욕을 추구하기보다는 각기 마음을 수양할 따름이나, '천하무도'하면 탐욕에 끝이 없어 마음을 수양하기보다는 각기 물욕을 추구할 따름이라고 함.

2 전마 : 원문은 '주마(走馬)'. 잘 달리는 말이라는 뜻으로, 여기서는 전마, 즉 전쟁에 쓰는 말을 가리킴. 아래의 '융마(戎馬)'도 전마를 뜻함. 다만 '주마'는 그 능력을 두고 이르는 것이라면, '융마'는 그 용도를 두고 이르는 것임.

3 되돌려 보내 : 원문은 '각(卻)'. 퇴(退)와 같음.

4 밭을… : 원문은 '분(糞)'. 똥거름을 줌. 여기서는 전의되어 밭을 갊.

5 전마가… : 원문은 '융마생어교(戎馬生於郊)'. '생'은 새끼(망아지)를 낳음을 이름. '교'는 교외(郊外), 교야(郊野). 여기서는 양국 군대가 대치하고 있는 변경, 즉 전쟁터를 가리킴. 이 구절은 곧 '천하무도'의 시기에는 새끼를 밴 암말까지 군에 징발되어, 변방 전쟁터에서 망아지를 낳게 됨을 강조함.

6 탐욕스러운… : 원문은 '죄막대어가욕(罪莫大於可欲)'. 이 구절이 왕필본에는 없지만, 하상공본과 백서본, 부혁본 등 여러 판본에 모두 있고, 『한비자(韓非子)』「해로편(解老篇)」과 「유로편(喩老篇)」에도 이 구절을 인용하고 있어, 그에 근거해 보충함.

7 끝없이… : 원문은 '욕득(欲得)'. 얻고자 갖은 애를 다 씀. 곧 끝없이 욕심을 부림을 형용함. 여기서 말하는 '가욕(可欲)'과 '부지족(不知足)'과 '욕득'은 사실상 모두 같은 얘기임.

앎으로써 만족을 얻으면,[8] 항상 만족하게 된다.

天下有道, 卻走馬以糞; 天下無道, 戎馬生於郊. 罪莫大於可欲, 禍莫大於不知足, 咎莫大於欲得. 故知足之足, 常足矣.

해설

이는 전쟁에 대한 의식 관념을 피력하면서, 청정무위(淸靜無爲, *제23장 「해설」 참조)와 지족상락(知足常樂, 만족할 줄 알면서 항상 즐거움)의 사상을 고양하고 있음이다.

노자의 생각에 따르면, 천하가 '유도'하면 전쟁이 없어지고, '무도'하면 전쟁이 그치지 않는다. 여기서 '무도'함이란 곧 통치자의 끝없는 탐욕을 두고 이르는 말이다. 인간의 탐욕이 바로 전쟁의 화근이라는 얘기다. 통치자들은 스스로 만족할 줄 모르는 탐욕을 채우기 위해 전쟁을 일으키지만, 그것은 결국 만백성들에게 엄청난 환난과 재앙을 가져다준다. 그뿐이 아니다. 왕왕 통치자 자신들에게도 파국과 파멸을 몰고 온다. 노자가 침략과 약탈을 위한 전쟁을 극력 반대하는 것(*제30장 참조)은 바로 그 때문이다. 하여 "무릇 병기란 상서롭지 못한 도구다."(제31장) "병력을 동원하는 일은 흔히 대갚음이 따른다."(제30장)는 점을 강조하는가 하면, 새끼를 밴 암말까지 전쟁터로 내몰려 그곳 변경에서 망아지를 낳는 참상을 폭로하였다.

이에 노자가 제시한 해결책은 바로 '지족'이니, 곧 무욕과 무위

---

8 만족할 줄… : 원문은 '지족지족(知足之足)'. 사마광본(司馬光本)과 『문선(文選)』「동경부(東京賦)」 이선(李善) 주(注) 인용문에는 모두 '지족(之足)' 두 글자가 없는데, 그것이 문맥상 보다 자연스러움.

의 마음으로 만족할 줄 앎으로써 항상 즐거울 수 있도록 해야 한다는 것이다. 참으로 쉬운 듯 어려운 말이다. 끊임없는 심신의 수양이 필요하리라.

제47장

도를 깨달으면[1] 대문 밖을 나서지 않고도 천하의 사리(事理)를 알고, 창문[2] 밖을 내다보지[3] 않고도 하늘의 이치[4]를 안다.[5] 사람이 밖으로 멀리 나가면 나갈수록, 그가 아는 것은 더욱 적어진다. 그러므로 성인은 밖을 나다니지 않고도 천하의 사리를 알고, 밖을 내다보지 않고도 하늘의 이치에 밝으며,[6] 일부러 어떻게 하지 않고도[7] 일을 이루어 낸다.

不出戶, 知天下; 不窺牖, 見天道. 其出彌遠, 其知彌少. 是以聖人不行而知, 不見而明, 不爲而成.

해설

노자는 외재적 경험이나 지식보다는 내재적 직관과 내성(內省, 내면적 성찰)을 중시하였다. 환언하면 노자가 말하는 도를 제대로 터득하는 방법은 관련 지식이나 학식을 탐구 증진함으로써가 아

---

1 도를… : 이는 원문에는 없는 말로, 행간에 숨은 뜻을 드러낸 것임.

2 창문 : 원문은 '유(牖)'.

3 내다보지 : 원문은 '규(窺)'. 왕필본에는 '규(闚)'로 되어 있는데, 둘은 같은 글자의 다른 꼴로, 작은 구멍을 통해 내다본다는 뜻임.

4 하늘의 이치 : 원문은 '천도(天道)'. 곧 우주 자연의 법칙을 이름.

5 안다 : 원문은 '견(見)'. 여기서는 안다는 뜻으로 이해됨. 백서본에는 '지(知)'로 되어 있음.

6 밝으며 : 원문은 '명(明)'. 여러 판본에는 본디 '명(名)'으로 되어 있는데, 옛날에 두 글자는 서로 통용함. 다만 『노자』에서는 '명(明)'으로 썼지 '명(名)'으로 쓰지 않았다는 쟝 시창(蔣錫昌)의 주장에 근거해 고침. 『한비자』「유로편」에서 인용한 데에도 '명(明)'으로 되어 있음.

7 일부러… : 원문은 '불위(不爲)'. 곧 무위(無爲)를 말함.

니라, 내심으로 감오(感悟)하는, 즉 마음 깊이 감동을 받으며 절실히 깨닫는 것이다. 그러면 "대문 밖을 나서지 않고도 천하의 사리를 알고, 창문 밖을 내다보지 않고도 하늘의 이치를 알 수 있다." 만사에는 다 일정한 법칙이 있고, 만물에는 다 일정한 이치가 있다. 그러므로 그 법칙과 이치를 알면, 세상 만사 만물의 본질을 능히 꿰뚫을 수 있다. 『장자』「천지편(天地篇)」에서 말한 "대도에 통달하면 만사는 절로 이루어진다.〔通於一而萬事畢〕"는 것 또한 이와 같은 말이다.

사람이 대도를 감오하기 위해서는, 자아 수양을 통해 "내심의 잡념을 깨끗이 씻어내어"(제10장) "그 마음을 맑고 깨끗이 닦기를 지극히 하고, 평안하고 고요히 지키기를 굳건히 하여야 하며"(제16장) 마치 갓난아이 같은 "원시의 질박한 상태로 되돌아가야 한다."(제28장) 그리하여 그 본연(本然)의 밝은 지혜와 공허(空虛)하고 청정(淸靜)한 마음으로 외물(外物), 즉 신외(身外)의 만사 만물을 명찰(明察)하며 그 내재적 법칙과 이치를 이해해야 한다.

노자가 이처럼 경험보다는 내면적 성찰을 중시한 것은, 도는 본시 우리의 마음 안에 있기 때문이다. 한데 맹자가 말했듯이, "인생의 진리는 본시 가까이에 있거늘 한사코 먼 데서 찾고, 인생 만사는 본시 쉬운 것이거늘 한사코 어렵게 풀어가는〔道在邇而求諸遠, 事在易而求諸難〕"〈『맹자』「이루(離婁) 상(上)」〉 것이 당시의 일반적인 세태였다. 사람의 심령(心靈) 활동이 마냥 밖으로 내달리면, 사고(思考)가 어지럽고 정신이 산만해져 온갖 외물의 만상(萬象)에 미혹되어, 도에 대한 감오는 더욱 어려워지고, 도와의 거리는 더욱 멀어지게 된다는 게 노자의 생각이다. 요컨대 이른바 성인은 곧 노자 사상의 최고 경지에 오른 이상적 인물 형상으로, 대도를 감오하고 체득 실행함으로써 '무위이무불위(無爲而無不爲)'(제37, 48장)의 전형을 보여준다.

제48장

학문을 탐구하면 지식과 욕망이 날로 많아지고,[1] 도를 닦고 행하면[2] 지식과 욕망이 날로 적어진다. 그렇게 지식과 욕망이 적어지고 또 적어지면 마침내 무위[3]의 경지에 이르게 되나니, 무위하면 오히려 이루지 못할 일이 없다.[4] 그러므로 천하를 다스림[5]에 있어서는 마땅히[6] 무위의 정치[7]를 하여야 하며, 만약[8] 유위의 정치[9]를 한다면 천하를 제대로 다스리지 못할 것이다.

爲學日益, 爲道日損. 損之又損, 以至於無爲, 無爲而無不爲. 取

---

1 학문을… : 원문은 '위학일익(爲學日益)'. 여기서 '학'은 하상공(河上公)이 정교(政敎)와 예악(禮樂)의 학문을 말한다고 했듯이, 대개 인(仁) · 의(義) · 예(禮) · 지(智)의 학문을 가리킴. '일익'은 지식과 욕망을 두고 이르는 것으로 이해됨. 다음 구절의 '일손(日損)'도 이와 같음.

2 도를 닦고… : 원문은 '위도(爲道)'. 곧 수도(修道) · 오도(悟道) · 체도(體道)의 뜻이니, 여기서는 무위자연의 도를 수양하고 체득함을 이르는 것으로 이해됨. 백서을본에는 '문도(聞道, 도를 듣다, 즉 배운다는 뜻)'로 되어 있으나, 그것은 '일손(日損)'의 가능성을 확언하기 어려우므로 적절치 않음. 초간본에도 '위도'로 되어 있음.

3 무위(無爲) : 이는 '위도(爲道)'의 목적임.

4 이루지… : 원문은 '무불위(無不爲)'. 이는 '무위'의 효과요, 효용임.

5 다스림 : 원문은 '취(取)'. 여기서는 치(治)와 같은 뜻임.

6 마땅히 : 원문은 '상(常)'. 여기서는 당(當)과 같은 뜻임.

7 무위의 정치 : 원문은 '무사(無事)'. 백성을 못살게 구는 일(번거로운 정령과 가혹한 형벌 따위)을 벌이지 않는다는 뜻으로, '무위'와 같은 말.

8 만약 : 원문은 '급(及)'. 이는 제13장 '급오무신(及吾無身)'의 '급'과 같은 말로, 만일 · 만약의 뜻임.

9 유위의 정치 : 원문은 '유사(有事)'. 백성을 못살게 구는 일을 벌인다는 뜻으로, '유위(有爲)'와 같은 말.

天下常以無事, 及其有事, 不足以取天下.

해설

이는 '무위'의 의의와 중요성에 대한 역설(力說)이다. 무위의 경지에 이르기 위해서는, '위학(爲學)'이 아니라 '위도(爲道)'에 힘을 기울여야 한다는 게 노자의 생각이다. 배움에 애를 쓰면, 물론 지식이 풍부해질 것이다. 하지만 많은 지식은 왕왕 사람으로 하여금 온갖 욕망을 갖게 하고, 나아가 허위와 기만, 번뇌와 시름을 낳게 한다. 그러므로 노자는 "허위의 배움을 끊으면 근심 걱정이 사라질 것"(제19장)이라고 단언하였다. 이 같은 주장은 분명 인류 문명의 발전 맥락과는 배치되는 측면이 있다. 다만 노자의 창끝이, 무엇보다 통치자의 탐욕과 무도(無道)함, 그리고 인심(人心)의 타락과 인성(人性)의 파괴를 집중 겨냥하고 있다는 점을 감안하면, 다소 극단적인 주장을 용인할 수 있으리라.

한데 배움에 빠져드는 것과는 달리 사람이 대도를 닦는 데에 진력하면, 지식과 욕망이 날로 줄어들게 된다. 그러면서 점차 보다 공허하고 청정(淸靜)한 마음을 갖게 될 것이요, 나아가 마침내 대도를 깨닫고 무위의 경지에 이르게 될 것이다. 여기서 노자는 '무위'의 엄청난 효과 — '무불위'를 강조하면서, 특히 만백성을 다스리는 통치자들에게 치국(治國)의 정도를 일깨워 주었다. 한 마디로 무위의 정치를 하면, 즉 청정과 무욕(無欲)의 마음으로 모든 것을 자연순리를 따르면, '민자화(民自化)'·'민자정(民自正)'·'민자부(民自富)'·'민자박(民自樸)'(제57장)할 것이란 얘기다. 반면 백성을 못살게 구는 유위의 정치를 한다면, 현상 유지는커녕 심각한 혼란이 초래될 것이요, 급기야 파멸의 구렁으로 빠지고 말 것이다. 이는 필시 당시 난세의 무도한 통치자들을 향한 엄중한 경고일 것이다.

제49장

성인은 항상 사심(私心) 없이[1] 백성의 마음을 자신의 마음으로 여긴다. 선한 사람은 성인[2]이 물론 선하게 대하지만, 선하지 않은 사람도 성인은 선하게 대하는데, 그러면 모든 사람을 다 선하게 할 수 있다.[3] 신의가 있는 사람은 성인이 물론 신의로 대하지만, 신의가 없는 사람도 성인은 신의로 대하는데, 그러면 모든 사람을 다 신의 있게 할 수 있다.

성인은 천하 만인을 대함에[4] 한껏 겸양하며 예우(禮遇)하고,[5]

---

1 항상… : 원문은 '상무심(常無心)'. 통행본과 왕필본 등에는 '무상심(無常心)'으로 되어 있으나, 백서을본(帛書乙本)에 근거해 고침. 경룡본을 비롯한 여러 판본에는 '상' 자 없이 그냥 '무심'으로 되어 있음. 이에 장 쑹루(張松如)는 '상심'이 노자의 전용(專用) 술어가 아님을 알 수 있다고 함. '무심'은 사심이 없다는 뜻임. 한편 '상심'은 항구불변의 고정된 마음, 생각이란 뜻이니, 사심이나 선입견 등으로 확대 해석할 수 있음. 그 때문에 '무상심'이라고 해도 말은 통하나, '상무심'이 더욱 명확하면서 깊은 의미를 내포한 것에는 미치지 못함.

2 성인 : 원문은 '오(吾)'. 나[我]를 이름. 여기서는 의미상 '성인'을 가리키는데, 노자가 굳이 이같이 '오'라고 한 데에는 '성인'의 능동적이고 주동적인 의향과 성향을 드러내려는 의도가 있는 것으로 이해됨.

3 모든 사람을… : 원문은 '덕선(德善)'. 여기서 '덕'은 득(得)의 가차자임. 곧 (모든 사람이 선함을) 얻다, (모든 사람이 선함으로) 돌아간다는 뜻임. 경룡본과 부혁본을 비롯한 다수의 판본에는 모두 '득'으로 되어 있음. 아래 '덕신(德信)'의 '덕'도 이와 같음.

4 천하 만인을… : 원문은 '재천하(在天下)'. 천하 만인 사이에서. 곧 천하 만인을 대함을 이름.

5 한껏 겸양하며… : 원문은 '흡흡언(歙歙焉)'. '흡'은 제36장 '장욕흡지(將欲歙之)'의 '흡'과 같은 뜻으로, 수축・수렴(收斂)함. 다만 여기서는 전의되

천하 만인을 위해 그 마음을 한껏 순박하고 돈후하게 한다.[6] 그리하여 백성들이 모두 그 이목을 집중하면,[7] 성인은 그들을 모두 갓난아이처럼 순수하고 무욕(無欲)하게 감화(感化)한다.

聖人常無心, 以百姓心為心. 善者吾善之, 不善者吾亦善之, 德善. 信者吾信之, 不信者吾亦信之, 德信. 聖人在天下歙歙焉, 為

어, 처신 처사에 한껏 신중함, 곧 백성들을 대함에 한껏 겸양하며 예우한다는 말로 이해됨. 위 페이린이 '수렴·겸양'의 뜻으로 풀이한 것도, 같은 얘기임. 일설에는 이를 성인이 자신의 의지 내지 의욕·욕망을 거둬들인다는 뜻으로 풀이함. 하지만 성인은 이미 '상무심'한 경지에 이르렀거늘, 어찌 애써 사사로운 뜻을 거둬들일 필요가 있겠는가? '언'은 어조사로, 연(然)과 같음. 이는 왕필본에는 없는 글자이나, 백서본 등에 근거해 보충함. 사실 왕필의 주문(註文)에서는 여전히 '흡흡언'이라 말하고 있어, 왕필본에도 원래는 '언' 자가 있었던 것으로 보임.

6 그 마음을… : 원문은 '혼기심(渾其心)'. '혼'은 혼박(渾樸)·혼후(渾厚)하게, 즉 순박하고 돈후하게 함. '기'는 성인 자신을 가리킴. 백서갑본에서 '혼심(渾心)'이라 한 것을 보면 더욱 잘 알 수 있음. 따라서 이를 흔히 백성을 가리키는 것으로 풀이하는 것은 잘못임. 결국 '혼기심'은 성인이 그 마음을 순박 돈후하게 한다는 뜻이니, 곧 '상무심'함을 말한다고 하겠음. 왕필이 "천하를 위해 그 마음을 순박 돈후하게 한다는 것은 반드시 어떻게 해야 되는 것도 없고, 절대로 어떻게 하면 안 되는 것도 없다는 뜻이다.〔爲天下渾其心焉, 意無所適莫也〕"라고 풀이한 것도 같은 맥락으로 이해됨.

7 백성들이… : 원문은 '백성개주기이목(百姓皆注其耳目)'. 왕필본에는 이 구절이 없으며, 그 때문에 다음 구절〔聖人皆孩之〕이 앞 말과 의미상 동떨어진 결과를 낳음. 이에 하상공본과 백서본 등에 근거해 보충함. 사실 왕필의 주문에는 이 구절을 풀이한 내용이 있어, 왕필본에도 원래는 이 구절이 있었던 것으로 보임. '주기이목'은 이목을 집중함, 관심을 기울임. 이는 곧 허룽이가 이른 대로, 성인에 대해 의지하고 흠모하는 정(情)을 드러내는 것으로 이해됨.

天下渾其心. 百姓皆注其耳目, 聖人皆孩之.

해설

이는 노자의 정치 이상을 단적으로 설명한 것이다. 여기서 '성인'은 바로 노자가 그리는 이상적인 통치자, 즉 '가장 훌륭한 군주'(*제17장 참조)다. 대도를 체득한 성인은 추호의 사심도 없이, 오로지 백성의 마음을 깊이 헤아려, 그들이 바라는 바를 추구하고 실현하기 위해 진력할 따름이다. 성인은 뭇사람을 그 품성이 어떠하든 공히 선의(善意)와 신의(信義)로 대함으로써, 궁극적으로 모든 이가 다 감화되어 선량하고 신실한 사람으로 거듭나게 한다. 그야말로 '버려지는 사람도 없고', '버려지는 물건도 없게 하는 것'(*제27장 참조)이다.

그 과정에 성인은 무엇보다 순박하고 돈후한 마음으로, 스스로 겸양하며 뭇사람을 예우함을 잊지 않는다. 그렇게 하여 성인에게 의지하고, 성인을 흠모하는 마음으로 다가오는 백성들로 하여금, 더욱 갓난아이처럼 순수하고 무욕한 심성의 본연(本然)을 회복하게 한다. 성인이 천하를 다스림에 있어 가장 중요한 것은, 바로 자연 섭리에 순응하는 것이다. 그러므로 성인 자신은 물론, 뭇 백성들까지도 갓난아이 같은 그 본연의 자연성을 갖추게 하는 것이다. 노자가 "나만 홀로 마냥 담박하여 세상 명리에 무덤덤하고, 마냥 무지하여 마치 갓난아이가 아직 웃을 줄도 모르는 것과 같다."(제20장)라고 하는가 하면, "정기를 모으고 또 한껏 부드럽고 순해져 능히 갓난아이와 같을 수 있는가?"(제10장) 하고 되묻는 것도, 다 같은 맥락으로 이해된다. 진정 "순후(淳厚)한 덕을 갖춘 사람은 갓난아이에 비유된다."(제55장)

한편 노자가 일찍이 이르기를, "가장 훌륭한 군주는, 백성들이 그가 있다는 사실조차 알지 못한다."(제17장)고 하였다. 한데 여기서 말하는 성인(즉 가장 훌륭한 군주)은 뭇 백성들에게 널리 드러나 있고, 알려져 있어, 급기야 "백성들이 모두 그 이목을 집중할" 정도다. 그렇다면 노자는 스스로 모순에 빠져 있단 말인가? 물론 그렇지 않다. 앞에서는 '가장 훌륭한 군주'가 '무위'의 정치를 펴기 때문에, 백성들이 모든 게 다 절로 되어 가는 것으로 착각하며, 분명히 있는 군주의 존재마저 마치 없는 것처럼 느낀다는 얘기다. 반면 여기서는 "항상 사심 없이 백성의 마음을 자신의 마음으로 여기며" 역시 '무위'의 정치를 펴는 성인의 품성과 통치에 감복하고 감화되어 진심으로 받들고 따른다는 얘기다. 결국 한 가지 사실의 두 가지 측면인 셈이니, 어찌 모순이라 하겠는가?

제50장

사람이 세상에 나오는 것은 삶이요, 땅속으로 들어가는 것은 죽음이다. 한데 장수하는 이들[1]은 열 중 셋이고, 요절하는 이들도 열 중 셋이며, 사람이 본디 오래 살 수 있거늘 망동(妄動)하여 스스로 죽음의 땅을 밟는[2] 이들 또한 열 중 셋이다. 그것[3]은 무엇 때문인가? 그것은 그들이 몸을 보양하기를 지나치게 하기[4] 때문이다.

듣건대 섭생[5]을 잘하는 사람은 산언덕[6]을 가도 외뿔소나 범을 만나지 않고, 전쟁터에 나가도 창이나 칼[7]을 맞지 않는다고 한

---

1 장수하는 이들 : 원문은 '생지도(生之徒)'. '도'는 무리, 부류를 이름.

2 밟는 : 원문은 '지(之)'. 감〔往〕, 이름〔至〕.

3 그것 : 원문은 '부(夫)'. 여기서는 차(此)와 같음. 이것, 그것.

4 몸을 보양하기를… : 원문은 '생생지후(生生之厚)'. 몸(생명)을 보양(保養)하는 것이 정도에 지나치다는 말로, 곧 흥청망청 향락하고 황음 사치한 삶을 사는 등, 이목(耳目)과 구복(口腹)이 욕구하는 대로 살면서 결국은 심신의 건강을 해치는 것을 말함. 앞의 '생'은 동사로, 보양한다는 뜻이고, 뒤의 '생'은 명사로, 생명・삶을 뜻함. 결국 '생생'은 양생(養生)을 말함. '후'는 과도하다, 지나치다는 뜻임.

5 섭생(攝生) : 양생, 즉 생명을 보양함.

6 산언덕 : 원문은 '릉(陵)'. 구릉, 산언덕. 통행본과 왕필본 등 다수의 판본에는 모두 '륙(陸)'으로 되어 있으나, 백서본에 근거해 고침. 위 페이린이 이른 대로, 외뿔소와 범은 모두 산중에 사는 동물이니, 그냥 '육행(陸行)', 즉 사람이 땅을 가며 그들과 맞닥뜨리지 않는 것은 예삿일이니, 응당 '능행(陵行)', 즉 산언덕을 가는 경우라고 해야 옳을 것임.

7 창이나 칼 : 원문은 '갑병(甲兵)'. 원뜻은 갑옷과 병장기이나, 여기서는 단지 창, 칼, 활 등의 병장기만을 가리킴. 곧 '갑'은 아무 뜻 없이 흔히 두 글자를 연용(連用)하던 관례를 따라 '갑용'으로 써서, 앞의 '시호(兕虎)'와 대칭

다. 외뿔소는 그 뿔로 들이받을 기회[8]가 없고, 범은 그 발톱으로 할퀼 기회가 없으며, 창칼은 그 날로 찌를 기회가 없다. 그것은 왜 그런가? 그것은 섭생을 잘하는 사람은 결코 죽을 지경에 이르지 않기 때문이다.

出生入死. 生之徒, 十有三; 死之徒, 十有三; 人之生, 動之於死地, 亦十有三. 夫何故? 以其生生之厚. 蓋聞善攝生者, 陵行不遇兕虎, 入軍不被甲兵. 兕無所投其角, 虎無所措其爪, 兵無所容其刃. 夫何故? 以其無死地.

해설

노자의 견해에 따르면, 장수하는 이와 요절하는 이가 각각 열 중 셋이니, 사람이 이 세상에 태어나 천명(天命, 타고난 수명)대로 살다 가는 경우가 그래도 절반을 넘는다. 하지만 열에 셋은 또 몸보양을 지나치게 하여 오히려 심신의 건강을 해치는 탓에, 장수할 천명을 다하지 못하고 안타깝게도 일찍 죽음의 땅을 밟게 된다. 반면 또 열에 하나는 평소 섭생을 잘하여 죽음의 위기를 초래하지 않기 때문에, 오히려 천명을 연장시키기도 한다. 결국 사람의 수명은 천명도 있지만, 사람이 스스로 어떻게 하느냐에 좌우되기도 한다는 얘기다.

노자가 말하는, 양생을 잘한다는 것은 다른 게 아니다. "밖으로는 순진함을 드러내고 안으로는 질박함을 지키며, 사심을 없애고

을 이루게 한 것일 뿐임. 이는 뒤에서 '병무소용기인(兵無所容其刃)'이라고 하여 '갑' 자는 빼고 '병' 자만을 쓴 것을 보면, 더욱 잘 알 수 있음.

8 기회 : 원문은 '소(所)'. 처소, 장소. 또한 까오 헝이 풀이한 것처럼, 기회의 뜻으로 이해해도 좋을 것임.

욕망을 버릴 것이요."(제19장) "그 음식을 달게 여기고, 그 옷을 아름답게 여기며, 그 거처를 편안히 여기고, 그 풍속을 즐겁게 여기는 것이니,"(제80장) 곧 청정무위(淸靜無爲)와 지족상락(知足常樂)(*제46장 「해설」 참조)을 추구함이라 할 것이다. 이는 두말할 나위 없이 대도(大道)를 체득한 삶의 방식이요, 자세다. 『장자(莊子)』 「추수편(秋水篇)」에서도 말했듯이, "그 덕이 지극한 사람은, 불도 그를 태워 죽일 수 없고, 물도 그를 빠뜨려 죽일 수 없으며, 추위나 더위도 그를 해칠 수 없고, 온갖 짐승들도 그를 해칠 수 없다. 이는 그가 그처럼 위험한 것에 가까이 가도 해를 입지 않는다는 말이 아니다. 지극한 덕을 닦은 사람은 안전함과 위험함을 잘 살펴 편안히 화(禍)와 복(福)에 순응하고, 신중히 나아가고 물러남을 정하기 때문에, 어떤 것도 그를 해칠 수가 없다는 말이다.〔至德者, 火弗能熱, 水弗能溺, 寒暑弗能害, 禽獸弗能賊. 非謂其薄之也, 言察乎安危, 寧於禍福, 謹於去就, 莫之能害也〕" 한데 양생이 지나쳐 마냥 이목(耳目)과 구복(口腹)의 본능적 욕구 충족에만 매달리는 삶은 대도의 기본 정신에 위배되는 것이니, 어찌 천명을 다할 수 있겠는가?

만물의 영장인 인간의 생명은 그 무엇보다 존엄하고 귀중하다. 노자의 무위자연 사상에 대한 이해와 그 정신의 실천은 분명 생명 존중으로 가는 길임을, 생존 경쟁이 극에 달한 시대를 사는 현대인들이 특히 가슴 깊이 새겨야 할 것이다.

제51장

도는 만물[1]을 낳고, 덕은 만물을 기르나니, 물질[2]은 만물을 드러내고,[3] 환경[4]은 만물을 성장시킨다. 그러므로 만물은 도를 존숭하고, 덕을 귀중히 여기지 않는 것이 없다. 도가 존숭을 받고, 덕이 귀중히 여겨지는 까닭은, 도와 덕[5]이 어떠한 간섭도 하지 아니하고,[6] 항상[7] 무위자연의 태도로 만물이 자연적으로 생장하게 하기 때문이다.

무릇[8] 도는 만물을 낳고, 덕은 만물을 기르며, 만물을 생장 발육하게 하고, 성장 성숙하게 하며,[9] 부양(扶養)하고 보호한다.[10]

---

1 만물 : 원문은 '지(之)'. 여기서는 만물을 가리킴.

2 물질 : 원문은 '물(物)'. 물질, 즉 물체의 본바탕. 이를 황 푸민(黃樸民)은 구체적인 물(物)의 본체로, 노자 철학에서 말하는 '유(有)'를 이른다고 함.

3 드러내고 : 원문은 '형(形)'. 여기서는 사역동사로, 형체・형태를 드러나게 한다는 뜻임.

4 환경 : 원문은 '세(勢)'. 만물이 각기 처한 객관적 형세 내지 환경, 예를 들면 지리적 위치, 기후 상태 등을 가리킴.

5 도와 덕 : 원문은 '부(夫)'. 피(彼)와 같은 뜻으로, 곧 도와 덕을 가리킴.

6 어떠한… : 원문은 '막지명(莫之命)'. '막명지(莫命之)'의 도치. '막'은 불(不)의 뜻이고, '지'는 만물을 가리키며, '명'은 명령함이니, 곧 간섭하거나 지배한다는 말임.

7 항상 : 원문은 '상(常)'. 제49장 '상무심(常無心)'의 '상'과 같음. 까오 헝은 고(固), 즉 본디, 본래의 뜻이라고 했는데, 사실상 같은 얘기임.

8 무릇 : 원문은 '고(故)'. 이를 '그러므로'의 뜻으로 보면 문맥상 적절치 않으므로, 발어사 '부(夫)'와 같은 뜻으로 이해하는 것이 좋음. *제39장 주석12 참조.

9 성장… : 원문은 '정지독지(亭之毒之)'. 하상공본과 경룡본 등에는 '성지숙지(成之熟之)'로 되어 있음. 한데 '정'은 성(成)의 뜻이고, '독'은 숙(熟)의 뜻

다만 도는 만물을 생성시키면서도 사사로이 소유하지 않고, 만물을 화육(化育)하면서도 유공(有功)하다고 자부하지[11] 않으며, 만물을 성장시키면서도 결코 지배하지 않나니, 이를 일컬어 현묘(玄妙)한 덕이라고 한다.

道生之, 德畜之, 物形之, 勢成之. 是以萬物莫不尊道而貴德. 道之尊, 德之貴, 夫莫之命而常自然. 故道生之, 德畜之, 長之育之, 亭之毒之, 養之覆之. 生而不有, 為而不恃, 長而不宰, 是謂玄德.

해설

노자의 철학 사상에서, 도는 우주 만물의 본원이다. 그리고 덕은 도가 만물을 창조 생성한 후, 만물에 부여되어 내재하는 도의 특성이다.(*제21장 주석1 및 「해설」 참조) 그리하여 덕은 만물 하나하나의 특유한 본성을 형성하며, 만물은 바로 그 본성에 의지해 각기 자신의 존재를 유지하게 된다. 그뿐만 아니라 만물은 또 그 본성 내지 본바탕에 의거해, 각각의 독특한 존재로 형태화(形態化)하면서 하나의 물체를 이룬다. 그런 다음 만물은 주변 환경의 영향과 작용을 받으면서 발육 성장, 변화 발전하게 된다. 이것이 노자가 설명한, 만물의 생성 및 발전 과정이며, 이 과정의 네 단계에서 가장 근본

이니, 둘은 같은 말임. 후세에 양육하다・화육하다는 뜻으로 쓰이는 '정독(亭毒)'은 바로 이 구절에서 유래된 말임.

10 보호한다 : 원문은 '복(覆)'. 천복지재(天覆地載, 하늘은 덮고 땅은 실음)의 '복'으로, 여기서는 보호한다는 뜻임.

11 자부하지 : 원문은 '시(恃)'. 곧 자시(自恃)의 뜻으로, 여기서는 자부(自負)한다는 말임.

적이고 중심적인 존재는 바로 도와 덕이다.

한데 그 같은 도와 덕은 만물의 생장 과정에 일절 간섭하거나 조종하지 않고, 오로지 무위자연의 태도로 만물이 스스로 화육하고, 성숙할 수 있도록 맡겨 놓을 따름이다. 바로 이처럼 만물의 자연성(自然性)과 자발성(自發性)을 존중하는 도덕의 '무위자연' 원칙을 높이 사기 때문에, 우주 만물이 어느 것 하나 도를 존숭하고, 덕을 귀중히 여기지 않는 것이 없다는 게 노자의 생각이다.

어디 그뿐이랴? 도는 만물을 낳고, 덕은 만물을 기르는, 그 지대한 공헌에도 불구하고, 만물을 소유하거나 지배하지도 않고, 또 그 공로를 자부하지도 않는다. 이른바 '공성신퇴(功成身退, *제9장 주석 5 참조)'란 바로 그런 것이다. 한데 이 같은 무사(無私) 무욕(無欲)의 표현은 사실상 '무위자연'의 원칙에서 비롯되고, 근원한 것이다. 도와 덕의 위대함은 바로 여기에 있다. 그러니 어찌 '현묘한 덕'이라 칭송하지 않겠는가?

아무튼 우주 만물의 본원으로서 '도'가 보여준 '무위이무불위(無爲而無不爲)'(제37, 48장)와 '공성신퇴'의 위대한 형상은, 이른바 '덕'이란 이름으로 후세 사람들의 삶의 철학과 지혜에 중요한 자리를 차지하고 있다. 노자가 당시 사람들, 특히 통치자들을 향해 목청을 높인 그 도덕론(道德論)의 불후한 가치와 의의를 체득하고 구현하는 것은 이제 우리의 몫이다.

제52장

천지 만물은 시원(始原)이 있으며, 그것이 바로 천지 만물의 어머니가 된다.[1] 천지 만물의 어머니인 도를 깨달으면, 그 자식인 천지 만물을 알게 되고,[2] 천지 만물을 알고 나서 다시 그 어머니인 도를 굳게 지키면, 평생토록[3] 위험에 처하지 않을 것이다.

욕망의 통로[4]를 막고, 욕망의 문[5]을 닫으면, 평생토록 괴롭거나 힘들지[6] 않을 것이다. 하지만 욕망의 통로를 열고, 탐욕을 채

---

1 천지 만물은… : 원문은 '천하유시, 이위천하모(天下有始, 以爲天下母)'. '천하'는 천지 만물・우주 만물을 가리킴. '시'는 시원, 본시(本始)의 뜻으로, 도를 지칭함. '모'는 어머니, 즉 본원, 근원의 뜻으로, 역시 도를 지칭함. ○제1장에서 "무(無)는 천지의 시원을 일컫고, 유(有)는 만물의 어머니를 일컫는다."고 하였으니, '시'와 '모'는 각각 '무'와 '유'를 가리킴. 다만 '무'는 도의 본체이고, '유'는 도의 작용이므로, '시'와 '모'는 사실상 모두 도를 두고 이르는 말임. 다시 말해 이론상(理論上) 도는 만물의 본원으로, 반드시 만물에 앞서 존재하므로 '시'라고 일컬은 것이고, 작용상(作用上) 도는 만물을 창조하므로 또 '모'라고 일컬은 것임.

2 천지 만물의 어머니인… : 원문은 '기득기모, 이지기자(旣得其母, 以知其子)'. '모'와 '자'는 각각 도와 만물을 지칭함. 제14장에서 "옛날부터 이미 존재하고 있는 도를 제대로 파악하면, 오늘날의 모든 구체적 사물을 제어할 수 있다.〔執古之道, 以御今之有〕"고 하였으니, 여기서 말하는 '득모(得母)'는 곧 '집도(執道)'요, '지자(知子)'는 곧 '어유(御有)'로 이해됨.

3 평생토록 : 원문은 '몰신(沒身)'. 종신(終身), 즉 죽을 때까지, 평생 동안.

4 욕망의 통로 : 원문은 '기태(其兌)'. '태'는 구멍의 뜻으로, 여기서는 사람의 욕망을 불러일으키는 눈・코・입・귀 등의 감각기관을 가리킴. 그러므로 번역문에서 '욕망의 통로'로 옮김.

5 욕망의 문 : 원문은 '기문(其門)'. 여기서 '문'은 사람이 욕망을 추구하는 문호(門戶)를 가리킴.

6 괴롭거나… : 원문은 '근(勤)'. 로(勞)와 같은 뜻으로, 여러 가지 풀이가

우는 일을 도우면,[7] 평생토록 구제되지 못할 것이다.

실로 어렴풋한 도[8]를 능히 볼 수 있음이야말로 진정 밝음이라 할 것이요,[9] 실로 부드러움을 굳게 지킬 수 있음이야말로 진정 강함[10]이라 할 것이다. 만물을 통해 발하는 도의 광채를 이용해 그 본체의 밝음으로 되돌아간다면,[11] 우리 자신에게 재앙을 초래하지 않을 것이다. 이를 일러 영원불변의 지극한 도에 순응하는 것[12]이라고 한다.[13]

있으나, 괴롭고 힘들다는 말로 이해됨.

7 탐욕을… : 원문은 '제기사(濟其事)'. '제'는 도움〔助〕, 더함〔增〕. '기사'는 여기서는 인간의 탐욕을 채우는 일을 가리킴.

8 실로 어렴풋한 도(道) : 원문은 '소(小)'. 은미(隱微)함, 즉 겉으로 잘 드러나지 않고 어렴풋함을 이르며, 곧 도를 비유 지칭함. *제32장 주석4 참조.

9 ~할 것이요 : 원문은 '왈(曰)'. 이는 물론 본뜻인 '~라고 한다'라고 옮길 수 있으나, 『논어』「위정편(爲政篇)」· "『시경』300편을 한 마디로 말하면 '생각에 사악함이 없다'는 것이다.〔詩三百, 一言而蔽之, 曰思無邪〕"에서 보듯이, '~이다〔爲〕'라는 뜻으로 옮길 수도 있을 것임.

10 강함 : 원문은 '강(强)'. *제33장 주석3 참조.

11 만물을 통해… : 원문은 '용기광, 복귀기명(用其光, 復歸其明)'. 오징(吳澄)의 풀이에 따르면, '광'은 밖으로 내비치는 빛을 말하고, '명'은 안으로 밝게 빛남을 말함. 하여 여기서 '광'은 곧 만물을 통해 외계(外界)로 발하는 대도의 광채를 가리키고, '명'은 대도의 본체 본연(本然)의 밝음을 가리키는 것으로 이해됨. 그렇다면 위 페이린(余培林)이 이른 대로, '광'은 '명'의 작용이고, '명'은 '광'의 본체임. 또 '용기광'은 '지자(知子)'와 '견소(見小)', 다시 말해 도를 아는 것이 핵심이고, '복귀기명'은 '수모(守母)'와 '집본(執本)', 다시 말해 도를 지키는 것이 핵심임. 결국 도를 알고, 도를 지키면, 자연히 재앙을 부르지 않을 것임.

12 영원불변의… : 원문은 '습상(襲常)'. '습'이 통행본에는 '습(習)'으로 되어 있으나, 백서갑본을 비롯해 부혁본, 소철본, 임희일본 등에 근거해 고침. '습(習)'도 옛날에는 '습(襲)'과 통용함. '습'은 인습(因襲)함. 여기서는 순응함.

天下有始, 以為天下母. 既得其母, 以知其子; 既知其子, 復守其母, 沒身不殆. 塞其兌, 閉其門, 終身不勤. 開其兌, 濟其事, 終身不救. 見小曰明, 守柔曰强. 用其光, 復歸其明, 無遺身殃. 是謂襲常.

해설

이 장의 취지는 '수모(守母)', 즉 수도(守道, 도를 지키고 따름)의 중요성을 역설함에 있다. 우선 도는 우주 만물〔子〕의 시원〔母〕이니, 도와 만물의 관계는 흡사 '모(母)'와 '자(子)'의 관계요, 또 '명(明)'과 '광(光)의 관계와 같다. 어머니를 보면 그 자녀를 알 수 있듯이, 도를 깨달으면 만물의 본원과 법칙을 알 수 있다. 그리고 만물의 본원과 법칙을 알면, 다시 도를 더욱 굳게 지킬 수 있고, 도를 더욱 굳게 지키면, 만물을 더욱 잘 보존할 수 있을 것이다.

그렇게 하기 위한 실효성 있는 방법으로, 노자가 강조한 것은 내심의 허정(虛靜, *제5장 주석7 참조)을 유지하는 것이다. 그것은 바로 무욕(無欲)과 무위(無爲)로부터 비롯되고, 기대할 수 있다. 좀 더 구체적으로 말하면, 무엇보다 인간의 욕망을 자극하고, 추구할 여지를 근원적으로 차단해야 한다. 그리하여 세속적인 작은 총명과 지혜를 버리고, 대도의 본질적 밝음을 꿰뚫을 수 있는 참된 밝음, 큰 현명(賢明)을 길러야 한다.(*제33장 주석1 참조) 나아가 부드러움을 굳게 지키고, 낮고 약함에 편안히 처(處)할 줄 아는, 진실로 강한 면모를 갖추어야 한다. 그러면 마침내 허정한 마음으로 인간의 본

---

*제27장 주석8 참조. '상'은 상도(常道). *제1장 주석3 참조.

13 ~라고 한다 : 원문은 '위(謂)'. 왕필본에는 '위(爲)'로 되어 있는데, 옛날에 두 글자는 서로 통용함.

성을 회복하고, 대도를 깨달아 굳게 지키며, 그 본체의 밝음으로 되돌아갈 것이니, 평생 위험에 처하거나 재앙을 초래하지 않을 것이다. 하지만 만약 내심의 허정을 추구하기는커녕 '욕망의 통로를 열고, 탐욕을 채우는 일을 도우면, 평생토록 구제되지 못할 것'임을 알아야 한다. 노자의 경고가 귓가에 메아리친다.

제53장

만약[1] 내[2]가 조금[3] 아는 게 있고, 큰길[4]을 간다면, 오직 두려운 것은 그릇된 길로 빠지지나 않을까 하는 것[5]이다.

큰길은 아주 평탄하건만, 임금들[6]은 오히려 그릇된 작은 길[7]을 좋아하누나. 그리하여 조정은 심하게 부패하고,[8] 논밭은 온

---

1 만약 : 원문은 '사(使)'. 가사(假使), 가령, 만약.

2 내 : 원문은 '아(我)'. 노자가 스스로를 일컬음.

3 조금 : 원문은 '개연(介然)'. 미소(微小), 즉 아주 작은 모양. 여기서는 조금, 약간의 뜻으로 이해됨. 일설에는 확실히, 홀연히 등의 뜻이라고 함. 하지만 노자는 무지(無知)·무욕할 것을 주장하고 추구하였음을 감안할 때, 적절치 않음.

4 큰길 : 원문은 '대도(大道)'. 곧 대로(大路)로, 사실상 '도덕'을 두고 이르는 말임. 여기서 노자는 스스로를 한 나라의 통치자에 비유하면서, '대도'는 또 치국(治國)의 정도(正道)를 비유하고 있음.

5 그릇된 길로… : 원문은 '이(施)'. 이(迤)와 같은 뜻으로, 비스듬히 감. 곧 사로(邪路, 그릇된 길)를 감을 이름. '이' 뒤의 '시(是)'는 별 뜻 없는 어조사로, 동사와 목적어를 도치시켰음을 나타냄. 곧 '유시시외(唯施是畏)'는 '유외시(唯畏施)'의 뜻임.

6 임금들 : 원문은 '인(人)'. 여기서는 인주(人主)·인군(人君), 즉 당시 각국의 군주들을 두고 이르는 말임. 통행본과 왕필본 등에는 '민(民)'으로 되어 있으나, 시 통(奚侗)이 이른 대로 아래 글의 의미와 어울리지 않으므로 경룡본 등에 근거해 고침.

7 그릇된 작은 길 : 원문은 '경(徑)'. 사경(邪徑), 즉 곧지 않은 구불구불한 길. 여기서는 사로(邪路)를 이름.

8 부패하고 : 원문은 '제(除)'. 까오 헝은 도(塗)와 같으며, 혼탁하다〔汚〕는 뜻이라고 함. 마 쉬룬은 오(汚)의 가차자라고 함. 아무튼 이는 조정의 부패를 두고 이르는 말임. 한편 왕필은 '(궁전이) 깔끔하게 정돈되어 있다(潔好, 물론 이는 궁전을 한껏 화려하게 지어 사치한다는 말이지만)'는 뜻으로 풀이함. 하지만 아래의 '무(蕪)'와 '허(虛)'가 모두 부정적인 뜻임을 감안하면, 왕

통 황폐하며, 백성들의 곳간은 텅텅 비어 있거늘, 그들은 화려한 옷을 입고, 날카로운 보검(寶劍)을 차고, 물리도록 먹고 마시며, 국고(國庫)에는 긁어모은 재물이 넘친다.[9] 이는 그야말로 도적의 우두머리[10]라 할 것이니, 참으로 무도(無道)하도다!

使我介然有知, 行於大道, 唯施是畏. 大道甚夷, 而人好徑. 朝甚除, 田甚蕪, 倉甚虛. 服文綵, 帶利劍, 厭飮食, 財貨有餘. 是謂盜夸, 非道也哉!

해설

이는 당시의 불공평하고 모순된 사회상에 대한 신랄한 질타요, 강력한 비판이다. 그 부조리한 사회상의 주범은 바로 당시 각국의 통치자들이었다. 민생은 도탄에 빠져 허기조차 채울 수 없는 지경에 이르렀건만, 그들은 엄청난 권력을 등에 업고 온갖 착취를 자행하며 호화 사치하고 방탕한 생활을 일삼은 것이다. 진정 "백성이 굶주리는 것은, 통치자가 집어삼키는 조세가 너무 많기 때문에 굶주리는 것이요."(제75장) "사람의 도는, ……모자라는 이의 것을 덜어서 넘치는 이에게 바친 것이다."(제77장) 그들은 그야말로 '도적의 우두머리'였다. 노자가 주장하는 치국의 정도는 바로 대도를 따르는 청정(淸靜) 무위의 정치다. 그러나 당시의 통치자들은 대도를 벗어나 그릇된 길을 가고 있었으니, 그 무도함으로 인해 야기된

필의 풀이는 문맥상 자연스러움이 떨어져 적절치 않음.

9 국고에는… : 원문은 '재화유여(財貨有餘)'. 번역문의 일부 내용은 원문의 행간에 숨은 뜻을 드러낸 것임.

10 도적의 우두머리 : 원문은 '도과(盜夸)'. 대도(大盜) 혹은 도괴(盜魁), 즉 도적의 우두머리를 이름. '과'는 대(大)의 뜻임.

암흑상에, 노자가 분노를 삭이지 못하고 있는 것이다.

제54장

도에 대한 뜻과 믿음을 확고히 한 사람[1]은 도를 떨쳐 버리지 않고, 도에 대한 이해와 실천을 확실히 한 사람[2]은 도를 벗어나지 않으며, 그 자손들도 제사를 끊지 않게 된다.[3]

그와 같음을 자신에게 구현하면[4] 그 덕이 진실해질 것이요, 가정에 구현하면 그 덕이 넉넉해질 것이요, 고을에 구현하면 그 덕이 성장할[5] 것이요, 나라[6]에 구현하면 그 덕이 풍성해질 것이

---

1 도에 대한… : 원문은 '선건자(善建者)'. (무엇을) 잘 세운 사람. 여기서는 도(道)에 대한 입지(立志)와 신앙(信仰)을 확립한 것을 두고 이르는 말이며, 따라서 그 의미를 번역문에 반영함. '자'는 아래의 '자손(子孫)'이란 말과 연관지어 볼 때 '사람'을 일컫는 것으로 이해됨. 따라서 일설에 이를 일이나 현상 따위를 추상적으로 이르는 의존명사 '것'으로 풀이한 것은 이론의 여지가 있음.

2 도에 대한 이해와… : 원문은 '선포자(善抱者)'. (무엇을) 잘 품어 안은 사람. 여기서는 도에 대한 이해와 준수(遵守)와 실행을 확실히 한 것을 두고 이르는 말이며, 역시 그 의미를 번역문에 반영함.

3 그 자손들도… : 원문은 '자손이제사불철(子孫以祭祀不輟)'. 이는 그 종족(宗族)의 후대도 끊어지지 않고 길이 번영을 누리게 됨을 비유함. '철(輟)'이 백서을본에는 '절(絶)'로 되어 있는데, 두 글자는 옛날에 서로 통용함.

4 그와 같음을… : 원문은 '수지어신(修之於身)'. '수'는 『중용(中庸)』의 정현(鄭玄) 주(注)에서 이른 대로 치(治)의 뜻이고, '지'는 앞에서 말한 '선건(善建)'하고 '선포(善抱)'함을 가리킴. 그렇다면 '수지'는 곧 '선건'·'선포'함을 구현한다는 말로 풀이됨. 범응원(范應元)이 "'수'란 사욕을 없애어 덕을 쌓는데 방해가 되지 않게 하는 것이다.〔修者, 去私欲而不使爲德之害也〕"라고 한 것도 같은 맥락으로 이해됨. 결국 이 구절은 수신(修身)을 말하는 것이라고 할 수 있음. 아래 구절들도 이와 같은 맥락으로 풀이되니, 각각 제가(齊家)·치향(治鄕)·치국(治國)·평천하(平天下)를 말하는 것임.

5 성장할 : 원문은 '장(長)'. 성장함. 일설에는 존숭함 또는 장구함으로 풀

요, 천하에 구현하면 그 덕이 온 세상에 두루 미칠 것이다.

그러므로 심신이 절로 갈고 닦임을 기준으로 사람을 보고,[7] 집안이 절로 가지런해짐을 기준으로 가정을 보며, 고을이 절로 다스려짐을 기준으로 고을을 보고, 나라가 절로 부강해짐을 기준으로 나라를 보며, 천하가 절로 태평해짐을 기준으로 천하를 보는 것이다. 내가 어떻게 천하의[8] 실상(實狀)을 알겠는가? 바로 이 같은 방법에 따르는 것이다.

善建者不拔, 善抱者不脫, 子孫以祭祀不輟. 修之於身, 其德乃眞; 修之於家, 其德乃餘; 修之於鄕, 其德乃長; 修之於邦, 其德

이하나, 전후 문맥에서 보면 그 덕이 점진적으로 확대되어 감을 나타내고 있음을 감안하면 모두 적절치 않음.

6 나라 : 원문은 '방(邦)'. 왕필본에는 '국(國)'으로 되어 있음. 하지만 그것은 한대(漢代)에 고조(高祖) 유방(劉邦)의 휘(諱)를 피해 고친 것이므로, 초간본, 부혁본, 『한비자(韓非子)』「해로편(解老篇)」 등에 근거해 다시 고침.

7 심신이 절로… : 원문은 '이신관신(以身觀身)'. 이 구절 첫머리에 '고(故)', 즉 그러므로란 말이 있는 것으로 보아, 이 이하(以下)의 글은 분명 윗글의 논지(論旨)를 이어받아 내린 결론임을 알 수 있음. 한데 윗글은 '선건자(善建者)'와 '선포자(善抱者)'가 자기 자신으로부터 온 천하에 이르기까지 대도를 구현해가는 이상적인 형상에 대한 설명임. 그렇다면 이 구절은 바로 그러한 가운데 심신이 절로 갈고 닦이는 이치와 형상을 기준으로 사람을 살펴본다는 뜻으로 이해됨. 이 아래 구절들도 같은 방식으로 풀이됨. 한편 이를 하상공이 '도를 닦은 사람을 기준으로 도를 닦지 않은 사람을 본다.〔以修道之身觀不修道之身〕'라고 풀이한 것이나, 임희일이 '나 자신을 기준으로 다른 사람을 볼 수 있다.〔卽吾一身而可以觀他人之身〕'라고 한 것은 모두 노자의 본의를 충분히 풀어내지 못한 것으로 보임.

8 ~의 : 원문은 '지(之)'. 왕필본에는 없으나, 하상공본과 부혁본, 백서을본 등에 근거해 보충함.

乃豐; 修之於天下, 其德乃普. 故以身觀身, 以家觀家, 以鄉觀鄉, 以邦觀邦, 以天下觀天下. 吾何以知天下之然哉? 以此.

해설

노자가 이 장에서 말하고자 하는 것은 바로 '내성외왕(內聖外王)'의 이상(理想)이다. 『장자』「천하편(天下篇)」에서 처음 언급된 '내성외왕'은, 옛날 사람들이 추구한 최고의 수신(修身) 위정(爲政)의 이상으로, 안으로 성인의 청정(淸靜)한 덕성을 갖추고, 밖으로 무위(無爲)의 정치를 펼쳐 천하를 태평으로 이끄는 것을 말한다. 다시 말해 '내성'은 심신을 갈고 닦아 무위자연의 덕성을 기른다는 것이니, 곧 인격적 이상이라 할 것이요, '외왕'은 무위이치(無爲而治)의 정치를 펼친다는 것이니, 곧 정치적 이상이라 할 것이다.

노자의 견해에 따르면, '내성외왕'의 중점은 어디까지나 '내성', 즉 수신에 있다. 장(章)을 시작하며 가장 먼저 '도에 대한 뜻과 믿음을 확고히 하고, 도에 대한 이해와 실천을 확실히 할 것'을 강조한 것은 바로 그 때문이다. 대도의 본질과 정신에 입각한 수신이 전제되지 않는다면, 도와 덕을 논하고, '무위이치'의 이상을 추구하는 것은 모두 빈말이요, 구두선(口頭禪)일 뿐이다. 그러므로 노자는 수신의 근본 위에 한껏 진실해진 덕(德, 곧 사람이 획득한 도의 본질적 특성. *제21장 주석1·「해설」 참조)이, 가정과 고을과 나라(제후국)를 거쳐 궁극적으로는 온 천하에까지 확대될 것을 기대한 것이다. 훗날 장자가 "대도의 정화(精華)로는 심신을 닦고, 대도의 잉여(剩餘, 나머지 부분)로는 제후국을 다스리고, 대도의 찌꺼기로는 천하를 다스린다.〔道之眞以治身, 其餘緖以爲國家, 其土苴以治天下〕"〈『장자』「양왕(讓王)」〉라고 한 것도 유사한 맥락으로 이해된다.

여기서 우리는 문득 유가(儒家)의 수신・제가(齊家)・치국(治國)・평천하(平天下)의 사상 관념을 떠올리게 된다. 하지만 노자는 '가지런히 한다〔齊〕'거나 '다스린다〔治〕'거나 '평정한다〔平〕'라고 하지 않고, 굳이 그 덕이 '넉넉해지고' '성장하며' '풍성해지고' '온 세상에 두루 미칠 것'이라고 한 것에 주목하여야 한다. 노자의 사상에서 가정과 나라와 천하를 다스린다는 것은, 단지 수신 수도(守道)하며 자아를 충실히 한 후, 그 은덕이 자연스럽게 전파되고, 발전되는 것일 뿐이다. 이는 유가에서 말하는 수신의 목적이 순전히 치국・평천하에 있는 것과는 분명히 구별되는, 다른 얘기다. 하나는 절로 되는 것이요, 다른 하나는 만들어가는 것이다.

또한 노자는 한 개인으로부터 천하에 이르기까지 각각 어떤 상태인지를 고찰하고 평가함에, 각기 절로 이상(理想) 상태로 되어가는 정도를 기준으로 삼고 있는데, 그러한 요구와 기준은 결국 사람들로 하여금 도덕의 본질적 정신을 이해하고, 나아가 '선건(善建)'과 '선포(善抱)'의 이상에 이르게 할 수 있을 것이다.

제55장

순후한 덕을 갖춘 사람[1]은 갓난아이에 비유된다. 갓난아이는 독충[2]도 쏘지[3] 않고, 맹수도 덮치지[4] 않으며, 맹금(猛禽)[5]도 들이치지[6] 않는다. 또 뼈대는 약하고, 근육은 부드럽지만, 주먹은 단단히도 쥐며, 아직 남녀[7] 교합(交合)의 일을 알지 못하지만, 작은 생식기[8]가 절로 발기하나니, 그것은 정기(精氣)가 충만해 있기

---

1 순후(淳厚)한… : 원문은 '함덕지후(含德之厚)'. 초간본과 백서을본, 부혁본, 범응원본에는 '후' 아래에 '자(者)' 자(字)가 덧붙여져 있는데, 의미상 그것이 옳음. 따라서 응당 '자' 자를 보충해야 할 것이나, 오랜 세월 워낙 널리 알려지며 사람들의 머릿속에 각인된 점을 감안해 일단 통행본을 그대로 따르기로 함. '후'는 순후함, 즉 순박하고 두터움.

2 독충(毒蟲) : 왕필본에는 '봉채훼사(蜂蠆虺蛇)'로 되어 있고, 백서본도 대동소이함. 반면 하상공본, 경복본, 소철본, 사마광본, 임희일본, 그리고 그 밖의 많은 고본에는 모두 '독충'으로 되어 있음. 한데 이 구절은 다음의 '맹수불거, 확조불박(猛獸不據, 攫鳥不搏)' 2구에 비추어 보면, 응당 하상공본 등과 같이 '독충불석(毒蟲不螫)'으로 써야만 3구의 표현 구법(句法)이 비로소 일치하게 됨. 따라서 그에 근거해 고침.

3 쏘지 : 원문은 '석(螫)'. 벌레가 침으로 쏨.

4 덮치지 : 원문은 '거(據)'. (위에서) 누른다는 뜻으로, 여기서는 (맹수가 먹잇감을) 덮친다는 말임.

5 맹금 : 원문은 '확조(攫鳥)'. 맹금을 이름. '확'은 맹금류가 먹잇감을 덮쳐 날카로운 발톱으로 단단히 움켜잡는 것을 말함.

6 들이치지 : 원문은 '박(搏)'. 친다는 뜻으로, 여기서는 맹금류가 날개나 발톱으로 먹잇감을 들이친다(들이닥치며 몹시 세차게 공격함)는 말임.

7 남녀 : 원문은 '빈모(牝牡)'. 짐승의 암컷과 수컷을 이르는 말. 또한 그로부터 확대되어 음양 이성(二性), 남녀 양성(兩性)을 이르기도 함.

8 작은 생식기 : 원문은 '최(朘)'. 갓난아이의 생식기. 왕필본에는 '전(全)'으로 되어 있는데, 그것은 '최'의 가차자이므로, 백서을본과 부혁본에 근거

때문이다. 온종일을 울어도 목이 쉬지[9] 않는데, 그것은 화기(和氣)[10]가 충만해 있기 때문이다.

그러한 화기의 이치를 아는 것이 대도 운행의 상규(常規)[11]요, 대도 운행의 상규를 아는 것이 상도(常道)에 밝은 것이다.[12] 반면 황음(荒淫) 사치하며 양생(養生)을 지나치게 하는 것[13]은 상서롭지 못한 것이요,[14] 욕망이 정기를 지배하는 것[15]은 강포(强暴)한 것[16]이다. 만사 만물은 일단 강성하면 점차 쇠락하게 되는 법, 강성함을 좇는 것은 도의 정신에 부합치 않는다 할 것이니, 무엇이든 도의 정신에 부합하지 않으면 일찍 쇠멸하게 된다.[17]

해 고침. 하상공본을 비롯한 다수의 고본에는 '최(峻)'로 되어 있는데, 그것은 '최(朘)'와 통용함.

9 목이 쉬지 : 원문은 '사(嗄)'. 울어서 목이 쉼. 하상공본에는 '아(啞)'로 되어 있는데, 두 글자는 서로 통용함.

10 화기(和氣) : 원문은 '화(和)'. *제42장 주석5 참조.

11 대도 운행의 상규 : 원문은 '상(常)'. *제16장 주석7 참조.

12 상도에 밝은 것이다 : 원문은 '명(明)'. *제16장 주석7 참조.

13 황음 사치하며… : 원문은 '익생(益生)'. 이는 자연 섭리에 따르지 않고 양생을 과도히 한다는 것으로, 곧 제50장에서 말한 '생생지후(生生之厚)'의 뜻임. *제50장 주석4 참조.

14 상서롭지… : 원문은 '상(祥)'. 길상(吉祥)과 불상(不祥)을 모두 '상'이라고 하나, 여기서는 후자의 뜻으로 쓴 것임.

15 욕망이… : 원문은 '심사기(心使氣)'. '심'은 욕심, 욕망. '사'는 부림, 지배함. '기'는 정기(精氣), 기력(氣力). 결국 '심사기'는 욕망이 정기를 지배한다는 뜻이니, 곧 행위가 이성적이지 못하고 욕심이 앞서 격앙된 기분과 감정에 치우친다는 말임. 제10장에서 말한 '정기를 모으고 또 한껏 부드럽고 순해진다〔專氣致柔〕'는 것은 이와는 상반된 경지임.

16 강포한 것 : 원문은 '강(强)'. 이는 '수유왈강(守柔曰强)'(제52장)의 '강'이 아니라, '유약승강강(柔弱勝剛强)'(제36장)의 '강'을 말함.

含德之厚, 比於赤子. 毒蟲不螫, 猛獸不據, 攫鳥不搏. 骨弱筋柔而握固, 未知牝牡之合而朘作, 精之至也. 終日號而不嗄, 和之至也. 知和曰常, 知常曰明. 益生曰祥, 心使氣曰强. 物壯則老, 謂之不道, 不道早已.

해설

노자의 생각에 따르면, 그 덕이 순박하고 심후(深厚)한 사람은 흡사 갓난아이와도 같다. 사람이 갓 태어나서는 순진(純眞) 유화(柔和)하고 무지(無知) 무욕(無欲)한 가운데 정기와 화기로 가득 차 있어, 천지와 더불어 살고, 대도와 한 몸을 이룬다. 그리하여 갓난아이는 한껏 무욕하고 유약함으로써 오히려 재앙을 멀리하고 굳세고 강함을 이기는 것이다.

반면 사람은 장성하면서 점차 사심(私心)과 탐욕이 일며, 애초의 순후한 덕성을 잃고, 날로 대도에서 벗어나게 된다. 한데 대도의 기본 정신에 위배되는 행위는 하나같이 그 쇠망(衰亡)을 앞당길 뿐임을 알아야 한다. 하여 노자가 '갓난아이처럼 순진하고 자연(自然)한 상태로 되돌아 갈 것'(제28장)을 요구하는 것이다. 탐욕과 기만, 허위를 버리고, 인간 본연의 순진 질박과 무지 무욕의 상태, 즉 인생에서 가장 아름다운 갓난아이의 상태를 회복하여, 무위와 유약(柔弱), 겸퇴(謙退)와 부쟁(不爭)을 몸소 실천하라는 얘기다.

---

17 만사 만물은 일단… : 원문은 '물장즉로, 위지부도, 부도조이(物壯則老, 謂之不道, 不道早已)'. 이 세 구절은 앞서 제30장에서 이미 언급된 바 있음. * 제30장 주석8, 9, 10 및 「해설」 참조.

제56장

아는 사람은 말하지 않고, 말하는 사람은 알지 못한다.[1] 그러므로 진실로 도를 체득한 이는[2] 욕망의 통로를 막고 욕망의 문을 닫으며,[3] 예봉(銳鋒)을 꺾고 분란(紛亂)을 해소하며, 빛을 감추고[4] 티끌 속에 섞여 드나니,[5] 이를 일러 '현묘(玄妙)히 하나 됨〔玄同〕'[6]이라 한다.

---

1 아는 사람은… : 원문은 '지자불언, 언자부지(知者不言, 言者不知)'. 진실로 도를 아는 사람은 함부로 도를 말하지 않고, 함부로 도를 말하는 사람은 진실로 도를 알지 못한다는 말. 여기서 '지'는 곧 도를 두고 이르는 것으로 이해됨. 일설에는 '지'를 '지(智)'의 뜻으로 풀이하기도 하고, 또 일설에는 '언'을 제2장 '불언지교(不言之敎)'의 '언'과 같이 정령을 발한다는 뜻으로 풀이하기도 함.

2 그러므로 진실로… : 이는 원문에는 없는 말이나, 전후 문맥상 숨은 뜻을 드러낸 것임. 여기서 '그러므로'란 곧 하상공이 '지자불언(知者不言)'에 대해 '아는 사람은 실행하는 것을 중시하지, 말하는 것은 중시하지 않는다〔知者貴行不貴言也〕'고 부연 설명한 뜻을 함축한 말임.

3 욕망의 통로를… : 원문은 '색기태, 폐기문(塞其兌, 閉其門)'. 이는 제52장에서 이미 언급된 바 있음. *제52장 주석4, 5 참조.

4 감추고 : 원문은 '화(和)'. 이는 오징이 '가리고 억누른다〔掩抑〕'는 뜻으로 풀이했듯이, 곧 (빛을) 감춘다는 말임.

5 섞여 드나니 : 원문은 '동(同)'. 한데 섞여 들어 어우러짐, 하나가 됨.

6 현묘히 하나 됨 : 원문은 '현동(玄同)'. 현묘히(헤아릴 수 없이 미묘하게) 동화(同化)되는, 즉 하나 되는 경지. 이는 궁극적으로는 조화의 극치를 달리는 도의 경지나 다름이 없다 할 것임. 진실로 도를 체득한 사람은 세상에서 빛을 감추고 굳이 청탁(淸濁)을 가리지 않음으로써 두루 하나 되는 일면이 있으나, 그 내심(內心)은 오히려 지극히 허정(虛靜)하여 분명 세속과는 다른 일면이 있으므로, 엄격히 말하면 같으면서도 다르고, 또 다르면서도 같다고 할 수 있음. 이른바 '현묘히 하나 됨'이란 바로 이 같은 경지를 이르는 게

무릇[7] 그 같은 경지에 이른 사람은 가까이할 수도 없고, 멀리할 수도 없으며, 이롭게 할 수도 없고, 해롭게 할 수도 없으며, 부귀하게 할 수도 없고, 빈천하게 할 수도 없다.[8] 그러므로 그런 이야말로 진정 천하에서 가장 존귀한 존재가 되는 것이다.[9]

知者不言, 言者不知. 塞其兌, 閉其門, 挫其銳, 解其紛, 和其光, 同其塵, 是謂玄同. 故不可得而親, 不可得而疏; 不可得而利, 不可得而害; 不可得而貴, 不可得而賤. 故為天下貴.

해설

이는 노자가 설정한 체도지사(體道之士), 즉 도를 체득한 선비에 대한 설명이다. 체도지사는 물론 노자 사상에서 가장 이상적인 인격을 수양하고 구비한 인물 형상이다.

노자는 일찍이 "도란 어떤 것이라고 말할 수 있으면, 그것은 영원불변의 지극한 도가 아니다."(제1장)라고 선언하였다. 지극한 도는 말로 설명할 수 있는 게 아니다. 그저 무위자연의 마음으로, 무위자연의 도를 느끼고 깨달을 수 있을 뿐이다. 그러니 도에 대한

아닌가 함.

7 무릇 : 원문은 '고(故)'. 여기서는 문맥상 발어사 '부(夫)'와 같음. *제29장 주석7 참조.

8 그 같은 경지에 이른 사람은… : 이 여섯 구절은 곧 '현동'의 경지는 친소(親疏)·이해(利害)·귀천(貴賤)의 구별을 초월함을 강조함.

9 천하에서… : 원문은 '위천하귀(爲天下貴)'. 천하에서 가장 존귀한 인물이 됨. 또는 천하 만인에게 귀히 여겨짐, 존중을 받음. 한편 까오 헝은 제39장의 '후왕득일이위천하정(侯王得一以爲天下正)' 구(句)를 예시(例示)하며, 여기서 '귀'는 '정(貞)'의 잘못이며, '정'은 '정(正)'의 가차라고 하였는데, 나름의 설득력을 갖는 견해로, 참고할 만함. *제39장 주석5 참조.

감오(感悟)와 체득이 지극한 체도지사는, 당연히 말보다는 행동으로 대도의 정신을 구현한다. 그는 사사로운 욕망은 완전히 떨쳐버리고, 겸허 유약하고 무위 부쟁(不爭)하며 일체의 분란을 해소하는가 하면, 세속과 한데 어우러지며 '현묘히 하나 됨'의 경지에 이른다. 이른바 '현묘히 하나 됨'은 친소(親疏)와 이해(利害)·귀천(貴賤)을 막론하고, 진정 넓은 도량과 공정(公正) 무사(無私)한 마음으로 뭇사람을 대하는 것이다. 그러므로 체도지사가 천하 만인의 존숭을 받고, 천하 만인의 본보기가 되며, 또한 천하 만인의 영도자가 되는 것은 당연한 이치다.

제57장

'정령[1]으로 나라를 다스리고, 기묘한 꾀[2]로 군사를 부린다?' 사실은 무엇보다 청정(淸靜) 무위의 원칙[3]으로 천하를 다스려야[4] 한다. 내가 어떻게 그러하다는 것을 알겠는가? 바로 다음과 같은 사실을 통해서다.

천하에 금령(禁令)[5]이 많으면 백성들은 더욱 빈궁해지고, 군

---

1 정령(政令) : 원문은 '정(正)'. 정(政)과 통함. 이는 러우 위리에(樓宇烈)가 『노자』 제17장 왕필 주(注)의 '이정제민(以正齊民)'은 곧 『논어』「위정편(爲政篇)」의 '도지이정, 제지이형(道之以政, 齊之以刑)'과 같은 뜻이라고 한 데에 따른 것임. 한편 이 '정'을 흔히 정도(正道), 곧 청정(淸靜) 무욕(無欲)의 도, 청정 무위의 도를 가리키는 것으로 풀이하나, 아래 '무사(無事)'의 의미와 중복되어 적절치 않음.

2 기묘한 꾀 : 원문은 '기(奇)'. 기계(奇計)·기책(奇策), 즉 기묘한 꾀.

3 청정 무위의 원칙 : 원문은 '무사(無事)'. 곧 무위의 정치를 가리킴. *제48장 주석7, 제23장「해설」 참조.

4 다스려야 : 원문은 '취(取)'. 여기서는 다스린다는 뜻임. *제48장 주석5 참조. ○이상의 '이정치국, 이기용병, 이무사취천하(以正治國, 以奇用兵, 以無事取天下)' 3구에 대한 역대의 풀이는 대략 둘로 나뉨. 하나는 노자가 이 3구의 의미를 모두 긍정한다는 견해이고, 다른 하나(왕필, 까오 헝, 위 페이린 등의 견해)는 노자가 오직 셋째 구의 의미만 긍정하고, 앞 두 구의 의미는 부정한다는 견해임. 한데 리우 쿤성(劉坤生)이 이른 대로, '유위(有爲)'를 비판하는 아래의 문의(文意)에 비춰볼 때, 앞 두 구('이정치국, 이기용병')의 내용은 모두 '유위'에 해당되며, 오직 셋째 구('이무사취천하')의 내용만이 '무위'로서 백성들을 도탄에서 구제할 수 있다는 게 노자의 판단인 것으로 보임. 한편 루 위싼(盧育三)은 앞 두 구는 당시에 널리 유행하던 명언(名言) 숙어(熟語)로, 노자가 '유위'의 정치를 예시하기 위해 빌려온 것일 뿐이라고 했는데, 설득력 있는 견해로, 따를 만함.

5 금령 : 원문은 '기휘(忌諱)'. 여기서는 곧 백성을 옥죄는 금령·금법(禁

주[6]가 권력[7]을 빈번히 휘두르면 나라는 더욱[8] 혼란에 빠지며, 군주가 간교한 술책[9]을 많이 부리면 세상에는 사악한 일들[10]이 더욱 크게 일어나고, 형벌[11]이 가혹하면[12] 할수록 오히려 도적은 더욱 기승을 부린다.

그러므로 성인은 말한다. "내가 무위하면 백성들이 절로 화육(化育)되고, 내가 청정(淸靜)함을 좋아하면 백성들이 절로 바른

法) 따위를 이름.

6 군주 : 원문은 '인(人)'. 통행본과 왕필본 등에는 '민(民)'으로 되어 있음. 하지만 쟝 시창이 이른 대로, '천하다기휘(天下多忌諱)'·'인다이기(人多利器)'·'인다기교(人多伎巧)'·'법령자창(法令滋彰)'은 모두 군주의 통치 형태를 염두에 둔 말로, '유위'의 정치로는 천하를 제대로 다스릴 수 없음을 밝힌 것으로 이해되며, 따라서 경룡본을 비롯한 다수의 고본(古本)에 근거해 고침. '인'은 인주(人主), 인군(人君), 즉 임금·군주의 뜻임. *제53장 주석6 참조. 한편 옌 링펑(嚴靈峯)은 반정관본(潘靜觀本)에 '조(朝)'로 되어 있는 것이 오히려 더 낫다고 했는데, 그 또한 의미상 무리가 없음. '조'는 조정(朝庭)을 뜻함.

7 권력 : 원문은 '이기(利器)'. *제36장 주석7 참조.

8 더욱 : 원문은 '자(滋)'.

9 간교한 술책 : 원문은 '기교(伎巧)'. 기교(技巧)·지교(智巧). 다만 여기서는 부정적인 의미로, 간교한 술책 따위를 이르는 것으로 이해됨.

10 사악한 일들 : 원문은 '기물(奇物)'. 기이한 사물. 부혁본에는 '사사(邪事)'로 되어 있는데, 여기서는 그처럼 사악한 일, 기이한 일을 이르는 것으로 이해됨.

11 형벌 : 원문은 '법물(法物)'. 왕필본에는 '법령(法令)'으로 되어 있으나, 하상공본과 초간본, 백서을본에 근거해 고침. '법물'은 형법(刑法) 조문이 기록된 물체로, 죽형(竹刑, 형법 조문을 써놓은 죽간)·형정(刑鼎, 형법 조문을 새겨놓은 세발솥) 등을 가리킴. 번역문에서는 '형벌'로 옮김.

12 가혹하면 : 원문은 '창(彰)'. 뚜렷이 드러남. 여기서는 형법이 엄명(嚴明)함, 또는 형벌이 가혹함을 이르는 것으로 이해됨.

길을 가게 되며, 내가 성가시게 하지 않으면 백성들이 절로 부유해지고, 내가 무욕하면 백성들이 절로 순박해진다."

'以正治國, 以奇用兵?' 以無事取天下. 吾何以知其然哉? 以此. 天下多忌諱, 而民彌貧; 人多利器, 國家滋昏; 人多伎巧, 奇物滋起; 法物滋彰, 盜賊多有. 故聖人云: "我無為, 而民自化; 我好靜, 而民自正; 我無事, 而民自富; 我無欲, 而民自樸."

해설

이는 노자가 일관되게 주장해온 '무위이치(無爲而治, *제5장 「해설」 참조)'의 정치론이다. 노자 당시의 혼란하기 그지없는 사회상은, 각국 군주들의 탐욕적인 '유위(有爲)'의 통치가 빚어낸 결과였다. 그것은 만백성들을 도탄에서 허덕이게 함은 물론이거니와, 궁극적으로는 군주 자신의 통치적 기반까지 붕괴시켜 파멸을 초래할 따름이다. 그러므로 노자는 청정 무위의 정치를 행할 것을 강력히 요구한 것이다. 통치자가 '무위(無爲)'·'호정(好靜)'·'무사(無事)'·'무욕(無欲)'하면 백성들은 절로 화육되고, 바른 길을 가며, 부유해지고, 순박해진다는 얘기다. 그야말로 '무위이치'다.

노자의 이 같은 주장은, 물론 공전(空前)의 난세였던 당시의 사회현실에 대한 불만과 이상 사회에 대한 동경에서 비롯된 것이다. 다만 현실적으로 당시의 통치자들이 받아들여 시행하기에는 분명 무리가 있었으니, 그것이 바로 노자 사상의 어쩔 수 없는 한계라 할 것이다.

제58장

나라의 정치가 어수룩하면[1] 그 백성이 순박해지고,[2] 나라의 정치가 까다로우면[3] 그 백성이 교활해진다.[4]

화는 복이 기대어 있는 것이요, 복은 화가 숨어 있는 것이다. 그러니 어느 누가 그 끝[5]을 알 수 있겠는가? 화와 복은 무상(無常)한 것이다.[6] 옳은 것은 다시 그른 것[7]이 되고, 선한 것은 다시 악한 것[8]이 된다네. 하지만 사람들이 갈피를 잡지 못하고 갈팡

---

1 어수룩하면 : 원문은 '민민(悶悶)'. 어수룩하고 흐리멍덩한 모양. 여기서는 나라의 정치가 청정 무위하여 백성들에게 지극히 너그럽고 후덕함을 비유함. *제20장 "나만 홀로 세상 물정에 어둡다.〔我獨悶悶〕" 참조.

2 순박해지고 : 원문은 '순순(淳淳)'. 순박하고 돈후한 모양.

3 까다로우면 : 원문은 '찰찰(察察)'. 지나치게 꼼꼼하고 자세하여 까다로운 모양. 여기서는 나라의 정치가 치밀(緻密) 유위(有爲)하여 백성들에게 엄격하고 가혹함을 비유함. *제20장 "세상 사람들은 다 세상 물정에 밝다.〔俗人察察〕" 참조.

4 교활해진다 : 원문은 '결결(缺缺)'. 교활한 모양. 백서갑본에는 '결결/쾌쾌(夬夬)'로 되어 있음. 까오 헝이 이른 대로, '결(缺)'과 '결(夬)'은 모두 '결(狭)'의 가차(假借)임. 『강희자전(康熙字典)』에 따르면 '결(狭)'은 회(獪)나 길(狤)과 같고, 교활하다는 뜻임.

5 그 끝 : 원문은 '기극(其極)'. 곧 화복(禍福) 변화의 궁극(窮極), 끝을 이름.

6 화와 복은… : 원문은 '기무정야(其無正也)'. '기'는 화복을 가리킴. '정'은 『옥편(玉篇)』에서 정(定)의 뜻이라고 하였으니, '무정'은 곧 무정(無定, 일정함이 없음)·부정(不定, 일정하지 않음)과 같은 말임. 또한 흔히 말하는 무상함, 즉 일정하지 않고 늘 변하는 데가 있음을 이르는 것으로 이해됨. 까오 헝이 '정'을 정준(定準), 즉 일정한 표준으로 풀이한 것도 결국 같은 얘기임. '야'는 통행본에는 없으나, 백서을본에 근거해 보충함.

7 옳은 것·그른 것 : 원문은 '정(正)'·'기(奇)'. 이는 곧 정(正)·사(邪), 또는 시(是)·비(非)의 뜻으로 이해됨.

질팡한[9] 날들이 이미 오래되었도다.

그러므로 성인은 반듯하지만 깐깐히 남을 힘들게 하지 않고,[10] 예리하지만[11] 남에게 상처를 입히지[12] 않으며, 솔직하지만 남에게 함부로 하지[13] 않고, 빛나지만 남의 눈을 부시게 하지[14] 않는다.

其政悶悶, 其民淳淳; 其政察察, 其民缺缺. 禍兮, 福之所倚; 福兮, 禍之所伏. 孰知其極? 其無正也. 正復為奇, 善復為妖. 人之迷, 其日固久. 是以聖人方而不割, 廉而不劌, 直而不肆, 光而不燿.

해설

이는 위정(爲政) 치국(治國), 즉 정치를 행해 나라를 다스리는 방

---

8 악한 것 : 원문은 '요(妖)'. 여기서는 악(惡)을 뜻함.

9 갈피를… : 원문은 '미(迷)'. 미혹됨. 곧 화복의 이치를 제대로 알지 못하고 갈팡질팡함을 이름.

10 반듯하지만… : 원문은 '방이불할(方而不割)'. '방'은 모남. 여기서는 방정(方正)함, 반듯함. '할'은 벰, 상처를 냄. 여기서는 남에게 깐깐하게 굴어 힘들게 함을 비유함. 대개 모난 것은 모서리가 있어 주변의 사람이나 물체를 다치게 함. 하지만 여기서 말하는 '방'은 그런 일반적인 '모남'이 아니라, 이른바 '크게 모남〔大方〕'으로, '모서리가 없기〔無隅〕'(제41장) 때문에 남을 힘들게, 또는 다치게 하지 않는 것임.

11 예리하지만 : 원문은 '렴(廉)'. 예리함.

12 상처를 입히지 : 원문은 '귀(劌)'. 상처를 냄.

13 함부로 하지 : 원문은 '사(肆)'. 방사(放肆)함, 방자(放恣)함. 곧 제멋대로 함, 함부로 함.

14 눈을 부시게… : 원문은 '요(燿)'. 요(耀)와 같음. 여기서는 눈을 부시게 함. 곧 뽐냄, 과시함을 비유함. 성인은 '빛을 감추기〔和其光〕'(제56장) 때문에 남의 눈을 부시게 하지 않을 수 있는 것임.

법론에 대한 주장이다. 노자는 기본적으로 '무위'의 정치를 숭상하고, '유위'의 정치를 반대한다. 여기서 노자는 바로 그러한 관점에서 먼저 정치와 민풍(民風)의 관계를 설명하였다. 통치자가 청정무위의 원칙과 태도로 관대하고 후덕한 정치를 하면, 백성들은 날로 순박해지고 사회 민풍은 한결 돈후해지면서, 국가 사회가 평화와 안녕의 길을 가게 된다. 반면 통치자가 사사로이 탐욕에 빠져 온갖 정령과 형벌로 백성들을 못살게 구는 정치를 하면, 백성들은 그 포학함을 이기지 못하고, 날로 교활한 꾀로 학정(虐政)에 대처하면서 허위와 기만이 난무하는 풍조가 만연해 사회는 결코 안정될 수가 없다.

통치자는 대개 치밀한 '유위'의 정치가 분명 부강한 나라로 가는 길이며, 필시 상당한 효과와 성과를 거둘 것으로 믿고 기대하기 쉽다. 하지만 그렇게 해서는 안정과 번영은커녕 파멸만 초래할 뿐이라는 게 노자의 생각이다. 이러한 정치 사회상의 변증법적 현상은 흡사 화복과 시비·선악의 무상함과도 같다. 인생의 길흉화복은 실로 변화가 무쌍하여 예측하기 어렵다. 『회남자(淮南子)』「인간훈편(人間訓篇)」에 나오는 '새옹지마(塞翁之馬)' 이야기는 바로 그 같은 이치를 상징적으로 보여준다. 그 때문에 사람은 겸허히 '수유(守柔, 부드러움을 지킴)'와 '처하(處下, 아래에 처함)'의 자세로 처신 처사하여야 한다.

'수유'하고 '처하'한다는 것은 곧 여기서 말하는 '화'와 '그른 것'과 '악한 것'에 처하는 것과 마찬가지이니, 그것은 결국 불패(不敗, 지지 않음·실패하지 않음·더 이상 나빠지지 않음)의 지위에서 입지(立志)하는 것이다. 따라서 객관적인 형세가 어떻게 변하든 더 이상 나빠지지 않을 수 있을 뿐만 아니라, 때가 되고 기운이 무르익으면 오히려 긍정적인 변화와 발전을 도모할 수도 있다. 노자가 말하는 성인(*제2장 주석9 참조)의 처신 처사는, 바로 그 같은 이치에 대한 깊은 이해와 통찰에서 비롯된 것이다. 오랜 세월 갈팡질팡하며 엉뚱하고 부질없는 삶을 살아온 우리도, 이제 노자가 일러준 그 심오하면서도 평범한 진리를 깨달아야 할 것이다.

제59장

뭇사람을 다스리고[1] 타고난 심신을 보양(保養)하는[2] 데는, 정신과 지력(智力)을 아끼는 것[3]보다 더 나은 것이 없다. 바로 그처럼 정신과 지력을 아끼기 때문에[4] 보다 일찍 도(道)를 좇을 수 있는[5] 것이다. 보다 일찍 도를 좇는다는 것은 부단히 덕을 쌓음

---

1 뭇사람을… : 원문은 '치인(治人)'. 이는 곧 치민(治民, 백성을 다스림), 치국(治國, 나라를 다스림)의 뜻으로 이해할 수 있음.

2 타고난… : 원문은 '사천(事天)'. 이는 천부(天賦)의, 즉 하늘이 사람에게 부여한 심성(心性)과 본능을 잘 받들어 온전히 한다는 뜻이니, 곧 양생(養生, 천부의 타고난 심신을 보양함)을 이르는 것으로 이해됨. 도가의 '양생'은 존심(存心, 영명한 본심을 보존함) · 양성(養性, 천부의 본성을 함양함)에 중점을 두고 있으며, 이는 후세의 도교(道敎)가 양형(養形, 형체 즉 육체를 보양함)으로 기운 것과는 다름.

3 정신과 지력을… : 원문은 '색(嗇)'. 아낌, 보양함. 이는 몇 가지 견해가 있으나, 『한비자(韓非子)』「해로편(解老篇)」에서 풀이한 대로, '그 정신을 아끼고, 지력을 아끼는 것〔愛其精神, 嗇其智識也〕'으로 이해함이 무난함. 한편 범응원이 이를 '스스로 정력(심신의 활동력)을 아끼는 것〔自愛精力〕'이라고 한 것도 결국 같은 얘기임. 이는 곧 까오 헝이 이른 대로, '무위로 돌아가는 것〔歸無爲〕'임.

4 바로 그처럼 ~ 때문에 : 원문은 '부유(夫唯) ~ 시이(是以)'. *제2장 주석 14 참조. '시이'가 하상공본과 왕필본 등 기타 판본에는 '시위(是謂)'로 되어 있음. 하지만 '부유'의 아래 구절에는 '시이'가 아니면 '고(故)'를 쓰는 것이 『노자』 전권(全卷)의 일관된 표현법이며, 따라서 백서을본과 『한비자』「해로편」에 근거해 고침.

5 보다 일찍… : 원문은 '조복(早服)'. '복'은 좇음, 따름, 복종함. 다만 이 말은 목적어가 생략되어 있어 문의(文意)가 불완전하며, 그 때문에 한비자나 왕필이 '도(道)'의 의미를 더해 풀이함. 『한비자』「해로편」 : "성인은 비록 화난(禍難)의 조짐을 보지는 않았지만, 허정(虛靜)과 무위의 마음으로 도리

을 말한다. 부단히 덕을 쌓으면, 능히 해내지[6] 못할 것이 없다. 능히 해내지 못할 것이 없으면, 그 능력의 끝을 알 수가 없다. 그 능력의 끝을 알 수 없으면, 나라를 차지할 수가 있다. 이처럼 나라를 차지해 다스림을 도로써 하면[7], 오래도록 그 나라를 지킬 수가 있다. 이를 일러 뿌리를 깊이 뻗고 단단히 내려 길이길이 사는[8] 이치라 할 것이다.

治人事天, 莫若嗇. 夫唯嗇, 是以早服. 早服謂之重積德; 重積德則無不克; 無不克則莫知其極; 莫知其極, 可以有國; 有國之母, 可以長久. 是謂深根固柢, 長生久視之道.

(자연 법칙)를 따르나니, 이를 일러 '조복'이라고 한다.〔聖人雖未見禍患之形, 虛無服從於道理, 以稱早服〕" 한편 이를 일설에는 초간본(楚簡本)에 '조비(早備)'로 되어 있는 데에 근거해, '일찌감치 준비한다'는 뜻으로 풀이함. 하지만 아래에서 "부단히 덕을 쌓음을 말한다〔重積德〕"는 설명에 비춰볼 때, 한비자 등의 풀이만큼 자연스럽지 못함.

6 해내지 : 원문은 '극(克)'. 극복함, 이김, 감당함(일 따위를 맡아서 능히 해냄).

7 나라를 차지해… : 원문은 '유국지모(有國之母)'. 여기서 '지'는 까오 헝이 『고서허자집석(古書虛字集釋)』에 근거해 '이(以)'와 같다고 했는데, 설득력이 있어 따름. '모'는 제52장··"천지 만물은 시원이 있으며, 그것이 바로 천지 만물의 어머니가 된다."에서의 '천지 만물의 어머니〔天下母〕'와 같은 말로, 곧 도를 가리킴.

8 길이길이 사는 : 원문은 '장생구시(長生久視)'. 여기서 '시'는 『여씨춘추(呂氏春秋)』의 고유(高誘) 주(注)에 근거해 활(活)의 뜻으로 풀이됨. 이는 곧 '시'가 시력(視力)을 나타낸 데서, 사람의 활력을 뜻하는 것으로 전의(轉義)된 것임.

해설

노자는 여기서 치국과 양생의 도를 논하고 있다. 치국과 양생에 있어, 사람이 반드시 준수하고 견지해야 할 원칙으로, 노자가 제시한 것은 바로 '색(嗇)'의 관념이다. '색'의 기본 의미는 물론 아낀다는 것이다. 하지만 노자가 말하는 '색'은 재물이 아닌 정신의 문제로, 곧 '정신과 지력을 아끼는 것'을 말한다. 그것은 특히, 보다 일찍 순진 질박한 대도의 경지를 향해 나아가는 가운데, 부단히 덕을 쌓으며 사욕을 떨쳐버리고, 궁극적으로 인간의 내재적 생명력을 증강시킬 수 있는 길이다.

이른바 '색'을, 먼저 치국의 측면에서 보면, 곧 '무위'라 할 것이다. 노자는, 통치자가 탐욕에 눈이 멀어 백성을 못살게 굴고, 다른 나라를 침공하는 것을 반대하였다. 하여 병력으로 천하에 위세를 부리는 일은 흔히 대갚음이 따르며(*제30장 참조), 결국은 패망에 이를 뿐이라고 경고하였다. 요컨대 무위의 정치만이 통치의 기반을 공고히 하여, 길이 국운을 융성으로 이끌 수 있는 길이라는 얘기다.

다음으로 양생의 측면에서 보면, '색'이란 곧 '지족(知足)'과 '과욕(寡慾)'이라 할 것이다. 사람이 만족할 줄 모르고 끝없이 욕심을 부리는 것이야말로 모든 화난의 뿌리라는 것(*제46장 참조)이 노자의 생각이다. 사람은 탐욕을 버리고, '내심의 잡념을 깨끗이 씻어내어'(제10장) 도를 좇고, 도에 녹아들며 덕을 쌓아가야 한다. 왜냐하면 그것이 바로 생명을 장구히 할 수 있는 길이기 때문이다.

이 같은 일깨움은 물론 군주를 겨냥한 것이다. 하지만 이를 우리 같은 보통사람들도 충분히 참고하고 적용할 수 있는 보편적 의의 또한 충분히 있으며, 특히 양생의 도는 더욱 그렇다.

제60장

큰 나라를 다스리는 것은 작은 생선을 굽듯이[1] 해야 한다. 그러므로 임금이 도로써 천하를 다스리면,[2] 귀신도 해코지하지[3] 못한다. 아니 귀신이 해코지하지 못할 뿐만 아니라,[4] 해코지를 해도 사람을 해치지 못한다. 아니 귀신이 사람을 해치지 못할 뿐만 아니라, 성인[5]도 사람을 해치지 못한다. 그리하여 귀신과 사람, 성인과 백성[6]이 각기 서로 해치지 않게 되므로, 마침내 그 덕이 모두[7] 만백성에게 돌아가면서 성세(盛世)를 누리게 된다.[8]

---

1 굽듯이 : 원문은 '약팽(若烹)'. '팽'은 요리의 방법으로, 곧 삶음. 또는 구움, 지짐.

2 다스리면 : 원문은 '리(莅)'. 임함, 군림함. 곧 임금으로서 나라를 거느려 다스림.

3 해코지하지 : 원문은 '신(神)'. 이는 형용사로, 신효(神效)함, 즉 신기한 효험이 있음을 이름. 여기서는 곧 귀신이 사람에게 해코지함을 말함. 일설에는 '신(伸)'과 같은 동사(動詞)로, 귀신 본연의 노릇을 함을 이른다고 하는데, 결국 같은 얘기임.

4 ~할 뿐만 아니라 : 원문은 '비(非)'. 여기서는 비단(非但)의 뜻임. 까오 헝은 이를 '불(不)' · '유(唯)' 두 자(字)의 합음자(合音字)라고 했는데, 그 또한 같은 의미임.

5 성인(聖人) : 곧 노자가 말하는 대도를 체득한, 이상적인 통치자 군주를 가리킴.

6 귀신과 사람… : 원문은 '양(兩)'. 이는 한비자의 견해를 따른 것임. 일설에는 귀신과 성인을 가리키는 것으로 보기도 함.

7 모두 : 원문은 '교(交)'. 서로, 번갈아. 여기서는 '모두'의 뜻으로 이해됨.

8 성세를… : 이는 원문에는 없는 말로, 이해를 돕기 위해 행간에 숨은 뜻을 드러낸 것임.

治大國, 若烹小鮮. 以道莅天下, 其鬼不神. 非其鬼不神, 其神不傷人. 非其神不傷人, 聖人亦不傷人. 夫兩不相傷, 故德交歸焉.

해설

"큰 나라를 다스리는 것은 작은 생선을 굽듯이 해야 한다." 이는 노자의 '무위이치(無爲而治)' 사상을 형상적으로 비유한 명언(名言)이자 경구(警句)로, 후세 정치사상에 지대한 영향을 끼쳤다. 작은 생선을 지지거나 구울 때, 너무 자주 뒤집으면, 온통 허물어지고 망가져 버리고 만다. 그러므로 특별한 주의가 필요하다. 나라를 다스리는 것도 마찬가지다. 온갖 정령과 형벌로 백성들을 못살게 괴롭히면, 크고 작은 화난을 피할 수가 없다. 한 마디로 '무위이치'가 답이란 얘기다. 왜냐하면 "무위자연의 원칙으로 만사를 다스리면 다스려지지 않는 것이 없기"(제3장) 때문이다. 여기서 말하는 '도로써 천하를 다스리면'의 '도'는 물론 무위자연·청정(淸靜)무위의 도를 말한다.

사실 이 장(章) 일부 구절의 함의를 제대로 이해하는 데는 어려움이 있다. 하여 논란이 되는 부분은 『한비자』「해로편(解老篇)」의 견해에 근거해, 노자의 생각을 풀어보기로 한다.

사람은 화난이 겹치면, 귀신을 두려워하게 된다. 한데 성인 군주가 무위의 정치로 나라를 다스리면, 백성들은 욕심이 적어지면서 혈기는 순통(順通)하고, 언행은 도리에 어긋남이 없어지니, 재앙과 환난은 절로 멀어지게 된다. 귀신은 사람을 해칠 일이 없고, 사람은 귀신을 내쫓을 일이 없어지는 것이다. 더욱이 백성들은 악행을 저질러 군주를 힘들게 하지 않으니, 군주 또한 형벌을 시행해 백성들을 처형할 일이 없게 된다. 이렇듯 귀신과 사람, 군주와 백성이 원만한 관계를 유지하면서 상부상조하는 가운데, 상하(上下)간에는 은덕(恩德)이 성(盛)할 것이다. 그리고 그 은덕이 온통 민중에게로 돌아가면서 태평성세를 누리게 될 것이다.

한데 냉정히 보면, 태평성세를 이룩하느냐 마느냐는 사실상 사람에게 달렸다. 따라서 노자가 귀신 운운한 것은 어쩌면 단지 성인 군주의 '무위' 통치를 이끌어 내기 위한 포석인지도 모른다. 오로지 임금이 '무위'의 도로써 나라를 다스리며 은택을 베풀면, 만백성이 각기 본분에 충실하며 편안히 나름의 삶을 영위하게 될 것이다. 임금이 백성을 해치지 않는다는 것은 바로 그런 것이다. 그러면 백성들이 어떠한 폭동이나 소요도 일으키지 않을 것이며, 사회는 안정이 되고, 사직(社稷)은 굳건할 것이다. 이는 곧 백성이 임금을 해치지 않는 것이다. 바로 그러한 가운데 성한 은덕은 마침내 성세를 이룩하는 동력(動力)이 될 것이다.

제61장

큰 나라는 강물이 아래로 흐르듯 몸을 낮추어,[1] 고요하고 부드러운 천하의 암컷이자,[2] 천하 만인이 모여드는 곳[3]이어야 한다. 암컷은 늘 고요하고 부드러움으로 수컷을 이기나니, 그것은 암컷이 그 고요하고 부드러움으로 인해 당연하게 스스로를 낮추기 때문이다.[4]

그러므로 큰 나라가 작은 나라에게 겸손할 수 있으면[5] 작은

---

1 큰 나라는… : 원문은 '대방자하류(大邦者下流)'. '방'이 통행본과 왕필본에는 '국(國)'으로 되어 있으나, 백서갑본에 근거해 고침. 통행본은 한(漢) 고조(高祖) 유방(劉邦)의 휘(諱)를 피해 '방'을 '국'으로 고친 것임. 아래의 '방'도 모두 그와 같음. '하류'는 물이 아래로 흐른다는 뜻으로, 곧 그처럼 낮게 처해야 한다는 말임. 일설에는 강의 하류, 또는 그와 같다는 뜻으로 풀이하나, 이론의 여지가 있음.

2 고요하고… : 원문은 '빈(牝)'. 동물의 암컷. 여기서는 그처럼 고요하고 부드러워 겸허히 모든 것을 포용하는, 위대한 자성(雌性) 내지 모성(母性)을 갖춘 것임을 비유함.

3 모여드는 곳 : 원문은 '교(交)'. 교회(交會), 즉 한데 모임. 여기서는 그러한 곳을 가리킴. ○이상의 '천하지빈, 천하지교야(天下之牝, 天下之交也)' 2구는 백서갑을본에 따른 것이며, 통행본과 왕필본에는 '천하지교, 천하지빈(天下之交, 天下之牝)'으로 되어 있음. 한데 문의(文意)를 따져보면, 백서본의 순서가 한결 자연스러우므로 그에 근거해 고침.

4 그것은 암컷이… : 원문은 '이기정, 고의위하(以其靜, 故宜爲下)'. 통행본과 왕필본에는 '이정위하(以靜爲下)'로 되어 있는 반면, 백서갑을본에는 모두 '위기정야, 고의위하야(爲其靜也, 故宜爲下也)'로 되어 있음. 다만 왕필의 주문(註文)에서 "그 고요함으로 인해 능히 아래에 처할 수 있다.〔以其靜, 故能爲下也〕"라고 한 데에서 보듯이, 백서본이 통행본 원문(그 고요함으로 아래에 처하기 때문이라는 말)에 비해 문맥상 더욱 논리적이고, 의미가 잘 통하므로, 백서본과 왕필 주문, 그리고 기타 고본에 근거해 이같이 고침.

나라의 신뢰와 따름을 얻고,[6] 작은 나라가 큰 나라에게 겸손할 수 있으면 큰 나라의 신임과 기름을 얻는다.[7] 요컨대 혹은[8] 겸손함으로 남의 따름을 얻고, 혹은 겸손함으로 남의 기름을 얻는 것이다. 무릇 큰 나라는 단지 작은 나라를 복속시켜 기르려[9] 할 뿐이요, 작은 나라는 단지 큰 나라에게 의지하며 따르려[10] 할 뿐이다. 한데 큰 나라와 작은 나라가 각기 원하는 바를 얻는 과정에, 큰 나라는 더더욱 겸손하여야 한다.[11]

---

5 겸손할 수… : 원문은 '이하(以下)'. '이'는 능(能)과 같음. *제20장 주석13 참조. '하'는 겸하(謙下)함, 겸비(謙卑)함. 곧 겸손하게 자기를 낮춤.

6 작은 나라의… : 원문은 '취소방(取小邦)'. 아래에서 "작은 나라는 단지 큰 나라에게 의지하며 따르려 할 뿐"이라고 한 데에 근거하면, 이는 곧 작은 나라의 신뢰와 의부(依附, 의지하여 좇음, 따름)를 얻는다는 말로 이해됨.

7 큰 나라의… : 원문은 '취대방(取大邦)'. 아래에서 "큰 나라는 단지 작은 나라를 복속(服屬)시켜 기르려 할 뿐"이라고 한 데에 근거하면, 이는 곧 큰 나라의 신임과 호양(護養, 보호하여 기름)을 얻는다는 말로 이해됨.

8 혹은 : 원문은 '혹(或)'. 이는 큰 나라를 두고 이르는 말임. 반면 아래의 '혹'은 작은 나라를 두고 이르는 말임.

9 작은 나라를… : 원문은 '겸축인(兼畜人)'. '겸축'은 겸병(兼倂) 축양(畜養), 즉 복속시켜 기름. 이는 큰 나라가 욕심을 채우는 길임. '인'은 하상공이 '인국(人國)'으로 풀이하였듯이, 다른 사람의 나라 특히 작은 나라를 가리킴. 아래의 '인'은 다른 사람의 큰 나라를 가리킴.

10 의지하며… : 원문은 '입사(入事)'. 그 휘하(麾下)에 들어가 섬김, 곧 의부함을 가리킴. 이는 작은 나라가 생존하는 길임.

11 큰 나라는 더더욱… : 원문은 '대자의위하(大者宜爲下)'. '대자'는 대국(大國)을 가리킴. 일설에는 이 구절을, 중대(중요)한 것은 큰 나라와 작은 나라가 모두 겸손해야 한다는 뜻으로 풀이함. 하지만 이 장은 어디까지나 큰 나라가 특히 겸손해야 함을 강조하는 데에 중점이 있음을 감안할 때, 이론의 여지가 있음. '의'는 마땅히 ~하여야 함.

大邦者下流, 天下之牝, 天下之交也. 牝常以靜勝牡. 以其靜, 故宜為下. 故大邦以下小邦, 則取小邦; 小邦以下大邦, 則取大邦. 故或下以取, 或下而取. 大邦不過欲兼畜人, 小邦不過欲入事人. 夫兩者各得所欲, 大者宜為下.

해설

춘추 말엽, 큰 나라는 패권을 다투느라 수단 방법을 가리지 않았고, 작은 나라는 어떻게든 살아남기 위해 안간힘을 다했다. 그렇게 크고 작은 나라들 사이에 하루가 멀다 하고 벌어지는 전쟁은, 당시 사람들에게 엄청난 재앙을 가져다주었다. 그 때문에 노자는 전쟁을 반대하였는데, 특히 강대국이 약소국을 깔보고 괴롭히는 약탈과 정벌을 위한 전쟁은 극력 반대하였다.(*제30, 31장 참조)

"부드럽고 약함이 굳세고 강함을 이긴다."(제36장) "천하에서 가장 부드럽고 약한 것이 천하에서 가장 단단하고 강한 것을 지배한다."(제43장) 이처럼 노자 철학의 기본 특징은, 모름지기 사람은 '수자(守雌, *제28장 참조)', 즉 암성의 고요하고 부드러움을 견지하며 겸하(謙下), 부쟁(不爭)하여야 한다는 것이다. 이는 물론 크고 작은 나라들 사이에도 똑같이 지켜가야 할 원칙이며, 그래야만 각국이 추구하는 바를 얻을 수 있다는 것이 노자의 생각이다. 다만 작은 나라가 겸하 부쟁하기는 쉬워도, 큰 나라가 그렇게 하기는 결코 쉬운 일이 아니다. 그렇기 때문에 노자는 장(章) 머리와 말미에서, 거듭 '큰 나라는 강물이 아래로 흐르듯 몸을 낮추어' '더더욱 겸손하여야 함'을 강조한 것이다.

제62장

도란 만물의 본원[1]으로, 선한 사람[2]이 보배롭게 여기는 바요, 선하지 않은 사람도 스스로를 보전하는 바다.[3] 선한 사람의 아름다운 말은 사람들로부터 존경을 받을[4] 수 있고, 또 그 아름다운 행동은 사람들로부터 추대를 받을[5] 수 있다. 또한 사람들 가

---

1 본원(本源) : 원문은 '오(奧)'. 까오 헝은 『예기(禮記)』「예운편(禮運篇)」 정현(鄭玄) 주(注)에 근거해, 이를 '주(主)'와 같다고 하였으니, 곧 주인, 주재자, 본원, 근원의 뜻임. 백서갑을본에는 모두 '주(注)'로 되어 있는데, 그 또한 '주(主)'와 같음. 일설에는 '오'가 본디 집에서 가장 깊숙한 곳을 가리키는 데에 근거해, (만물을) 깊이 감추고 있는 곳을 이르는 것으로 풀이함. 사실 그 또한 본원이요, 근원이라는 말과 다르지 않음.

2 선한 사람 : 원문은 '선인(善人)'. 곧 도를 체득한 사람을 가리킴.

3 스스로를… : 원문은 '보(保)'. 이는 왕필이 '(스스로를) 보호하여 온전히 하는 것〔保以全也〕'이라고 풀이한 데에 근거함. 하상공이 '도란 선하지 않은 사람이 간직하며 의지하는 바〔道者不善人之所保倚也〕'라고 한 것 역시 같은 말임.

4 존경을 받을 : 원문은 '시존(市尊)'. '시'는 (물건을) 삼. 여기서는 전의(轉義)되어 취(取)함, 얻음, 받음.

5 사람들로부터 추대를 받을 : 원문은 '가인(加人)'. 이는 '가어인(加於人)'과 같은 말로, 뭇사람의 위로 우뚝 솟아오른다는 뜻이니, 곧 사람들의 추앙을 받음, 추대를 받음, 또한 나아가 영도자의 자리에 오름으로 이해됨. 일설에는 사람들에게 좋은 영향을 줌(즉 본보기가 됨), 또는 중시를 받음을 이른다고도 함. ○이상의 '미언가이시존, 미행가이가인(美言可以市尊, 美行可以加人)' 2구는 위의 '선인지보(善人之寶)'를 이어받아 하는 말로, 하상공본과 왕필본 등에는 '미언가이시, 존행가이가인(美言可以市, 尊行可以加人)'으로 되어 있음. 하지만 『회남자(淮南子)』「도응훈편(道應訓篇)」과 「인간훈편(人間訓篇)」에는 이와 같이 인용되어 있고, 유월(俞樾)과 시 통(奚侗)도 모두 통행본에는 '존(尊)' 자(字) 아래에 '미(美)' 자가 탈락된 것으로 봄. 양자를 비교

운데 선하지 않은 이라 할지라도, 도가 어찌 그들을 버릴 리가 있겠는가?[6]

그러므로 천자가 즉위하고, 삼공(三公)[7]이 취임할 때, 비록 먼저 아름드리 큰 옥[8]을 바치고, 이어서 네 필의 말이 끄는 수레[9]를 바치는 봉헌(奉獻)의 예(禮)를 행하지만, 차라리 단지[10] 이 도 하나를 바치는 것만 못하다.

예로부터 이 도를 그토록 존귀하게 여긴 까닭이 무엇인가? 그 어찌, 구하는 것이 있으면 도에 의지해 얻을 수 있고,[11] 죄가

해 보건대, 『회남자』에 인용된 것이 구법(句法)의 정연함과 문의(文意)의 분명함이 한결 나으므로, 그에 근거해 고침.

6 사람들 가운데… : 이 2구는 위의 '불선인지소보(不善人之所保)'를 이어받아 하는 말임.

7 삼공 : 천자를 제외한 최고위 관직으로, 주대(周代)의 태사(太師)·태부(太傅)·태보(太保)를 일컬음. 후세에는 고관(高官) 대신(大臣)의 통칭으로도 쓰임.

8 아름드리 큰 옥 : 원문은 '공옥(拱玉)'. '공'은 두 팔을 벌려 껴안는다는 뜻이니, 곧 그만큼 큰 옥을 가리킴. 결국 공옥(珙玉)과 같은 말임.

9 네 필의… : 원문은 '사마(駟馬)'.

10 단지 : 원문은 '좌(坐)'. 장 바오취엔(張葆全)은 이를 단지, 다만의 뜻으로 풀이했는데, 문맥상 자연스럽고 적절해 보임. 일설에는 궤(跪), 즉 꿇어앉는다는 뜻으로 풀이함.

11 구하는 것이… : 원문은 '구이득(求以得)'. 하상공본과 왕필본에는 '이구득(以求得)'으로 되어 있음. 하지만 백서을본(帛書乙本)을 비롯해 부혁본, 경룡본 등 많은 고본에는 모두 '구이득'으로 되어 있음. 이에 유월은 아래의 '유죄이면(有罪以免)'과 짝을 이룬다는 이유를 들어 '구이득'이 옳다고 하고, 마 쉬룬은 『노자』 원본은 본디 '유구이득(有求以得)'이었을 것으로 추정함. 두 사람의 견해에 설득력이 있으므로, 까오 헝을 따라 백서을본 등에 근거해 고침. '이(以)'는 이도(以道), 즉 도로써, 도에 의지하여의 뜻으로 이해됨.

있으면 도에 의지해 그 죄를 면할 수 있기 때문이 아니겠느냐? 바로 그런 까닭에 천하 만인에게 존귀하게 여겨진 것이다.

道者萬物之奧, 善人之寶, 不善人之所保. 美言可以市尊, 美行可以加人. 人之不善, 何棄之有? 故立天子, 置三公, 雖有拱璧以先駟馬, 不如坐進此道. 古之所以貴此道者何? 不曰 : 求以得, 有罪以免邪? 故為天下貴.

해설

도는 만물의 본원이다. 따라서 만물은 그 어느 것도 도를 떠나서는 살 수가 없다. 그것은 물론 사람도 예외가 아니다. 한데 도는 뭇사람을 대함에 어떠한 차별도 하지 않는다. 선한 사람이든 선하지 않은 사람이든 단지 도를 수양하고 체득하기만 하면, 모두가 소기의 목적을 달성할 수 있도록 이끌어 준다. 그러므로 어느 누구나 도에 나아가면 구하고자 하는 것을 얻을 수 있고, 설령 죄가 있더라도 그 죄를 면할 수 있다.

특히 만백성을 다스리며 태평성대를 꿈꾸는 천자나 삼공이라면, 더더욱 이 청정(淸靜) 무위의 도를 귀히 받들어 행해야 한다. 왜냐하면 “내가 무위하면 백성들이 절로 화육되고, 내가 청정함을 좋아하면 백성들이 절로 바른 길을 가게 되며, 내가 성가시게 하지 않으면 백성들이 절로 부유해지고, 내가 무욕하면 백성들이 절로 순박해지기”(제57장) 때문이다.

아무튼 도는 우리 모두에게 그야말로 어떠한 해로움도 없이, 오직 무궁무진한 이로움만 가져다줄 뿐이다. 그러니 어찌 존귀하게 여기지 않을 수 있겠는가?

제63장

성인은[1] 사물의 자연적 변화 발전에 순응함을 자신이 할 행동으로 여기고,[2] 사람을 못살게 괴롭히지 않음을 자신이 할 일로 여기며,[3] 어떤 세속적인 욕심도 없이 한껏 맑고 고요함을 자신이 누릴 달콤함으로 여긴다.[4] 또한 큰 것을 작은 것으로 여기고, 많은 것을 적은 것으로 여기며,[5] 원한을 은덕으로 갚는다.[6]

---

1 성인(聖人)은 : 이는 원문에서는 명시적으로 언급하지 않았으나, 문맥상 성인을 두고 하는 말로 이해되어 보충한 것임.

2 사물의 자연적… : 원문은 '위무위(爲無爲)'. 앞의 '위'는 동사. '무위'는 *제2장 주석10 참조.

3 사람을 못살게… : 원문은 '사무사(事無事)'. 앞의 '사'는 동사. '무사'는 *제48장 주석7 참조.

4 어떤 세속적인… : 원문은 '미무미(味無味)'. 앞의 '미'는 동사로, 참맛·달콤함으로 여긴다는 뜻임. '무미'는 염담(恬淡)함, 즉 담백함(욕심이 없고 마음이 깨끗함)을 가리킴. 왕필도 이 구절을 "염담함을 참맛으로 여긴다.〔以恬淡爲味〕"라고 풀이함. 또 장 바오취엔은 여기서 염담함이란, 인생의 태도로 말하면 명리(名利)에 욕심이 없음이요, 정치적 주장으로 말하면 청정 무위함이라고 부연함.

5 큰 것을… : 원문은 '대소다소(大小多少)'. 이 구절을, 리우 씬팡(劉信芳)은 초간본(楚簡本)에서 '대소지(大少之)'〈여기서 '소(少)'는 곧 '소(小)'와 같음〉라고 한 데에 근거해, 응당 '대소지, 다소지(大小之, 多少之)'로 고쳐야 한다고 하였는데, 판본 근거가 있어 따를 만함. 일설에는 '큰 것은 작은 것에서 생겨나고, 많은 것은 적은 것에서 일어남〔大生於小, 多起於少〕'이라고 하거나, '작은 것을 큰 것으로 여기고, 적은 것을 많은 것으로 여김'이라고 하며, 또 '원한이 크고 작든, 많고 적든 간에'의 뜻이라고도 함.

6 원한을… : 원문은 '보원이덕(報怨以德)'. 첸 꾸잉은, 이 구절이 위아래 문맥과 관련성이 떨어진다는 이유를 들어, 응당 제79장 '필유여원(必有餘怨)' 아래에 있어야 한다고 한 옌 링펑의 주장에 근거해, 제79장으로 옮김.

무릇 어려운 일을 해결하려면 그것을 다루기 쉬울 때부터 시작하고, 큰일을 이루려면 그 규모가 작을 때부터 착수해야 한다. 왜냐하면 천하의 어려운 일은 반드시 쉬운 데서부터 시작되고,[7] 천하의 큰일은 반드시 작은 데서부터 시작되기 때문이다. 그러므로 성인은 시종(始終) 스스로 위대하다고 여기지 않으며,[8] 그렇기 때문에 그 위대함을 이룩할 수 있는 것이다.

무릇 가벼이 승낙하는 이는 어김없이 신용이 부족하고, 일을 너무 쉽게 생각하는 이는 어김없이 많은 어려움에 부딪힌다. 그러므로 성인은 쉬운 일도 오히려 어렵게 생각하며,[9] 그렇기 때문에 시종 어려움에 부딪히지 않는 것이다.

為無為, 事無事, 味無味. 大小多少, 報怨以德. 圖難於其易, 為

그처럼 옌 링펑의 주장에 따라 옮겼을 때, 문의(文意)가 훨씬 잘 통하고 자연스러워, 분명 따를 만함. 다만 이중적이기는 하나, 이 장에서도 통행본 원문을 그대로 따라 신중을 기하기로 함.

7 시작되고 : 원문은 '작(作)'. 『설문해자(說文解字)』에서 "'작'은 '기(起)'의 뜻이다.〔作, 起也〕"라고 하였는데, '기'는 곧 시작한다는 뜻임.

8 스스로… : 원문은 '불위대(不爲大)'. 제34장의 '부자위대(不自爲大)'와 같음. 곧 부자이위대(不自以爲大), 즉 스스로 위대하다고 여기지 않는다는 뜻임.

9 쉬운 일도… : 원문은 '유난지(猶難之)'. '유'는 오히려. '난'은 동사로, 어렵게 여겨 신중히 임한다는 말. '지'는 쉬운 일을 가리킴. 왕필 주(注)에 이르기를, "성인의 재질(才質)로도 오히려 작고 쉬운 일에 임하며 한껏 어렵게 여겨 신중을 기하거니, 하물며 성인의 재질도 아니면서 이에 데면데면히 임하려 한단 말인가? 그러므로 '쉬운 일도 오히려 어렵게 생각한다'고 한 것이다.〔以聖人之才, 猶尙難於細易, 況非聖人之才, 而欲忽於此乎? 故曰'猶難之'也〕"라고 함.

大於其細. 天下難事, 必作於易; 天下大事, 必作於細. 是以聖人終不為大, 故能成其大. 夫輕諾必寡信, 多易必多難. 是以聖人猶難之, 故終無難矣.

해설

노자는 여기서 '무위'를 근본 취지로 하면서, 성인이 어떻게 처신 처사하고 나라를 다스리는지에 대해 설명하였다.

먼저 이른바 '위무위(爲無爲)'·'사무사(事無事)'·'미무미(味無味)'는 곧 성인의 기본 의식과 자세를 말한다. 남송(南宋)의 범응원(范應元)이 이른 대로, "'무위'·'무사'·'무미'는 모두 대도(大道)를 두고 이르는 것이다. ……그러므로 성인은 망령되이 행동하지 않나니, 항상 '무위'의 원칙으로 행동하고, 일을 벌여 사람을 못살게 하지 않나니, 항상 '무사'의 원칙으로 처사하며, 애써 진한 맛을 즐기지 않나니, 항상 '무미'의 참맛을 달콤히 맛볼 뿐이다.〔無爲無事無味, 皆指道而言也. ……故聖人不妄爲, 而常爲於無爲; 不生事, 而常事於無事; 不耽味, 而常味於無味〕" 성인은 결국 처사와 치국(治國)에 있어, 무엇보다 대도의 본질과 정신에 입각할 따름이라는 얘기다. 여기서 특히 '무미'는 하나의 형상적인 비유로, 염담(恬淡)함, 즉 욕심이 없고 마음이 깨끗함을 말한다. 또한 그것은, 인생의 태도로 말하면 명리(名利)에 욕심이 없음이요, 정치적 주장으로 말하면 청정(淸靜) 무위함이라고 할 수 있다.

그리고 이른바 "천하의 어려운 일은 반드시 쉬운 데서부터 시작되고, 천하의 큰일은 반드시 작은 데서부터 시작된다."는 것은 곧 세상만사의 발생과 변화의 이치다. 성인은 물론 그 같은 이치를 잘 안다. 그러므로 성인은 처신 처사하고 나라를 다스림에 있어,

매양 작고 쉬운 데서부터 시작한다. 다만 매사에 겸허한 자세로 한껏 신중함과 치밀함을 기하나니, 결코 스스로 위대함을 자부하지도 않고, 아무리 쉬운 일도 데면데면 임하지 않는다. 성인이 궁극적으로 큰 어려움 없이 그 위대함을 이룩할 수 있는 것은 바로 그 때문이다.

제64장

안정된 국면은 유지하기 쉽고, 아직 조짐이 나타나지 않은 사변(事變)은 수습하기[1] 쉽다. 연약한 사물은 부서지기[2] 쉽고, 미미한 사물은 사라지기[3] 쉽다. 그러므로 사고는 발생하기 전에 미리 대비해야 하고, 화란(禍亂)은 일어나기 전에 미리 다스려야 한다.

아름드리 큰 나무도 털끝만 한 싹에서 자라나고, 9층의 높은 누대도 한 삼태기의 흙[4]에서 비롯되며, 천 리 먼 길도 한 걸음에서 시작된다.

'유위'로 다스리면 결국 파멸시킬 것이요, 억지로 붙잡으면 결국 잃을 것이다. 그러므로 성인은 천하를 '무위'로 다스리며, 그렇기 때문에 파멸시키지 않고, 또 억지로 붙잡지 않으며, 그렇기 때문에 잃지 않는다.

---

1 수습하기 : 원문은 '모(謀)'. 도모함. 곧 (사변을) 수습하기 위해 대책과 방법을 세움을 이름.

2 부서지기 : 원문은 '반(泮)'. 원뜻은 얼음이 녹음. 여기서는 분해(分解)됨, 부서짐. 부혁본 등 일부 판본에는 '판(判)'으로 되어 있는데, '반'과 '판'은 옛날에 서로 통용함. 『설문해자』에 따르면, '판'은 분(分)의 뜻임. 또 하상공본 등 많은 판본에는 '파(破)'로 되어 있음. 다만 '파'와 아래 구절의 '산(散)'은 압운 상 어울리지 않음.

3 사라지기 : 원문은 '산(散)'. 산실(散失, 흩어져 잃어버림), 소산(消散, 흩어져 사라짐).

4 한 삼태기의 흙 : 원문은 '유토(累土)'. 까오 헝은 여기서 '유(류)'는 '류(虆)'와 같은 뜻으로 이해해야 한다고 함. '류'는 삼태기, 즉 흙을 담는 광주리. 따라서 '유토'는 한 삼태기의 흙이란 뜻임.

사람들이 일하는 것을 보면, 흔히 거의[5] 성공할 단계에 와서 그만 실패하고 만다. 일을 마무리할 때에도 처음 시작할 때처럼 신중을 기한다면 실패하는 일은 없을 것이다.

그러므로 성인은 무욕하기를[6] 바라고, 얻기 어려운 재화(財貨)를 귀히 여기지 않으며, 또 절학(絶學)하기를[7] 바라고, 뭇사람의 과오를 바로잡으며,[8] 그렇게 하여 만물과 만민[9]의 자연스러운 성장과 발전을 도울 뿐, 감히 억지로 어떻게 하고자 하지 않는다.

其安易持, 其未兆易謀. 其脆易泮, 其微易散. 為之於未有, 治之於未亂. 合抱之木, 生於毫末; 九層之臺, 起於累土; 千里之行, 始於足下. 〔爲者敗之, 執者失之. 是以聖人無爲, 故無敗; 無執, 故無失.〕[10] 民之從事, 常於幾成而敗之. 愼終如始, 則無敗事. 是以聖人欲不欲, 不貴難得之貨; 學不學, 復衆人之所過, 以輔萬物之自然, 而不敢爲.

해설

이 장은 내용상 앞 장(제63장)과 그 맥락을 같이하고 있다. 노자

---

5 거의 : 원문은 '기(幾)'. 가까움, 거의 되려 함.

6 무욕하기를 : 원문은 '불욕(不欲)'. 무욕(無欲)과 같음.

7 절학하기를 : 원문은 '불학(不學)'. 제19장 '절학무우(絶學無憂)'의 '절학'과 같음. *제19장 주석9 참조.

8 바로잡으며 : 원문은 '복(復)'. 회복함. 여기서는 바로잡는다는 말임.

9 만물과 만민 : 원문은 '만물(萬物)'. 이는 특히 만민(萬民)을 두고 이르는 말임.

10 위자패지(爲者敗之)… : 이 6구는 전후 문맥상 연관성이 떨어져, 분명 제29장의 착간일 가능성이 있음. 다만 그럼에도 불구하고, 여기서도 원문을 그대로 두고 이해함으로써 신중을 기하기로 함. *제29장 주석14 참조.

의 설명에 따르면, 사물의 발전은 어김없이 작은 것에서 비롯해 큰 것으로 변화 발전해 간다. 다만 그 과정에 예기치 않은 사고와 화란이 발생할 수도 있다. 따라서 사람은 만사를 그 시작 단계에서 보다 신중을 기하고, 심혈을 기울여야 한다. 또한 장차 일어날지 모르는 환난을 미연에 방지할 수 있도록 각별히 유의해야 한다. 세상만사 쉬운 게 없겠지만, 원대한 일일수록 어렵고 힘든 것은 두말할 나위가 없다. 하여 만사에 초지일관(初志一貫)하는 굳은 의지를 견지해 유종의 미를 거둘 수 있도록 해야 한다. 그렇지 않으면 중도이폐(中道而廢, 일을 하는 중도에 그만둠)하거나, 공휴일궤(功虧一簣, 아홉 길 높이의 산을 쌓는 데 마지막 한 삼태기 흙을 더하는 것을 하지 못해 실패하듯이, 거의 다된 일을 막판의 나태함과 부주의로 그르침)하기 십상이다.

노자가 요구하는 이 같은 노력은 물론 만사 만물의 변화와 발전에 한결같이 작용하는, 그 본연의 정신과 법칙에 따라 행해져야 한다. 하여 노자는 앞 장에서 설파한 '무위'의 취지를 여기서 다시 한 번 강조하고 있다. 성인은 진정 "만물과 만민의 자연스러운 성장과 발전을 도울 뿐, 감히 억지로 어떻게 하고자 하지 않는다." 사람은 모름지기 '유위'는 극구 배제하고, 오로지 '무위자연'을 추구해야 한다는 얘기다.

제65장

옛날에 도를 잘 행한 이[1]는 백성을 총명하고 약삭빠르도록 이끈 것이 아니라, 순진하고 질박하도록 이끌었다. 무릇 백성을 다스리기 어려운 까닭은 바로 그들의 지혜가 넘치기 때문이다. 그러므로 지혜를 써서 나라를 다스리는 것은 나라의 화(禍)요, 지혜를 쓰지 않고 나라를 다스리는 것은 나라의 복(福)이다.

이 두 가지[2]는 바로[3] 나라를 다스리는, 서로 다른 법칙[4]이다. 항상 그러한 법칙을 제대로 알고 행하는 것[5]을 일러 현묘(玄妙)한 덕[6]이라 한다. 현묘한 덕은 심오하고도 원대하며, 만물과 함께 순진 질박한 상태로 되돌아가나니,[7] 그런 다음에 마침내 완

---

1 도를 잘… : 원문은 '선위도자(善爲道者)'. 이는 사실상 능히 도로써 수신(修身) 치국(治國)한 군주를 가리킴.

2 이 두 가지 : 원문은 '차양자(此兩者)'. 이는 앞의 '지혜를 써서 ~나라의 복이다.' 두 구절을 두고 이름. 통행본과 왕필본 등에는 '차(此)' 자(字) 앞에 본디 '지(知)' 자가 덧붙여져 있음. 이에 까오 헝은 '지' 자는 연자(衍字)로 의미가 통하지 않으므로 「용흥관비(龍興觀碑)」에 근거해 삭제하였는데, 그 주장에 설득력이 있어 따르기로 함.

3 바로 : 원문은 '역(亦)'. 여기서는 곧, 바로의 뜻임.

4 법칙 : 원문은 '계식(稽式)'. 하상공본과 경룡본 등 다수의 고본에는 '해식(楷式)'으로 되어 있음. 여기서 '계'는 '해'의 가차자이며, '계식' 즉 '해식'은 법칙, 표준을 뜻함.

5 제대로… : 원문은 '지(知)'. 여기서는 그 법칙의 호불호(好不好)를 제대로 알고 행함을 이르는 것으로 확대 해석함이 좋을 것임.

6 현묘한 덕 : 원문은 '현덕(玄德)'. *제51장 참조.

7 순진 질박한… : 원문은 '반(反)'. 반(返)과 같음. 왕필이 이른 대로, 애초의 '그 순진 질박한 상태로 되돌아가는 것〔反其眞也〕'을 말함.

전히 무위자연의 도에 순응하는 경지에 이르게 되는 것이다.

古之善爲道者, 非以明民, 將以愚之. 民之難治, 以其智多. 故以智治國, 國之賊; 不以智治國, 國之福. 此兩者亦稽式. 常知稽式, 是謂玄德. 玄德深矣, 遠矣, 與物反矣, 然後乃至大順.

해설

이는 노자의 정치론이다. 나라를 다스리는 방법에는 크게 두 가지가 있다. 하나는 '명민(明民)', 즉 백성을 총명하고 약삭빠르도록 이끄는 것으로, 곧 '지혜를 써서 나라를 다스리는 것〔以智治國〕'이다. 다른 하나는 '우민(愚民)', 즉 백성을 순진하고 질박하도록 이끄는 것으로, 곧 '지혜를 쓰지 않고 나라를 다스리는 것〔不以智治國〕'이다. 노자는 물론 전자를 반대하고, 후자를 창도(唱導)하였다.

노자는 일찍이 "온갖 지혜가 출현하자 터무니없는 허위(虛僞)가 생겨났음"(제18장)을 강조하였다. 이처럼 노자가 지혜를 반대하는 것은 그 폐해가 심각하기 때문이다. 통치자가 지혜, 즉 슬기와 꾀로 나라를 다스리면, 그에 대응하기 위해 사람들은 절로 교활하고 허위가 넘치면서, 정치 사회적 불신과 불안이 가중되는 지경에 이른다. 반면에 통치자가 지혜가 아닌 청정 무위의 정신으로 나라를 다스리면, 사람들도 그에 감화되어 절로 순진하고 질박함을 띠면서, 정국의 안정과 사회의 번영을 가져 올 수가 있다.

노자가 볼 때, 이러한 두 가지 치국(治國) 원칙은 그 호불호(好不好)가 너무나 분명하다. 하지만 궁극적으로 무위자연의 도에 순응할 수 있는 현묘한 덕을 갖추고 있지 않으면, 그 치국의 원칙을 제대로 알고 행하기는 어렵다. 만사가 다 보다 근본적이고 본질적인 것이 먼저이듯이, 이 또한 도덕에 대한 체득과 수양이 우선이라는 얘기다.

한편 이 장에서 이른바 '고지선위도자, 비이명민, 장이우지(古之善爲道者, 非以明民, 將以愚之)'는, 후세에 노자가 우민정책을 주장한 게 아니냐는 논란을 불러일으켜 왔는데, 그것은 물론 노자가 말한 '우(愚)' 자(字)에 대한 잘못된 풀이와 이해에서 비롯된 것이다. 여기서 '우'는 어리석다는 말이 아니라, 순진 질박함을 이른다.(*제20장 주석12 참조) 노자의 논리에 따르면, 사람은 무엇보다 그 천부(天賦)의 순진 질박함을 지켜 가야만, 서로 간에 교활한 음모와 잔꾀로 아귀다툼하는 일이 없고, 사회 또한 절로 안정될 수가 있다. 반면 사람들이 너도나도 온갖 지혜를 부리며 순박한 천성을 잃어버린다면, 사회는 온통 사사로운 이익을 다투는 풍조가 만연해 걷잡을 수 없게 될 것이다.

제66장

강과 바다가 뭇 냇물의 왕[1]이 될 수 있는 까닭은, 그 스스로 기꺼이[2] 뭇 냇물의 아래에 처하기 때문이다. 바로 그렇기 때문에 뭇 냇물의 왕이 될 수 있는 것이다.

그러므로 성인[3]은 만백성의 위에 오르고자 하면[4] 반드시 그들에게 하는 말을 겸손하게[5] 하여야 하고, 또 만백성의 앞에 나서고자 하면[6] 반드시 그들에게 하는 행동을 겸양하게[7] 하여야 한

---

1 뭇 냇물의 왕 : 원문은 '백곡왕(百谷王)'. '백곡'은 여기서는 백천(百川)과 같음. '백곡왕'은 곧 뭇 냇물이 강과 바다로 모여드는 것이, 마치 뭇사람이 군왕에게로 귀부(歸附)하는 것과 같음을 비유해 일컬은 것임. 여기서 '왕'을 일설에는 『설문해자』의 풀이에 근거해 귀왕(歸往), 즉 귀부, 귀순한다는 뜻이라고 하는데, 그 또한 결국은 군왕의 의미와 통하는 것으로 이해됨.

2 기꺼이 : 원문은 '선(善)'. 원래는 '~하기를 잘한다'는 뜻이나, 여기서는 확대 해석해 '기꺼이'의 뜻으로 이해해도 좋을 것임.

3 성인(聖人) : 이는 왕필본에는 없는 말이나, 백서본과 하상공본을 비롯한 다수의 고본에는 다 있음. 문맥적 의미상 이 말이 있는 것이 한결 나으며, 따라서 백서본 등에 근거해 보충함.

4 만백성의 위에… : 원문은 '욕상민(欲上民)'. '상민'은 만백성의 위에 오름. 곧 만백성을 다스린다는 말임. '상'의 본뜻은 군왕을 이르나, 여기서는 동사로 쓰여, 천하에 군림한다는 뜻을 나타냄.

5 그들에게 하는 말을… : 원문은 '이언하지(以言下之)'. 이는 예를 들면 제39장에서 말한, "그러므로 군왕은 스스로 일컫기를 고독하고 덕이 없는 사람이라는 뜻의 '고(孤)'나, 덕이 부족한 사람이라는 뜻의 '과(寡)', 혹은 선(善)하지 못한 사람이라는 뜻의 '불곡(不穀)'이라고 한다."와 같은 것임.

6 만백성의 앞에… : 원문은 '욕선민(欲先民)'. '선민'은 만백성의 앞에 나섬. 곧 만백성을 이끈다는 말임.

7 그들에게 하는 행동을… : 원문은 '이신후지(以身後之)'. 직역하면 그 몸을 만백성의 뒤에 놓는다는 뜻이니, 곧 그 행동을 겸양하게 한다는 말로 이

다. 그리하면 성인이 위에 올라도 백성들은 부담스럽다고 여기지 않고, 또 앞에 나서도 백성들은 해롭다고 여기지 않는다. 그렇기 때문에 천하 만인이 다 그를 즐거이 추대하면서 조금도 싫어하지 않는다. 또한 그는 다른 사람과 다투지 않기 때문에, 천하에 어느 누구도 그와 다툴 수가 없다.

江海之所以能爲百谷王者, 以其善下之, 故能爲百谷王. 是以聖人欲上民, 必以言下之; 欲先民, 必以身後之. 是以聖人處上而民不重, 處前而民不害. 是以天下樂推而不厭. 以其不爭, 故天下莫能與之爭.

해설

이는 노자의 일관된 '부쟁(不爭)'의 사상이요, 정치철학이다.(*제8장, 22장, 81장 참조) 당시 윗자리에 올라 민중을 다스리는 이들은 대개 권력을 틀어쥐고 위세를 부리며 사람을 업신여기고 억압하여, 백성들에게 엄청난 압박감을 안겨주었다. 또 앞자리에 나서 민중을 이끄는 이들은 대개 막강한 권세를 휘두르며 자신들의 사사로운 이익을 취하는 데 혈안이 되어, 백성들에게 엄청난 손해와 해악(害惡)을 가져다주었다. 하지만 그러한 통치자 위정자들은 점차 등을 돌린 민중의 항거에 부딪혀 파멸의 나락으로 떨어지기 십상이었다.

이에 노자는, 강과 바다가 기꺼이 가장 아래에 처하기 때문에 뭇 냇물의 왕이 될 수 있다는 비유를 통해, 만백성을 이끌고 다스

해됨. 이는 예를 들면 제78장에서 말한, '능히 온 나라의 치욕을 감수함〔受國之垢〕'·'능히 온 나라의 화난을 감당함〔受國之不祥〕'과 같은 것임.

리는 군왕이 되고자 한다면, 반드시 한껏 겸손하고 겸양한 언행으로 기꺼이 민중의 아래에, 민중의 뒤에 처할 줄 알아야 함을 강조하였다. 그 같은 '부쟁'의 태도는 물론 대도(大道)의 본질과 정신에 부합하는 것으로, 결국은 민중의 신망과 존중을 한 몸에 받으며, 세상 어느 누구도 그와 다투려 하지 않는, 최상의 안정 국면을 조성하게 될 것이다.

제67장

천하 사람들이 모두 이르기를, 내가 말하는 도가 위대하지만, 한편 또 그렇지도 않은 것[1] 같다고 한다. 사실 참으로 위대하기 때문에[2] 오히려 위대하지 않은 것 같은 것이다. 만약 마냥 위대한 것 같았다면, 오히려 보잘것없는 '작은 도〔小道〕'가 된지 이미 오래되었으리라![3]

나에게는 세 가지 보배〔三寶〕가 있으며, 나는 그것을 잘 지키

---

1 그렇지도… : 원문은 '불초(不肖)'. 닮지 않음. 곧 ~와 같지 않음, ~와 유사(類似)하지 않음. 한데 이 말의 풀이에 중설이 분분함. 쟝 시창은 여기서 말하는 '도'를 득도(得道)의 군왕, 즉 성군(聖君)으로 보고, 성군은 '세속적인 군주와는 다르다'는 뜻으로 풀이함. 까오 헝은 '도'의 '불미(不美)함', 즉 아름답지 못함·훌륭하지 못함을 이른다고 하면서, 제41장에서 말한 "밝은 도는 일견 어두운 듯하고, 앞으로 나아가는 도는 일견 뒤로 물러나는 듯하며, 평탄한 도는 일견 험난한 듯하다."는 것과 같은 의미라고 함. 첸 꾸잉은 (무형의 도는) '어떤 구체적인 사물과는 다르다'는 뜻으로 풀이함. 반면 리우 쿤성은 '불초'의 목적어는 앞에서 이미 언급되었기 때문에 생략된 것으로, 곧 '도대(道大)'의 '대'이니, '불초대(不肖大)', 즉 '위대한 것 같지도 않다'는 뜻으로 풀이함. 한데 진정 위대하지만, 한편 또 그런 것 같지도 않은 것이 바로 '도'의 형상(*제34장 참조)인 점을 감안하면, 리우 쿤성의 풀이가 가장 노자의 사상에 부합하는, 설득력 있는 견해로, 따를 만함. 반면 쟝 시창과 첸 꾸잉의 풀이는 각각 임의로 '세속적인 군주'와 '어떤 구체적인 사물'이라는 목적어를 덧붙였다는 점에서, 재론의 여지가 있음. 그리고 까오 헝의 풀이는 결국 리우 쿤성의 풀이와 그 의미상 일맥상통하는 것으로 이해됨.

2 ~때문에 : 원문은 '부유(夫唯)'. *제2장 주석14 참조.

3 보잘것없는… : 원문은 '구의기세야부(久矣其細也夫)'. 곧 '기세구의야부(其細久矣也夫)'의 도치. '세'는 세소(細小)·세미(細微), 즉 보잘것없이 작다는 뜻으로, '대(大)'와 상대되는 개념이니, 곧 소도(小道)에 지나지 않는다는 말임. '야부'는 문미(文尾) 어조사로, 감탄의 어기(語氣)를 나타냄.

며 보전하고 있는데, 첫째는 자애(慈愛)요, 둘째는 검약(儉約)이요, 셋째는 감히 천하 만인의 앞에 나서지 않는 것이다. 무릇 자애로우므로 할 일 앞에서 용감할 수 있고,[4] 검약하므로 영토를 넓힐 수 있으며,[5] 감히 천하 만인의 앞에 나서지 않으므로 천하 만물의 우두머리[6]가 될 수 있는 것이다.

그런데 만약[7] 자애롭지는 못하면서 용맹만 부리려 하고,[8] 검

---

4 자애로우므로… : 원문은 '자, 고능용(慈, 故能勇)'. 자애란 곧 사랑인데, 무릇 어머니가 사랑하는 자식을 위해서라면 무슨 일에도 용감히 나서듯, 사랑의 마음이 있으면 마땅히 해야 할 일 앞에서 결코 주저함이 없이 용감히 나설 수 있다는 말임. 이는 곧 공자가 말한, "인(仁)한 사람은 반드시 용기가 있다.〔仁者必有勇〕"〈『논어』「헌문(憲問)」〉는 것과도 상통하는 의미로 이해됨.

5 검약하므로… : 원문은 '검, 고능광(儉, 故能廣)'. '검'(검약)은 곧 '색(嗇)'(*제59장 주석3 참조)의 뜻임. 검약이란 물론 모든 사람에게 요구되는 것이나, 여기서는 특히 통치자 군왕을 겨냥하고 있음. 곧 통치자가 자신의 생각과 욕망을 최대한 단속해, 정령과 형벌 등 정치적 조치의 '검약'을 이룩함을 말함이니, 이는 결국 '무위'와 통함.(*제59장 참조) '무위'의 정치야말로 진정 통치의 기반을 공고히 하여 길이 융성함으로써 광대한 국가를 건설할 수 있을 것임. 한비자(韓非子)가 이 구절을 풀이하며 "군왕이 쉽게 군사를 움직여 전쟁을 하지 않으면 백성이 많아지고, 백성이 많아지면 국토가 넓어질 것이다.〔人君重戰其卒則民衆, 民衆則國廣〕"〈『한비자』「해로(解老)」〉라고 한 것도 같은 맥락으로 이해됨.

6 천하 만물의 우두머리 : 원문은 '기장(器長)'. '기'는 물(物)이니, 곧 만물을 가리킴. '장'은 수장(首長), 우두머리.

7 만약 : 원문은 '금(今)'. 여기서는 약(若)과 같아서 가정의 뜻을 나타냄.

8 자애롭지는… : 원문은 '사자차용(舍慈且勇)'. '사'는 사(捨)와 같음. 곧 버림. '차'는 취(取)와 같음. 곧 취함, 구함. 따라서 이 구절을 직역하면, 자애로움은 버리고, 용맹을 취한다는 뜻임.

약하지는 못하면서 영토만 넓히려 하며, 뭇사람의 뒤에 있지는 못하면서 마냥 앞으로 나서려고만 한다면, 오직 파멸과 죽음뿐이리라! 무릇 자애의 마음으로 공격을 하면 능히 이길 것이요, 수비를 하면 굳게 지킬 것이다. 하늘이 장차 누군가를 구조하려 할 때에도, 자애로 그를 지켜준다.

天下皆謂我道大, 似不肖. 夫唯大, 故似不肖. 若肖, 久矣其細也夫! 我有三寶, 持而保之: 一曰慈, 二曰儉, 三曰不敢為天下先. 慈, 故能勇; 儉, 故能廣; 不敢為天下先, 故能成器長. 今舍慈且勇, 舍儉且廣, 舍後且先, 死矣! 夫慈, 以戰則勝, 以守則固. 天將救之, 以慈衛之.

해설

노자는 도란 '참으로 위대하기 때문에 오히려 위대하지 않은 것 같다'고 한다. "아무 소리도 없고 형체도 없으며, 만물을 초월해 홀로 우뚝 서서 영원불변하고, 널리 두루 순환 반복 운행하며 그침이 없는"(제25장) 도는 곧 천지 만물의 어머니다. 그러니 그 위대성은 어쩌면 그 보편성에 바탕을 두고 있는지도 모른다. 자칫 흔하디 흔한 공기의 가치와 중요성을 망각하듯이, 누구나 이 대도(大道)의 위대성을 간과할 수 있다.

그리고 이른바 삼보(三寶)는, 바로 '위대하면서도 위대하지 않은 것 같은' 대도의 본질과 정신의 실천이요, 구현이다. 먼저 '자애'는 사랑의 마음에 동정(同情)의 감정이 가미된 것으로, 사람이 서로 사이좋게 더불어 살아갈 수 있는 기본 동력이다. '검약'은 한 마디로 "뭇사람을 다스리고 타고난 심신을 보양하는 데 정신과 지력(智

力)을 아끼는 것”(제59장)이다. ‘감히 천하 만인의 앞에 나서지 않는 것’은 곧 겸양과 부쟁(不爭)의 사상이다.

이 가운데 가장 근원적인 위력(偉力, 위대한 힘)과 중요한 의의를 갖는 것은 바로 ‘자애’다. 만물은 어느 것 하나 도에서 생겨나지 않는 것이 없다. 그 때문에 도는 만물에 대해 마치 어머니가 자식을 대하듯 자애하지 않는 경우가 없다. 또한 대도의 자애는 결코 이기적인 것이 아니다. 제5장에서 이르기를, “천지는 어떤 것도 사사로이 인애하지 않으니 만물을 짚으로 만든 개 보듯 하고, 성인은 어떤 것도 사사로이 인애하지 않으니 백성을 짚으로 만든 개 보듯 한다.”라고 하였다. 이는 언뜻 사랑하지 않는 게 아닌가 하겠지만, 사실상 추호의 사심(私心) 없이 한껏 공평히 사랑하는 ‘큰 사랑’이다. 그리스도교의 박애와 불교의 자비, 유가의 인애(仁愛), 묵가의 겸애(兼愛), 그리고 노자의 자애, 이 모두는 이름은 달라도 그 의미와 정신은 하나이다. 노자가 삼보 가운데 특별히 ‘자애’를 부각시킨 것은 필시 그 위대함에 대한 강조일 것이다.

아무튼 노자가 말한 삼보는 치국(治國)의 보배이면서 수신(修身)의 보배요, 동시에 치국과 수신에 있어서 대도를 구현함이다.

제68장

장수[1] 노릇을 잘하는 이는 용맹을 부리지[2] 않고, 싸움을 잘하는 이는 성내지 않으며, 적에게 이기기를 잘하는 이는 적과 맞서 싸우지 않고,[3] 사람 부리기를 잘하는 이는 한껏 겸손히 자신을 낮춘다. 이[4]를 일러 남과 다투지 않는 덕이라 하고, 또 이[5]를 일러 사람을 부리는 힘이라 하나니, 이 모두를 일러 천도(天道)에 부합하는, 자고이래(自古以來) 최고의 행동 준칙[6]이라 할 것이다.

善為士者不武, 善戰者不怒, 善勝敵者不與, 善用人者為之下. 是謂不爭之德, 是謂用人之力, 是謂配天古之極.

---

1 장수(將帥) : 원문은 '사(士)'. 춘추시대 이전에는 문사(文士)와 무사(武士)를 모두 '사'라고 함. 다만 왕필이 이를 '병졸의 우두머리〔卒之帥〕'라고 하였듯이, 여기서는 장수를 가리킴.

2 용맹을… : 원문은 '무(武)'. 용무(勇武)함. 여기서는 용맹을 부려 남을 위협함을 이름.

3 적과 맞서… : 원문은 '불여(不與)'. 이는 왕필이 이른 대로, '적과 더불어 싸우지 않음〔不與爭也〕'을 이름. 까오 헝은 옛날에는 적과 상대해 싸우는 것을 '여'라 하였다고 함.

4 이 : 이는 곧 앞에서 말한 '불무(不武)'·'불노(不怒)'·'불여(不與)'를 두고 이름.

5 이 : 이는 곧 앞에서 말한 '위지하(爲之下)'를 두고 이름.

6 천도(天道)에… : 원문은 '배천고지극(配天古之極)'. 여기서 '고' 자(字)는 본디 다음 장(제69장) 첫머리에 있어야 할 것이 이곳에 잘못 들어온 착간(錯簡)으로, 곧 연문(衍文)이라는 주장이 유월, 시 통, 마 쉬룬 등에 의해 제기됨. 앞의 '부쟁지덕(不爭之德)'·'용인지력(用人之力)' 두 구절과 구법상(句法上) 일치한다는 점에서 이들의 주장은 상당한 설득력이 있으나, 일단은 원문 그대로 이해함으로써 오래된 경문(經文)의 수정에 신중을 기하기로 함. '배천'은 천도(자연의 도)에 부합함. '극'은 최고의 준칙.

해설

노자는 여기서 전쟁을 예로 들어 '부쟁(不爭, 다투지 않음)'과 '처하(處下, 아래에 처함)'의 이치를 설파하였다. 전쟁의 목적은 본디 승리를 쟁취하는 것이니, '부쟁'과 '처하'는 뭔가 동떨어진, 마땅치 않은 얘기 같다. 하지만 전쟁을 잘하는 이는, 오히려 '부쟁'과 '처하'의 방법으로 승전(勝戰)과 처상(處上)의 목적을 달성한다는 게 노자의 생각이다.

『손자병법(孫子兵法)』「모공편(謀攻篇)」에서도 이르기를, "최상의 전략은 적의 계략을 무너뜨리는 것이고, 그 다음은 적의 외교(外交)를 무너뜨리는 것이며, 다시 그 다음은 적의 군대를 무너뜨리는 것이고, 최하의 전략은 적의 성(城)을 무너뜨리는 것이다.〔上兵伐謀, 其次伐交, 其次伐兵, 其下攻城〕" "그러므로 백 번 싸워 백 번 이기는 것은 결코 훌륭하고도 훌륭한 전략이 아니며, 싸우지 않고 적의 군대를 굴복시키는 것이 진정 훌륭하고도 훌륭한 전략이다.〔是故百戰百勝, 非善之善者也; 不戰而屈人之兵, 善之善者也〕"라고 하였으니, 노자가 말하는 '부쟁'과 '처하'야말로 진정 병법상(兵法上) 최상의 전략임에 틀림이 없다. 일부 논자들은 노자를 병가(兵家)로, 이 『노자(도덕경)』 책을 군사 보전(寶典)으로 보는데, 그것은 분명 그만한 까닭이 있는 것이다.

아무튼 이른바 '부쟁'과 '처하'의 주장과 전략은, 유약(柔弱)을 숭상하는 노자의 사상과도 완전히 일치하고 있다. 노자가 이를 무위자연의 천도에 부합하는 최고의 준칙이라고 선언한 것도 물론 그 때문일 것이다.

제69장

군사를 부리는 이[1]가 한 말이 있다. "나는 감히 능동적으로 다른 나라를 침공하기[2]보다는 수동적으로 다른 나라의 침공에 응전(應戰)하고,[3] 감히 한 치〔寸〕를 나아가 치기보다는 한 자〔尺〕[4]를 물러나 지킨다." 이는 곧 진형(陣形)을 갖추었는데도[5] 진형이 없는 것 같고, 팔을 걷어붙였는데도[6] 팔이 없는 것 같으며, 병기를 들었는데도 병기가 없는 것 같고,[7] 적을 마주하고 있는데도[8]

---

1 군사를… : 원문은 '용병자(用兵者)'. 통행본과 백서본, 왕필본 등에는 '자' 자(字)가 없으나, 까오 헝이 이른 대로 '자' 자가 있는 것이 옳으므로, 부혁본에 근거해 보충함.

2 능동적으로… : 원문은 '위주(爲主)'. '주'가 됨. 여기서 '주'는 능동적으로 다른 나라를 침공하는 일방을 일컫는 말임.

3 수동적으로… : 원문은 '위객(爲客)'. '객'이 됨. 여기서 '객'은 부득이한 경우에, 즉 다른 나라가 침공해 왔을 때 수동적으로 출병해 응전하는 일방을 일컫는 말임. ○이상의 두 구절은 앞 장에서 말한 '불무(不武)'·'불노(不怒)'의 의미를 이르는 것으로 이해됨.

4 한 치·한 자 : 원문은 '촌(寸)'·'척(尺)'. 길이의 단위로, 치·자. 대략 한 치는 한 자의 10분의 1이고, 한 자는 1m의 3분의 1임. ○이상의 두 구절은 곧 앞 장에서 말한 '불여(不與)'의 의미를 이르는 것으로 이해됨. 그리고 이상 '용병자(用兵者)'의 말은 결국 '유약(柔弱)'과 '부쟁(不爭)'의 정신을 표현하고 있음.

5 진형을… : 원문은 '행(行)'. 진행(陣行), 즉 군대 행렬, 배열. 여기서는 (공격) 진형을 갖추는 것을 이름.

6 팔을… : 원문은 '양(攘)'. 곧 양비(攘臂)를 이름. *제38장 주석8 참조.

7 병기(兵器)를… : 원문은 '집무병(執無兵)'. 이 말이 왕필본에는 '잉무적(扔無敵)' 구(句) 뒤에 있으나, 왕필의 주문(註文)과 백서갑을본, 부혁본 등에 근거해 '잉무적' 구 앞으로 옮김. 왜냐하면 그렇게 고치는 것이 격구(隔句) 압운(押韻)에도 맞고, 문맥상으로도 자연스럽기 때문임.

적이 없는 것 같음이로다.

무릇 적을 얕보는 것보다 더 큰 화난(禍難)은 없나니, 적을 얕보면 곧[9] 자신의 귀중한 생명[10]을 잃게 될 것이다. 그러므로 군사를 일으켜 서로 맞설 때[11] 백중지세이면,[12] 비분(悲憤)에 찬 쪽[13]이 이긴다.

用兵者有言: "吾不敢為主, 而為客; 不敢進寸, 而退尺." 是謂行無行, 攘無臂, 執無兵, 扔無敵. 禍莫大於輕敵, 輕敵幾喪吾寶. 故抗兵相若, 哀者勝矣.

해설

이는 앞 장의 연장선상에서 피력된 노자의 전쟁론으로, 곧 이퇴

---

8 적을 마주하고… : 원문은 '잉(扔)'. 끌어당김. 여기서는 전의(轉義)되어 적을 가까이 마주함을 이름.

9 곧 : 원문은 '기(幾)'. 여기서는 즉(則)과 같음. 흔히 '거의'의 뜻으로 풀이하나, 적절치 않음.

10 귀중한 생명 : 원문은 '보(寶)'. 이는 하상공이 이른 대로 몸〔身〕· 생명을 가리키는 것으로 이해됨. 일설에는 제67장에서 말한 '삼보(三寶)'를, 혹은 국토 · 백성 · 주권(主權)을, 또 혹은 유약(柔弱)의 도(道)를 가리킨다고도 함.

11 군사를… : 원문은 '항병(抗兵)'. 왕필 주(註)에 따르면, 이는 거병(擧兵)의 뜻으로 이해됨.

12 백중지세(伯仲之勢)이면 : 원문은 '상약(相若)'. 상당(相當)함. 곧 쌍방의 힘이 서로 엇비슷함을 이름. '약'이 통행본과 왕필본 등에는 '가(加)'로 되어 있으나, 백서본과 부혁본 등에 근거해 고침.

13 비분에… : 원문은 '애자(哀者)'. '애'는 곧 침공해온 적군이 아군을 얕보며 모욕하는 데 대해 비분강개(悲憤慷慨, 슬프고 분하여 의분이 북받침)하고 분기충천(憤氣衝天, 분한 마음이 하늘을 찌를 듯 격렬하게 북받쳐 오름)함을 이름.

위진(以退爲進, 물러남으로써 나아감)의 전략에 대한 설명이다. 반전 사상의 소유자였던 노자는 특히 침략 전쟁을 극력 반대하였다. 그 뿐만 아니라 설령 적의 침공에 부득이 응전하는 경우에도, 공세(攻勢)를 펴기보다는 수세(守勢)를 취하기를 우선시해야 한다는 게 노자의 생각이다. 이는 물론 '결국 부드럽고 약함이 굳세고 강함을 이긴다'(제36장)는 관념의 발로이다.

노자가 '용병자'의 말에 부연한 일련의 말은 곧 수세적 전략의 구체적인 묘사이다. 그것은 적을 제압할 힘이 있지만 결코 경거망동하지 않으며, 최적의 때를 기다렸다가 일거에 무찌른다는 전략이다. 이는 그야말로 "적의 움직임은 드러나게 하되, 아군의 움직임은 드러나지 않게 하며〔形人而我無形〕"〈『손자병법』「허실(虛實)」〉, "전투에 능하면서도 짐짓 그렇지 못한 것처럼 보이게 하고, 출병하려고 하면서도 짐짓 그렇지 않은 것처럼 보이게 하며, 진격의 시간과 거리가 가까우면서도 짐짓 먼 것처럼 보이게 하고, 진격의 시간과 거리가 멀면서도 짐짓 가까운 것처럼 보이게 하는 것이다.〔能而示之不能, 用而示之不用, 近而示之遠, 遠而示之近〕"〈『손자병법』「계(計)」〉

그리고 노자는, 적을 얕보는 것은 돌이킬 수 없는 화를 자초하는 것임을 강조하면서, 참전자(參戰者)의 주의를 촉구하였다. 수세를 취하는 것은 물론 적을 얕보는 것이 아니다. 단지 공격에 신중을 기하는 것일 뿐이다. 적이 아군을 얕보고 침공해온 경우, 아군은 대개 적의 갖은 우롱과 모욕에 비분강개(悲憤慷慨)하면서 오히려 엄청난 전투력을 발휘하게 된다. 이른바 '애병필승(哀兵必勝)'이란 바로 그러한 상황을 반영한 고대(古代) 전장(戰場)의 보편적 진리라 할 것이다.

제70장

내 말은 이해하기도 무척 쉽고, 실행하기도 무척 쉽다.[1] 하지만 세상에 아무도 제대로 이해하지 못하고, 또 제대로 실행하지도 못하도다.[2] 무릇 말에는 그 본원이 있고, 일에는 그 근거[3]가 있다. 사람들은 바로 그러한 것을 알지 못하기 때문에,[4] 나를 이해하지 못하는 것이다.[5]

나를 이해하는 이가 드물다는[6] 것은 곧 내가 고귀하다는 것이다.[7] 그러므로 성인[8]은 몸에는 거친 베옷을 걸치고 있으면서[9] 가

---

1 내 말은… : 원문은 '오언심이지, 심이행(吾言甚易知, 甚易行)'. 제47장에서 "도를 깨달으면, 대문 밖을 나서지 않고도 천하의 사리를 알고, 창문 밖을 내다보지 않고도 하늘의 이치를 안다."고 하였는데, 여기서 '심이지'라고 한 것은 바로 그 때문임. 또 같은 장에서 "일부러 어떻게 하지 않고도 일을 이루어 낸다."고 하였는데, 여기서 '심이행'이라고 한 것은 바로 그 때문임. 이 같은 이해는 왕필의 견해에 따른 것임.

2 세상에 아무도… : 이는 세상 사람들이 알지도 못하고 행하지도 못하는 까닭은, 첫째(주관적인 측면) 노자의 도와 세속의 사물이 너무 다르고, 심지어 상반되기 때문이며, 둘째(객관적인 측면) 중사(中士)와 하사(下士)는 넘치는 반면, 상사(上士)는 극히 드물기 때문이라는 말임.('상사'·'중사'·'하사'는 *제41장 참조) 앎은 행함의 시작이요, 행함은 앎의 완성인데, 사람들이 노자의 도를 알지도 못하거늘 어찌 실제로 행할 수 있겠는가?

3 그 본원(本源)·그 근거 : 원문은 '종(宗)'·'군(君)'. '종'과 '군'이 모두 주(主)의 뜻으로, 곧 근본·본원, 근거를 말함. 또한 양자는 모두 도를 두고 이르는 말이니, 도는 말의 본원이요, 또 일의 근거인 것임. 그리고 도의 본질은 바로 무위자연임.

4 바로 ~때문에 : 원문은 '부유(夫唯)'. *제2장 주석14 참조.

5 나를 이해하지… : 원문은 '불아지(不我知)'. 곧 '부지아(不知我)'의 도치.

6 드물다는 : 원문은 '희(希)'. 희(稀)와 같음. 드묾.

7 곧 내가… : 원문은 '즉아귀의(則我貴矣)'. 왕필본에는 '칙아자귀(則我者

슴에는 고귀한 보옥(寶玉)을 품고 있도다.

吾言甚易知, 甚易行. 天下莫能知, 莫能行. 言有宗, 事有君. 夫唯無知, 是以不我知. 知我者希, 則我貴矣. 是以聖人被褐而懷玉.

해설

노자는 당신의 사상과 주장이 사람들에게 이해되지 못하고, 사람들에 의해 실행되지 못하는 데 대해 깊은 유감과 개탄의 뜻을 토로하였다. 노자가 하는 말과 일, 예를 들면 허정(虛靜)이나 유약(柔弱), 자검(慈儉, 자애와 검약, *제67장 참조), 부쟁(不爭) 등등은 모두 무위자연의 도에 뿌리를 두고 있다. 무위자연의 도는 지극히 순수하고 질박한 것이다. 하지만 사람들은 노자의 일언일행(一言一行, 하나하나의 말과 행동)의 근원인, 그 단순하고 순박한 도의 본질을 잘 알지 못한다. 그러니 노자의 주장을 제대로 이해하지도 못하고, 실행하지도 못하는 것은 당연한 것이다. 그렇다면 사람들의 언행이 무위자연의 도를 본받고 따르지 못하는 보다 근본적인 까닭은

貴)'로 되어 있음. 하지만 그 주문(註文)에서 이르기를, "나를 이해하는 이가 드물수록 더욱 나에게 필적할 것이 없도다.〔知我益希, 我亦無匹〕"〈도홍경(陶鴻慶)이 여기서 '역'은 응당 '익(益)'으로 고쳐 써야 한다고 함〉라고 하였는데, '나에게 필적할 것이 없다'는 것은 곧 내가 고귀하다는 말임. 만약 '칙아자귀'로 본다면, '칙'은 본받는다는 뜻이 되고, 나를 본받는 이가 고귀하다는 말이니, 전후 문맥상 의미가 통하기 어려움. 따라서 백서본에 근거해 고침.

8 성인(聖人) : 이는 노자가 은근히 스스로를 지칭하는 것으로, 곧 노자의 화신(化身)으로 이해됨.

9 거친 베옷을… : 원문은 '피갈(被褐)'. '피'는 피(披)와 같음. 옷을 걸침. '갈'은 천한 사람이 입는 거친 베옷. 왕필본에는 '피갈' 아래에 '이(而)' 자가 없으나, 백서본에 근거해 보충함.

무엇일까? 그것은 바로 '마냥 서둘러 이루려는 조급한 욕망에 현혹되고〔惑於躁欲〕' '온갖 영화(榮華)와 명리(名利)에 미혹되었기〔迷於榮利〕' 때문이라는 게 왕필의 설명이다.

한편 노자는 당신의 사상과 주장을 스스로 평가하고 있는데, 당신을 이해하는 이가 드문 현실은 결국 당신의 사상과 주장이 얼마나 고귀한 것인가를 보여준다는 것이다. 그 사상에 대한 세상 사람들의 냉대에 동요하거나 낙담하기보다는 오히려 자부심과 자긍심을 더할 뿐이다. 또한 '몸에는 거친 베옷을 걸치고 있으면서 가슴에는 고귀한 보옥을 품고 있다'는 비유로, 당신의 사상과 주장을 표현한 말은 비록 한없이 단순 질박하지만, 그 함의(含意)는 오히려 풍부하고 고귀하기 그지없음을 강조하였다. 공자가 이른 대로, "덕(德)이 있는 사람은 결코 외롭지 않으며, 반드시 많은 이웃이 있을 것이다.〔德不孤, 必有隣〕"〈『논어』「이인(里仁)」〉

제71장

알면서도 모른다고 여기는 것[1]이 최상이요,[2] 모르면서도 안다고 여기는 것[3]은 큰 병(病)이다.[4] 성인이 큰 병이 없는 것은, 그러한 병을 병으로 여기기 때문이다. 바로 그처럼 병을 병으로 여기기 때문에, 그러한 큰 병이 없는 것이다.[5]

---

1 알면서도… : 원문은 '지부지(知不知)'. 이는 『회남자(淮南子)』「도응훈편(道應訓篇)」 인용문에서 '지이부지(知而不知)'라고 하였듯이, 알면서도 모른다고 여긴다는 뜻으로 이해됨. 일설에는 자신이 모른다는 것을 안다는 뜻으로 풀이하기도 함. 하지만 노자의 다른 말들, 예를 들면 제22장의 '스스로 드러내지 않으므로 오히려 자신이 더욱 두드러진다(不自見, 故明)'는 등의 주장에 비춰볼 때, 『회남자』의 의미가 보다 적절한 것으로 판단됨.

2 최상이요 : 원문은 '상의(尙矣)'. 하상공본과 왕필본에는 '상(上)'으로만 되어 있고, '의' 자는 없으나, 백서본과 『회남자』「도응훈편」에 근거해 '상(上)'을 '상(尙)'으로 고치고, '의'를 보충함. 옛날에 '상(上)'과 상(尙)'은 서로 통용함.

3 모르면서도… : 원문은 '부지지(不知知)'. 이는 『회남자』「도응훈편」 인용문에서 '부지이지(不知而知)'라고 하였듯이, 모르면서도 안다고 여긴다는 뜻으로 이해됨.

4 큰 병이다 : 원문은 '병의(病矣)'. 하상공본과 왕필본에는 '병'으로만 되어 있으나, 백서본과 『회남자』「도응훈편」에 근거해 '의'를 보충함. '병'은 병집, 병통, 결함을 뜻함.

5 성인이 ~ 없는 것이다 : 이 네 구절의 원문이 하상공본, 왕필본, 그리고 다른 여러 판본에는 모두 '부유병병, 시이불병. 성인불병, 이기병병, 시이불병(夫唯病病, 是以不病. 聖人不病, 以其病病, 是以不病)'으로 되어 있음. 하지만 '시이불병' 구(句)가 중복되고 있는 데다, '부유(夫唯)' 구는 이어 받을 앞말이 없어 문법적으로 맞지 않는(*제2장 주석14, 제31장 주석1 참조) 등 문맥 전반의 의미가 통하기 어려움. 한데 장 시창(蔣錫昌)이 이른 대로, 『태평어람(太平御覽)』「질병부(疾病部)」에서는 '성인불병, 이기병병. 부유병병, 시이

知不知, 尙矣; 不知知, 病矣. 聖人不病, 以其病病. 夫唯病病, 是以不病.

해설

이는 물론 일반적인 '앎'의 문제를 논한 것으로 이해할 수 있다. 하지만 노자 철학의 맥락에서 볼 때, 그보다는 특히 '도를 깨달아 앎'의 문제를 논한 것으로 보는 게 한결 유의미(有意味)하다.

사람이 도를 깨달아 앎에는 두 가지 유형이 있다. 첫째는 '지부지(知不知)'로, 곧 도를 알면서도 모른다고 여기는 것이다. 이러한 사람이 도를 아는 것은 일종의 감오(感悟), 즉 느끼어 깨달음으로, 이미 도와 일체화되어 있으면서도 스스로 깨닫지 못하는 경지다. '영원불변의 지극한 도는 어떠하다고 설명할 수도 없고, 영원불변의 지극한 이름은 뭐라고 이름할 수도 없다'고 하였다.(*제1장 참조) 그러므로 '지부지'하는 사람은 도의 실체를 설명하지 못하며, 또 그렇기 때문에 자신이 도를 알지 못한다고 여기는 것이다. 이러한 '앎'이야말로 진정 '앎'의 최고 경지라는 게 노자의 생각이다.

둘째는 '부지지(不知知)'로, 곧 도를 모르면서도 안다고 여기는 것이다. 이러한 사람은 자신이 도를 안다고 생각하고, 제멋대로 도를 논하며 거드름을 피운다. 하지만 '지극한 도는 어떠하다고 설명할 수도 없는 것'이니, 그가 말하는 도는 도가 아니며, 그는 결코 도를 진정으로 아는 것이 아니다. 이러한 '앎'은 분명 큰 병(깊이 뿌리박힌 결함)으로, 참된 '앎'으로 나아가는 데 크나큰 걸림돌이 된다.

불병(聖人不病, 以其病病. 夫唯病病, 是以不病)'이라고 인용하고 있으며, 그것이 다른 어떤 판본보다 문법이나 의미상 한결 자연스러움. 따라서 그에 근거해 바로 잡음. '병병(病病)'에서 앞의 '병'은 동사이고, 뒤의 '병'은 명사임.

도를 체득한 성인은 이러한 '부지지'가 큰 병임을 누구보다도 잘 안다. 그렇기 때문에 성인은 결코 그같이 하지 않으며, 따라서 성인에게는 그런 큰 병이 없는 것이다.

듣건대 소크라테스가 이르기를, "나는 다른 사람들보다는 조금 똑똑하다. 왜냐하면 나는 나 자신이 어리석다는 것을 알지만, 다른 사람들은 자기 자신이 어리석다는 것을 모르기 때문이다."라고 하였다고 한다. 공자도 이르기를, "내가 아는 게 무엇이 있겠느냐? 아는 게 없다.〔吾有知乎哉? 無知也〕"〈『논어』「자한(子罕)」〉라고 하였다. 동서양의 대표적인 두 성인(聖人)이 하는 말이 하나같이 이러하니, 그야말로 "아는 것을 안다고 하고 모르는 것을 모른다고 하는 것, 그것이 진실로 아는 것〔知之爲知之, 不知爲不知, 是知也〕"〈『논어』「위정(爲政)」〉인가 보다.

제72장

백성이 군왕의 위압(威壓)[1]을 두려워하지 않으면, 군왕에게 실로 큰 위협[2]이 닥칠 것이다. 그러니 군왕은 백성들의 거처를 불안케 하지[3] 말고, 또 백성들의 살길을 어렵게 하지[4] 말아야 한다. 오직 군왕이 백성을 못살게 굴지 않아야만,[5] 백성들이 군왕을 싫어하지 않는다.[6]

---

1 군왕의 위압 : 원문은 '위(威)'. 위압. 여기서는 백성들을 두려움에 떨며 복종하게 하는, 통치자의 가혹한 정치의 위압적인 기세(氣勢)를 가리킴.

2 실로 큰 위협 : 원문은 '대위(大威)'. 큰 위협. 여기서는 백성들이 가혹한 정치를 견디다 못해 급기야 군왕을 향해 벌이는 강력한 항거를 가리킴. 또한 이는 곧 포학한 정권을 뒤집어엎는 '혁명'을 두고 이르는 말임. 왕필이 이르기를, "위압으로는 더 이상 백성을 통제할 수 없고, 백성들도 더 이상 임금의 위압을 견딜 수 없는 지경에 이르게 되면, 위아래로 기강과 질서가 크게 무너지면서 장차 천벌(天罰)이 내려질 것이다.〔威不能復制民, 民不能堪其威, 則上下大潰矣, 天誅將至〕"라고 하였는데, 이른바 '천벌'은 곧 혁명적 의거(義擧)를 이르는 것으로 이해됨.

3 불안케 하지 : 원문은 '압(狎)'. 하상공본과 경룡본 등에는 '협(狹)'으로 되어 있음. 옛날에 '압'은 '협'과 통용함. '협'은 협애(狹隘), 즉 지세가 좁고 험함. 여기서는 전의되어 협박함・위협함, 곧 (거처를) 불안케 함을 이름.

4 어렵게 하지 : 원문은 '압(厭, 이 글자의 독음은 '염'이 아님)'. 압(壓)과 같음. 압박함・핍박함. 여기서는 전의되어, (살길을) 어렵게 함을 이름. 『설문해자』에서 "'압'은 눌러 짠다는 뜻이다.〔厭, 笮也〕"라고 하였고, 단옥재(段玉裁) 주(注)에 이르기를 "이 뜻을 오늘날 글자로는 '압(壓)'으로 쓰는데, 곧 고금(古今)의 글자가 다른 것이다.〔此義今人字作壓, 乃古今字之殊〕"라고 함.

5 못살게… : 원문은 '불압(不厭)'. 여기서 '압'은 앞 구절의 '무압(無厭)'의 '압'과 같음.

6 싫어하지… : 원문은 '불염(不厭)'. 여기서 '염'은 제66장 '천하낙추이불염(天下樂推而不厭)'의 '염'과 같음.

그렇기 때문에 성인은 단지 자기 자신을 알고자 할[7] 뿐, 스스로를 드러내지[8] 않으며, 단지 자기 자신을 사랑할[9] 뿐, 스스로 탐욕을 채우려 하지[10] 않는다. 그러므로 모름지기 군왕은 후자[11]를 버리고, 전자[12]를 취해야 한다.

民不畏威, 則大威至. 無狎其所居, 無厭其所生. 夫唯不厭, 是以不厭. 是以聖人自知不自見; 自愛不自貴. 故去彼取此.

해설

이는 통치자・위정자를 향한 각별한 경계(警戒)이자 엄중한 경고다. 노자는 폭정(暴政)을 극구 반대한다. 통치자는 포학한 정치와 가혹한 형벌로 백성을 압박하고 통제하여, 백성들이 편안히 거처하지도, 나름의 살길을 모색하지도 못하게 해서는 안 된다. '지렁이도 밟으면 꿈틀한다'고 하지 않았던가? 백성들도 막다른 골목에 이르

---

7 자기 자신을… : 원문은 '자지(自知)'. 이는 자기 자신이 만백성의 윗자리에 거(居)하고 있음을 알고, 더욱 겸비(謙卑, 겸손하게 자기를 낮춤)・퇴양(退讓, 남에게 사양하고 물러남)함을 이르는 것으로 이해됨.

8 스스로를… : 원문은 '자현(自見)'. '현'은 현(現)과 같음. 여기서는 위세(威勢)를 부리는 따위를 이르는 것으로 이해됨.

9 자기 자신을 사랑할 : 원문은 '자애(自愛)'. 이는 쟝 시창이 말한 대로, 스스로 청정과욕(淸靜寡欲)함, 즉 맑고 고요한 마음으로 세속적인 욕심을 떨쳐버림을 이르는 것으로 이해됨.

10 스스로 탐욕을… : 원문은 '자귀(自貴)'. 이는 쟝 시창이 말한 대로, 스스로 유위다욕(有爲多欲)함, 즉 온갖 정령(政令)으로 탐욕을 채우려 함을 이르는 것으로 이해됨. '귀'는 고귀함, 부귀함.

11 후자 : 원문은 '피(彼)'. 곧 '자현(自見)'과 '자귀(自貴)'를 가리킴.

12 전자 : 원문은 '차(此)'. 곧 '자지(自知)'와 '자애(自愛)'를 가리킴.

러 도저히 견딜 수 없는 지경이 되면, 이판사판으로 통치자의 어떠한 위압도 두려워하지 않고, 쌓였던 분노를 폭발시키게 된다. 그야말로 혁명적 의거(義擧)로 새로운 세상을 도모하게 되는 것이다.

그러므로 통치자는 포학한 정치로 온갖 위세를 부리며 탐욕을 채우려 해서는 안 된다. 오히려 성인을 본받아 청정 무위(*제23장 「해설」 참조)의 정치를 행함으로써, 백성들이 "모두 그 음식을 달게 여기고, 그 옷을 아름답게 여기며, 그 거처를 편안히 여기고, 그 풍속을 즐겁게 여기도록"(제80장) 하여야 한다. 그러면 자연히 "천하 만인이 다 그를 즐거이 추대하면서 조금도 싫어하지 않게 될 것이다."(제66장)

공자가 말하였다. "가혹한 정치는 호랑이보다 무섭다.〔苛政猛於虎〕"〈『예기(禮記)』「단궁(檀弓) 하(下)」〉 그리고 맹자는, 폭군 하(夏) 걸왕(桀王)과 은(殷) 주왕(紂王)을 토벌한 것을 두고, 단지 '필부(匹夫)'를 죽인 것일 뿐, 결코 임금을 시해(弑害)한 것이 아니라고 하였다. 유가와 도가의 치국의 이치와 방법은 서로 다른 면이 없지 않다. 하지만 폭정을 극구 반대하고, 철저히 배격함에 있어서는 서로 완전히 일치한다.

제73장

굳세고 강하게 하는 데[1]에 용감하면 죽을 것이고,[2] 부드럽고 약하게 하는 데[3]에 용감하면 살 것이다. 이 두 가지 용감함 가운데 하나는 이롭고, 하나는 해롭다.[4] 굳세고 강하게 하는 데에 용감한 것은 하늘이 싫어하는 것이지만,[5] 어느 누가 그 까닭을 알겠는가? 그러므로 성인도 오히려 그 까닭 알기를 어려워한다.[6]

---

1 굳세고… : 원문은 '감(敢)'. 과감함, 감행(敢行)함. 여기서는 장 시창이 말한 대로, 제76장 '견강자사지도(堅强者死之徒)'의 '견강'을 이르는 것으로 이해됨. 또한 곧 '유위(有爲)'를 가리킴.

2 죽을 것이고 : 원문은 '살(殺)'. 여기서는 피살(被殺), 곧 '사(死)'와 같은 뜻으로 이해됨.

3 부드럽고… : 원문은 '불감(不敢)'. 과감하지 않음. 여기서는 역시 장 시창이 말한 대로, 제76장 '유약자생지도(柔弱者生之徒)'의 '유약'을 이르는 것으로 이해됨. 또한 곧 '무위(無爲)'를 가리킴.

4 이 두 가지… : 원문은 '차양자, 혹리혹해(此兩者, 或利或害)'. 이는 범응원이 이른 대로, '감(敢)'과 '불감(不敢)' 둘 가운데 세상 사람들은 '감'을 이로운 것으로 여기지만, 오히려 그로 인해 목숨을 잃게 되니 그것이 바로 해로운 것이요, 또 세상 사람들은 '불감'을 해로운 것으로 여기지만, 오히려 그로 인해 목숨을 살리게 되니 그것이 바로 이로운 것이라는 말임.

5 하늘이… : 원문은 '천지소오(天之所惡)'. 하늘이 싫어하는 것. 곧 굳세고 강하게 하는 데에 용감한 것(혹은 사람)을 가리킴. '천'은 천도(天道), 즉 우주 만물의 법칙으로, 자연 법칙과 사회 법칙을 아울러 지칭함. 이는 또한 곧 노자가 말하는 '도'를 가리킴. '오'는 증오함, 미워함, 싫어함.

6 그러므로… : 원문은 '시이성인유난지(是以聖人猶難之)'. 성인도 하늘의 뜻을 알기를 어렵게 생각한다는 말. 다만 이 구절은 문맥상 앞뒤 연결이 뭔가 자연스럽지 못한 면이 있음. 이에 시 통, 장 시창, 마 쉬룬, 까오 헝 등 많은 학자들이, 이 구절은 후세 사람들이 제63장의 구절을 인용해 이 장에 주(注)를 단 것인데, 훗날 정문(正文)에 잘못 섞여 들어 간 것이라는 등의 이유

하늘의 도(道)는 다투지도 않으면서 잘도 이기고,[7] 말하지도 않으면서 잘도 응답하며,[8] 부르지도 않으면서 만물을 저절로 달려오게 하고,[9] 느릿느릿하면서도 만물을 위해 잘도 도모한다.[10]

를 들어, 응당 삭제해야 한다고 함. 백서본(帛書本), 엄준본(嚴遵本), 경룡본을 비롯한 일부 고본에는 이 구절이 없으며, 그것은 바로 후세 학자들의 주장에 주요 근거가 됨. 아무튼 시 통 등의 주장에는 분명 나름의 설득력이 있으나, 여기서는 일단 신중을 기한다는 차원에서 통행본을 그대로 이해하고자 함.

7 다투지도 않으면서… : 원문은 '부쟁이선승(不爭而善勝)'. 이는 곧 제22장에서 이른 대로, "바로 그처럼 남과 다투지 않기 때문에, 천하에 어느 누구도 그와 다툴 수가 없으며〔夫唯不爭, 故天下莫能與之爭〕" 그런 까닭에 다투지 않고도 능히 이길 수 있음을 강조한 것임.

8 말하지도 않으면서… : 원문은 '불언이선응(不言而善應)'. 『논어』「양화편(陽貨篇)」에서 "하늘이 무슨 말을 하더냐? 사계절이 운행하고 만물이 나고 자라지만, 하늘이 무슨 말을 하더냐?〔天何言哉? 四時行焉, 百物生焉, 天何言哉?〕"라고 하였는데, '사계절의 운행'과 '만물의 생장'이 바로 천도가 '잘도 응답한〔善應〕' 결과라 할 것임. 한편 왕필은, 이를 "하늘의 도에 순응하면 길하고, 역행하면 흉한 것〔順則吉, 逆則凶〕"으로 설명하였는데, 그 또한 일리가 있음.

9 부르지도 않으면서… : 원문은 '불소이자래(不召而自來)'. 왕필이 "아래에 처하면, 만물이 절로 귀부(歸附)하는 법이다.〔處下, 則物自歸〕"라고 하였고, 제35장에서 이르기를, "누구든 대도를 깊이 깨닫고 굳게 지키면, 천하 만인이 모두 그에게로 달려가 붙좇을 것이다."라고 함. 요컨대 이 구절은 곧 천도는 한 치의 사사로운 마음 없이 한껏 겸허히 낮은 자리에 처하므로, '뭇 냇물이 저절로 강과 바다로 모여들 듯이'(*제66장 참조) 천하 만물이 저절로 (곧 천도가 만물을 부르지 않는데도) 귀부해 온다는 뜻을 표현함.

10 느릿느릿하면서도… : 원문은 '천연이선모(繟然而善謀)'. 움직임이 한없이 느려, 뭔가를 꾀함에 전혀 조급하거나 악착같음이 없으면서도, 실제로는 만물을 위해 모든 것을 잘 도모한다는 뜻을 표현함. '천'을 『설문해자』에서는 '띠가 느슨하다는 뜻〔帶緩也〕'이라 하였고, 하상공 역시 '느슨하다는

진정 하늘의 그물은 넓고도 커서 그물코가 한없이 성기지만, 그 어떤 것도 빠뜨리지 않는다.[11]

勇於敢則殺, 勇於不敢則活. 此兩者, 或利或害. 天之所惡, 孰知其故? 是以聖人猶難之. 天之道, 不爭而善勝, 不言而善應, 不召而自來, 繟然而善謀. 天網恢恢, 疏而不失.

해설

사람은 모름지기 유약(柔弱)과 겸비(謙卑)·부쟁(不爭) 등등의 특성을 지닌 대도를 본받아 처신 처사하여야 하며, 절대로 굳세고 강한 태도로 다투기를 좋아하지 않도록 경계해야 한다. 이는 노자의 일관된 주장이며, 이 장 역시 그 같은 주장에 대한 부연 설명이나 다름이 없다.

이른바 '용감함〔勇〕'은 하나의 행위이자 기질(氣質)이다. '용감함'이 만약 '굳세고 강하게 하는 데〔敢〕'에 발휘되어 지나치게 위세를 부리며 경쟁을 하고, 남의 권익을 침범하는가 하면, 나아가 공격과 약탈, 살육을 일삼는다면, 필시 목숨을 잃는 화(禍)를 피하기 어려울 것이다. 반면 '용감함'이 만약 '부드럽고 약하게 하는 데〔不敢〕'에 발휘되어 겸허히 아랫자리와 뒷자리에 처하며 남과 다투지 않

뜻〔寬也〕'으로 풀이하였는데, 여기서 '천연'은 행동이 느릿느릿한 모양을 나타내는 것으로 이해됨.

11 하늘의 그물은… : 원문은 '천망회회, 소이부실(天網恢恢, 疏而不失)'. 이는 곧 천도의 무한한 포용성을 표현함. '천망', 즉 하늘의 그물은 천도의 작용 범위를 비유함. '회회'는 광대한 모양. '소'는 (그물코가) 성김, 촘촘하지 않음. 곧 천도의 무형적(無形的) 형상을 비유함.(*제32장 주석4 참조) '실'은 빠뜨림, 누락함.

고, 기꺼이 암성의 고요하고 부드러움을 견지하며〔守雌, *제28장 참조〕 청정 무위한다면, 분명 온전히 생존할 수 있을 것이다.

이 두 가지 '용감함'의 결과는 곧 '부드럽고 약함이 굳세고 강함을 이긴다(柔弱勝剛强)'(제36장)는 천도, 즉 하늘의 도·자연의 법칙을 웅변으로 말해준다. 그리고 '다투지도 않으면서…' 등 4구는 곧 천도의 구체적인 묘사인바, '다투지도 않음'·'말하지도 않음'·'부르지도 않음'·'느릿느릿함'은 천도의 특성이요, '잘도 이김'·'잘도 응답함'·'만물을 저절로 달려오게 함'·'만물을 위해 잘도 도모함'은 천도의 효용이다. 천도의 이 네 가지 특성은 결국 '무위(無爲)'로 귀결되고, 네 가지 효용은 결국 '무불위(無不爲)'로 귀결된다. 다시 말해 이 장의 종지(宗旨)는 바로 대도의 '무위이무불위(無爲而無不爲)'(제37, 48장)를 설명함에 있다.

한편 첫머리의 '용어감즉살, 용어불감즉활(勇於敢則殺, 勇於不敢則活)' 2구는 '부쟁이선승(不爭而善勝)'에 대한 진일보한 설명이다. 또 말미의 '천망회회, 소이부실(天網恢恢, 疏而不失)' 2구는 '천연이선모(繟然而善謀)'에 대한 부연으로, 천도의 작용은 무궁무진하여 만물 가운데 어느 것 하나 그 생육(生育)의 은택을 받지 않는 것이 없음을 역설하고 있다.

제74장

백성들이 죽음을 두려워하지 않는다면,[1] 어떻게 사형에 처하는 것으로 그들을 위협할 수 있겠는가? 잔학한 통치자는 말할 것이다.[2] "만약,[3] 백성들은 늘 죽음을 두려워하는데, 사악한 짓을 하는 자를 내가 잡아다 죽이면, 어느 누가 감히 또 그런 짓을 하겠는가?" 세상에는 항상 만물의 죽음을 주관하는 천도(天道)가 있어, 사람의 생(生)을 마감하게 한다.[4] 한데 사람이 천도를 대신해 사람을 죽인다면, 그것은 곧 뛰어난 목수[5]를 대신해 나무를 깎는 것과 같다. 뛰어난 목수를 대신해 나무를 깎는 이는, 그 손을 다치지 않는 경우가 거의 없다.[6]

---

1 백성들이… : 원문은 '민불외사(民不畏死)'. 이는 통치자의 포학한 정치와 가혹한 형벌을 견디다 못해 급기야 죽음을 무릅쓰고 항거하는 지경에 이른 경우를 말함.

2 잔학한… : 이는 원문에는 없는 말이나, 아래 구절은 곧 잔학한 통치자의 말이므로, 행간(行間)에 숨은 뜻을 드러내어 이해를 도운 것임.

3 만약 : 원문은 '약사(若使)'. 백서갑본에는 '약'으로 되어 있고 '사' 자(字)는 없으며, 백서을본에는 '사'로 되어 있고 '약' 자는 없음. '사'는 '약'과 같은 뜻이며, '약사' 또한 만약이라는 뜻임. 따라서 흔히 '사'를 ~하여금 ~하게 한다는 사역의 의미로 풀이하는 것은 문맥상 어울리지 않으므로, 적절치 않음.

4 만물의 죽음을… : 원문은 '유사살자살(有司殺者殺)'. '사살자'는 사람을 비롯한 만물을 죽게 하는 일을 주관하는 이로, 곧 천도를 가리킴. '사'는 주관함, 관장함. '살'은 (만물을) 죽게 함, 생을 마감하게 함. 이 구절은 사람의 생로병사(生老病死)나 만물의 쇠락(衰落)은 모두가 천도의 조화요, 자연의 법칙에 따른 것이라는 말임.

5 뛰어난 목수 : 원문은 '대장(大匠)'. 기예(技藝)가 뛰어난 목수, 또는 목수의 장(長).

6 거의 없다 : 원문은 '희(希)'. '희(稀)'와 같음. 드묾, 곧 거의 없음.

民不畏死, 奈何以死懼之? 若使民常畏死, 而為奇者, 吾得執而殺之, 孰敢? 常有司殺者殺. 夫代司殺者殺, 是謂代大匠斲, 夫代大匠斲者, 希有不傷其手矣.

해설

우주 만물의 생성과 소멸에는 천도, 곧 대도의 원리가 존재하고 작용한다. 대도(즉 자연 법칙)를 따르면 생존하고, 거스르면 소멸한다. 물론 인생사도 예외가 아니다. 따라서 통치자의 위정(爲政) 또한 대도의 무위자연 정신에 부합되게 이루어져야 한다는 게 노자의 생각이다. 사람의 생사(生死)는 '사살자(司殺者)' 천도가 있어 주관하므로, 사람은 자연적으로 나고 죽는다. 한데 만약 통치자가 '사살자'를 대신해 살육을 자행함으로써 백성들이 천명을 다하지 못하게 한다면, 필시 죽음도 마다하지 않는 민중의 항거에 부딪히게 될 것이다. 그렇게 되면 결국은 통치자 자신도 치명타를 입고 존망(存亡)을 걱정해야 하는 지경에 이를 것이다.

이는 당시 포학한 정치와 가혹한 형벌로 걸핏하면 무고한 백성을 학살하곤 한, 통치자에 대한 신랄한 비판이자 엄중한 경고다.

제75장

백성이 굶주리는 것은, 통치자[1]가 집어삼키는 조세(租稅)가 너무 많기 때문에 굶주리는 것이다. 백성을 다스리기 어려운 것은, 통치자가 유위(有爲)의 정치[2]를 하기 때문에 다스리기 어려운 것이다. 백성이 죽음을 가벼이 여기는 것은, 통치자가 몸을 보양하기를 지나치게 하기[3] 때문에 죽음을 가벼이 여기는 것이다. 무릇 양생(養生)을 일삼지 않는[4] 사람만이, 지나치게 생명을 귀히 여기며 삶의 향유(享有)에 몰두하는 사람[5]보다 낫다.[6]

民之饑, 以其上食稅之多, 是以饑. 民之難治, 以其上之有為, 是

---

1 통치자 : 원문은 '기상(其上)'. 그들의 주상(主上)·임금이라는 뜻으로, 곧 통치자를 이름.

2 유위의 정치 : 원문은 '유위(有爲)'. '무위'와 상대되는 말로, '천하에 금령이 많고, 형벌이 가혹하면서'(*제57장 참조) '나라의 정치가 까다로운'(제58장) 따위의 통치 방식을 이름.

3 몸을 보양하기를… : 원문은 '구생지후(求生之厚)'. '생생지후(生生之厚)'와 같은 말. *제50장 주석4 참조. '구생'이 범응원본(范應元本) 등 일부 판본에는 '생생'으로 되어 있는데, 역순정(易順鼎)은 '생생'이 옳다고 함. 왕필본에는 이 '구생지후' 앞에 '상(上)' 자가 없으나, 부혁본과 왕필 주문(註文)에 근거해 보충함.

4 양생을 일삼지 않는 : 원문은 '무이생위(無以生爲)'. 까오 헝이 이른 대로, 이는 양생을 일삼지 않는 것으로, 곧 '불귀생(不貴生)'을 가리킴. '생'은 생명, '위'는 추구함.

5 지나치게 생명을… : 원문은 '귀생(貴生)'. 생명을 지나치게 귀히 여긴 나머지, 오직 일신(一身)을 위한 호화 사치와 방탕 무도함에 빠지는 삶을 사는 이를 가리킴. *제53장 참조.

6 낫다 : 원문은 '현(賢)'. 여기서는 승(勝)과 같은 뜻임. 나음.

以難治. 民之輕死, 以其上求生之厚, 是以輕死. 夫唯無以生為者, 是賢於貴生.

해설

노자의 분석에 따르면, 당시 '백성이 굶주리고', '백성을 다스리기 어려우며', '백성이 죽음을 가벼이 여기는' 등의 주요한 사회 정치적 문제의 근본 원인은 바로 통치자에게 있었다.

당시 탐욕에 찬 통치자들은 대개 일신(一身)의 보양(保養)과 쾌락을 위해 온갖 사치 방탕한 생활을 일삼았다. 그들은 그같이 무도한 삶을 추구하기 위해 안으로는 가렴주구(苛斂誅求)를 서슴지 않았고, 밖으로는 침략과 정벌을 남발하였다. 그 때문에 백성들은 무거운 조세와 노역(勞役)과 병역(兵役)의 부담에 허리가 휠 지경이었다. 통치자들의 이 같은 일련의 '유위'는 곧 노자가 말하는 무위자연의 천도(天道)에 정면으로 배치되는 것이었다.

통치자의 온갖 '유위'는 필시 백성들을 굶주리게 함은 기본이요, 실로 도탄에 빠져 허덕이며, 크고 작은 소요를 일으킬 수밖에 없게 할 것이다. 그러면 백성을 다스리는 것이 쉽지 않음을 절감한 통치자의 압박은 날로 그 강도를 더해 갈 것이고, 막다른 골목에 이른 백성들은 견디다 못해 급기야 죽음도 두려워하지 않고 대대적인 항거에 나설 것이다. 결국 통치자는 자신의 통치 기반은 물론, 그 생명까지 위협받는 지경에 이른다는 얘기다. 이에 노자의 결론은 분명하다. 그런 통치자들과 같은 이들보다는, '양생을 일삼지 않는', 다시 말해 맑고 깨끗한 마음으로 무욕과 무위의 삶을 사는 사람이 훨씬 낫다는 것이다. 이는 물론 무도한 이들에 대한 충고이자 질타요, 경고다.

제76장

사람은 살아서는 그 몸이 부드럽고 연하지만, 죽어서는 그 몸이 굳고 단단하다. 초목[1] 또한 살아서는 부드럽고 여리지만, 죽어서는 마르고 뻣뻣하다. 그러므로 굳세고 강한 것은 죽음으로 가는 유(類)[2]요, 부드럽고 약한 것은 삶으로 가는 유다. 또한 그렇기 때문에 군대가 강하면 패멸(敗滅)하고, 나무가 강하면 부러진다.[3] 무릇 굳세고 강하면[4] 하강의 형세에 놓이고, 부드럽고 약하면 상승의 형세에 놓이는 법이다.

---

1 초목(草木) : 통행본과 하상공본, 왕필본 등에는 이 '초목' 앞에 '만물(萬物)' 두 글자가 덧붙여져 있음. 하지만 부혁본을 비롯해 엄준본, 범응원본, 오징본(吳澄本) 등 다수의 고본은 그렇지 않음. 여기서 '초목'은 앞 구절의 '인(人)'과 짝을 이루는데, 쟝 시창이 이른 대로 '유취(柔脆)'와 '고고(枯槁)'가 모두 '초목'을 두고 하는 말이고, 옌 링펑이 이른 대로 '인(사람)'과 '초목'이 모두 만물에 속하므로, '만물'이란 글자는 당연히 연문(衍文)으로 봐야 할 것임. 따라서 부혁본 등에 근거해 삭제함.

2 유(類) : 원문은 '도(徒)'. 쟝 시창은 '유(부류)'의 뜻으로, 마 쉬룬은 '도(途, 길)'의 뜻으로 각각 풀이했는데, 여기서는 전자를 따르기로 함.

3 군대가… : 원문은 '병강즉멸, 목강즉절(兵强則滅, 木强則折)'. 여기서 '멸'과 '절'이 통행본에는 '불승(不勝)'과 '공(共)'으로, 왕필본에는 '불승'과 '병(兵)'으로, 백서갑본에는 '불승'과 '항(恒)'으로 각각 되어 있는 등 판본마다 다름. 다만 유월, 유사배, 시 통, 쟝 시창 등 많은 학자들의 주장을 따라, 『열자(列子)』「황제편(黃帝篇)」과 『문자(文子)』「도원편(道原篇)」, 『회남자(淮南子)』「원도훈(原道訓)」에 근거해 고침. '멸'과 '절'은 압운(押韻)임.

4 굳세고 강하면 : 원문은 '견강(堅强)'. 이는 대부분의 판본에 '강대(强大)'로 되어 있으나, 부혁본과 경룡본 등 일부 고본에는 '견강'으로 되어 있음. 한데 윗글에서 두 번씩이나 '견강'이란 표현을 쓴 것을 감안할 때, 일관성을 유지하는 것이 옳다는 견지에서, 부혁본 등에 근거해 고침.

人之生也柔弱, 其死也堅强. 草木之生也柔脆, 其死也枯槁. 故堅强者死之徒, 柔弱者生之徒. 是以兵强則滅, 木强則折. 堅强處下, 柔弱處上.

해설

'부드럽고 약함이 굳세고 강함을 이긴다.'(제36장) 이는 노자의 확고하고 일관된 주장이다.(*제36, 43, 78장 참조) 노자는 이 장에서 다시 한 번 그 '귀유계강(貴柔戒剛)', 즉 부드럽고 약함을 중시하고 굳세고 강함을 경계하는 사상 관념을 설파하였다.

사람이나 초목의 생(生)과 사(死)의 상태는 판이해서, 전자는 부드럽고 연한 반면, 후자는 딱딱하고 뻣뻣하다. 노자는 천하 만물에서 나타나는, 이 같은 부드러움과 딱딱함의 모순 대립과 변화의 객관적 현상에 대한 예리한 관찰을 통해 하나의 결론에 이르렀다. "굳세고 강한 것은 죽음으로 가는 유요, 부드럽고 약한 것은 삶으로 가는 유다."

굳세고 강한 것 — '견강자(堅强者)'가 죽음으로 갈 수밖에 없는 까닭은 무엇인가? 대개 '견강자'는 자기 자신을 드러냄이 두드러지고 강렬하다. 그 때문에 외부로부터의 크고 작은 저항과 반격·시기와 질투를 온몸으로 받으며, 그 충격을 감당해야 한다. '견강자'는 또 자기 자신의 위세(威勢)만 믿고 자만하고 교만하며 온갖 허점을 노출하기 쉽다. 그 때문에 외부의 공세(攻勢)에 틈을 내어주면서, 결국 내부적 혼란에 대외적 방어망까지 무너지는 지경에 이를 수 있다. 아무리 '견강자'라 하더라도, 이러한 경우에 대내외적 공세와 충격을 거뜬히 이겨내고 '굳세고 강한' 본연의 모습을 지켜내기는 결코 쉽지 않다. '군대가 강하면 패멸(싸움에 져서 멸망함)하고,

나무가 강하면 부러진다.'는 것은, 바로 이러한 논리를 그대로 보여주는 현상이다.

아무튼 굳세고 강한 것은 이미 생기를 잃은 반면, 부드럽고 약한 것은 바야흐로 생명의 활력으로 충만해 있다. 그러므로 그 형세가 전자는 하강과 쇠락의 일면에 놓여 있다면, 후자는 상승과 흥성의 일면에 놓여 있는 것이다. '귀유(貴柔)'와 '상약(尙弱, 약함을 숭상함)'이 노자 철학의 최대 특징이 된 데에는 이러한 논리적 배경이 뒷받침되고 있다.

제77장

하늘의 도[1]는 어찌 활에 시위를 얹는 것[2]과 같지 않겠는가?[3] 시위의 위치가 높으면 낮추고, 낮으면 높인다. 또 시위의 당김이 넘치면[4] 줄이고, 모자라면 보탠다. 이렇듯 하늘의 도는 넘치는 것을 덜어서 모자라는 것에 보탠다. 반면 사람의 도[5]는 그렇지 아니하나니, 모자라는 이의 것을 덜어서 넘치는 이에게 바치도다.

어느 누가 자신의 넘치는 것을, 천하의 모자라는 이에게 바칠 수 있겠는가? 그건 오직 유도자(有道者)뿐이로다. 그러므로 성인은 만사에 온 힘을 다할 뿐 결코 자신의 재능에 의지하지 않고, 공로를 이룰 뿐 결코 공로가 있음을 자부하지 않나니, 성인은 곧 자신의 현능(賢能)을 드러내려고 하지 않는 것이다.[6]

---

1 하늘의 도 : 원문은 '천지도(天之道)'. 곧 자연 법칙.

2 활에… : 원문은 '장궁(張弓)'. 활에 시위를 얹는(매는) 것을 이름. 『설문해자』에서 '장(張)'은 활시위를 얹는 것이라고 함. 활에서 시위를 내리는(부리는, 벗기는) 것은 '이궁(弛弓)'이라고 함.

3 어찌 ~않겠는가? : 원문은 '기~여(其~與)'. '기~여(豈~歟)'와 같은 말로, 어기를 강화하여 그 뜻을 강조하기 위한 표현임. '기'는 어찌의 뜻을 나타내는 반어(反語). '여'는 의문 조사.

4 시위의 당김이… : 원문은 '유여자(有餘者)'. 시위를 얹을 때, 그 당김의 강도를 두고 이르는 말. 일설에는 그 길이의 장단(長短)을 두고 이르는 것으로 풀이하기도 하는데, 양자는 결국 같은 얘기임.

5 사람의 도 : 원문은 '인지도(人之道)'. 곧 인간 사회의 관례와 제도 따위를 이름.

6 그러므로 성인은… : 원문은 '시이성인위이불시, 공성이불처, 기불욕현현(是以聖人爲而不恃, 功成而不處, 其不欲見賢)'. 첸 꾸잉(陳鼓應)은 이 3구

天之道, 其猶張弓與? 高者抑之, 下者擧之; 有餘者損之, 不足者補之. 天之道, 損有餘而補不足. 人之道, 則不然, 損不足以奉有餘. 孰能有餘以奉天下? 唯有道者. 是以聖人爲而不恃, 功成而不處, 其不欲見賢.

해설

노자는 여기서 '천지도(天之道)'와 '인지도(人之道)'의 대비를 통해, '천지도'의 공평성(公平性)을 부각시키는 가운데 '인지도'의 불공평성을 비판하였다. 이는 물론 노자의 정치 사회적 이상(理想)을 반영한 것이다.

'천지도', 즉 자연 법칙은 활에 시위를 얹는 것에 비유되듯이, 시종(始終) '넘치는 것을 덜어서 모자라는 것에 보태는' 원칙으로 항구히 자연계의 조화와 평형을 유지하게 한다. 이것이 바로 노자가 생각하는 '천지도'의 공평성이다. 하지만 '인지도', 즉 인간 사회의 관례와 제도는 오히려 '모자라는 이의 것을 덜어서 넘치는 이에게 바치는' 양상을 보이고 있으니, '천지도'와는 완전히 배치되며, 그 불공평성과 불합리성이 심각한 지경에 이르렀다. 그 때문에 당시는 온통 약육강식(弱肉强食, 약한 자가 강한 자에게 먹힌다는 뜻으로, 강한 자가 약한 자를 희생시켜서 번영하거나 약한 자가 강한 자에게 끝내는 멸망됨을 이르는 말)과 빈부 격차와 같은 사회 문제가, 백성들의 삶을 고통과 궁핍의 극치로 몰아가고 있었다.

인간 사회의 이 같은 불공평 현상은 그야말로 심각한 사회 불안

가 의미상 윗글과 연속성이 떨어져 착간(錯簡)일 가능성이 있다고 보았는데, 분명 설득력이 있는 견해로 판단됨. 다만 왕필본, 백서본 등 여러 판본에도 공히 이 3구가 들어 있으므로, 일단은 통행본을 그대로 이해하기로 함. '기(其)'는 성인을 가리킴. '현(見)'은 현(現)과 같음. 표현함, 드러냄.

요소로서, 대혼란의 위험을 안고 있었다. 이를 해소하는 길은 바로 '천지도'를 본받는 것이요, 또한 '유도자(有道者, 대도를 체득한 사람)'에게 희망을 거는 것이라는 게 노자의 생각이다. 왜냐하면 '유도자' 성인이야말로 진정 무사(無私) 무욕(無欲)하여 '천지도'를 본받아 '자신의 넘치는 것을 천하의 모자라는 이에게 바칠' 뿐, 결코 자신의 현능을 드러내려고 하지 않으며, 능히 '무위이치(無爲而治)'를 실현할 수 있기 때문이다.

이 장은 필시 제74장과 제75장에서 말한 "백성들이 죽음을 두려워하지 않는다면, 어떻게 사형에 처하는 것으로 그들을 위협할 수 있겠는가?" "백성이 굶주리는 것은, 통치자가 집어삼키는 조세가 너무 많기 때문에 굶주리는 것"이라는 사상 관념의 연속(連續)이자 발전으로, 통치자의 포학한 정치에 대한 통탄(痛歎)과 백성들의 곤궁한 삶에 대한 동정(同情)의 정서를 토로하고 있는 것이리라.

제78장

세상에 물보다 부드럽고 약한 것은 없다. 하지만 굳세고 강한 것을 쳐서 무너뜨리는 데에 물을 능가할 수 있는 것은 아무것도 없다.[1] 왜냐하면 그 같은 힘을 놓고 볼 때, 다른 어떤 것도 물을 대신할 수 없기 때문이다.[2]

하지만 부드러움이 굳셈을 이기고, 약함이 강함을 이긴다는 것[3]을 세상에 아무도 제대로 이해하지 못하고,[4] 또 제대로 실행

---

1 물을 능가할 수… : 원문은 '막지능승(莫之能勝)'. 이는 '막능승지(莫能勝之)'의 뜻임. '지'는 '승'의 목적어로, 물을 가리킴.

2 왜냐하면… : 원문은 '이기무이역지(以其無以易之)'. '이'는 왜냐하면 ~ 때문임. '기'는 앞에서 말한 '공견강자(攻堅强者)'를 가리킴. '역'은 대신함, 대체함.

3 부드러움이 굳셈을… : 원문은 '유지승강, 약지승강(柔之勝剛, 弱之勝强)'. 하상공본과 왕필본에는 '약지승강, 유지승강(弱之勝强, 柔之勝剛)'으로 되어 있으나, 백서을본과 부혁본에 근거해 고침.

4 세상에 아무도… : 원문은 '천하막능지(天下莫能知)'. 왕필본과 백서을본을 비롯한 여러 판본에는 모두 '천하막부지(天下莫不知)'로 되어 있음. 하지만 위 페이린(余培林)이 마 쉬룬(馬敍倫)의 문제 제기에 근거해 '부(不)'가 '능(能)'의 잘못이라 하였고, 허 룽이(賀榮一)도 그에 동의하였는데, 그 이유는 이러함. 즉, 노자가 이 장에서 말하고자 하는 것은, 세상 사람들, 특히 통치자가 '유지승강, 약지승강'의 간단하고 분명한 진리조차 제대로 이해하고 실행하지도 못하는데, '수국지구(受國之垢)' 운운한 성인의 그 심오한 말을 어찌 이해하고 실행할 수 있겠는가 하는 유감의 뜻이기 때문임. 이는 노자가 제70장에서, "내 말은 이해하기도 무척 쉽고, 실행하기도 무척 쉽다. 하지만 세상에 아무도 제대로 이해하지 못하고, 또 제대로 실행하지도 못하도다."라고 한 말로도 인증(引證)할 수 있음. 이 같은 주장은, 노자의 사상적 맥락에서 볼 때, 매우 설득력이 있으므로, 그에 근거해 '부'를 '능'으로 고침.

하지도 못하도다.

그러므로 성인이 이르기를 "능히 온 나라의 치욕[5]을 감수한다면 그를 일러 일국(一國)[6]의 군주라 할 것이요, 능히 온 나라의 화난(禍難)[7]을 감당한다면 그를 일러 천하의 군왕이라 할 것이다.[8]"라고 하였는데, 이러한 바른 말도 세속의 현실에는 반(反)하는 것 같으리라.[9]

---

5 온 나라의 치욕 : 원문은 '국지구(國之垢)'. 이는 아래의 '국지불상(國之不祥)'과 같은 말임. '구'는 (몸에 묻은) 때라는 뜻으로, 여기서는 치욕, 굴욕을 이름. '불상'은 상서롭지 못하다는 뜻으로, 여기서는 화난, 재앙을 이름. 장시창이 이른 대로, 『노자』에서 말한 '곡(曲)'·'왕(枉)'·'와(窪)'·'폐(敝)'·'소(少)'·'자(雌)'·'유(柔)'·'약(弱)'·'천(賤)'·'손(損)'·'색(嗇)'·'자(慈)'·'검(儉)'·'후(後)'·'하(下)'·'고(孤)'·'과(寡)'·'불곡(不穀)'과 같은 유(類)가 모두 '구'와 '불상'에 해당됨. 한편 까오 헝은 '구'는 만백성의 질책과 원망을, '불상'은 나라에 닥친 실제적 재난을 각각 가리키는 것이라고 함. 하지만 그 같은 풀이는, 노자가 이 장에서 강조한 '부드럽고 약함이 굳세고 강함을 이긴다'는 사상을 발전시킨 내용으로 보기 어려우므로, 적절치 않음.

6 일국 : 원문은 '사직(社稷)'. '사'는 토지신(土地神)이고, '직'은 곡신(穀神)으로, 고대 제왕들은 이에 성대히 제사를 지냈으며, 그 때문에 나중에는 '사직'이 정권의 상징과 국가의 별칭(別稱)이 됨.

7 온 나라의 화난 : 원문은 '국지불상(國之不祥)'. *주석5 참조. '지' 자(字)가 왕필본에는 없으나, 백서본과 하상공본, 부혁본 등처럼 있는 것이 나음. 『회남자(淮南子)』「도응훈편(道應訓篇)」과 『신서(新序)』「잡사편(雜事篇)」 인용문에도 모두 '지' 자가 있음.

8 ~이라 할 것이다 : 원문은 '위(謂)'. 왕필본에는 '위(爲)'로 되어 있는데, 그것은 '위(謂)'의 잘못이거나 '위(謂)'와 같은 말로 이해됨. 백서본을 비롯해 『회남자』「도응훈편」 인용문 등 여러 판본에도 모두 '위(謂)'로 되어 있음.

9 이러한 바른… : 원문은 '정언약반(正言若反)'. 석감산(釋憨山)이 이른 대로, 이는 '곧 대도에 부합하는 바른 말이지만, 세상 사람들은 현실 상황에 반하는 것으로 여길 따름〔乃合道之正言, 世俗以爲反耳〕'이라는 뜻을 표현함.

天下莫柔弱於水, 而攻堅强者莫之能勝, 以其無以易之. 柔之勝剛, 弱之勝强, 天下莫能知, 莫能行. 是以聖人云: "受國之垢, 是謂社稷主; 受國之不祥, 是謂天下王." 正言若反.

해설

낙숫물은 댓돌을 뚫고, 홍수는 집채는 물론 철도와 교량까지도 한순간에 집어삼킨다. 노자는 먼저 이 같은 물〔水〕의 특성을 예로 들어, '부드럽고 약함이 굳세고 강함을 이긴다.'(제36장)는 이치를 설명하였다. 노자는 바로 유약(柔弱)한 표면적 이미지의 이면(裏面)에 내포되어 있는, 물의 강대한 위력(威力)을 간파한 것이다.

한데 여기서 특히 주목할 것은, 그 엄청난 위력을 가진 "물은 능히 만물을 이롭게 하면서도 그들과 다투지 않고, 모두가 싫어하는 곳에 처하는" 속성을 지녔으며, 물은 바로 그렇기 때문에 "도에 가깝다."(제8장)는 것이다.

그러므로 대도를 체득한 성인 통치자는 다른 일반 군주들과는 달리 비하(卑下)와 굴욕을 감수하는 물의 속성을 본받아, 기꺼이 아래와 뒤에 처하고〔處下 · 居後〕 암성의 부드러움을 견지하면서〔守雌〕 묵묵히 온갖 치욕을 감수하고, 또 온갖 화난을 감당한다. 성인은 그야말로 대해(大海)와 같은 넓디넓은 도량으로 모든 것을 포용하며, "만물을 보살펴 자라게 할 뿐 결코 사사로이 소유하지 않으며, 만사에 온 힘을 다할 뿐 결코 자신의 재능에 의지하지 않고, 공로를 이룰 뿐 결코 공로가 있음을 자부하지 않는다."(제2장) 또한 그렇기 때문에 진정 '일국의 군주'요, '천하의 군왕'으로서 손색이 없는 것이다.

하지만 예나 지금이나 이상과 같은 일련의 이치와 논리를 자칫 현실 사회와는 동떨어진 얘기로 치부하기 십상이니, 세상 사람들이 제대로 이해하고, 실행하기는 더욱 요원할 것이다.

제79장

깊고 큰 원한은 어떻게 풀고 화해를 해도 반드시 앙금[1]이 남게 마련이다. 그렇다고 원한을 은덕으로 갚는다고 한들[2] 어찌 앙금을 푸는 최선의 방법이 될 수 있겠는가? 그러므로 성인은 재물을 빌려준 증서[3]를 가지고만 있을 뿐, 빚진 사람에게 빚 독촉을 하지는[4] 않는다. 유덕(有德)한 사람은 재물을 빌려준 증서를 가지고만 있는 이처럼 관용하고,[5] 무덕(無德)한 사람은 조세(租稅)를 거둬들이는 관리(官吏)처럼 가혹하다.[6]

---

1 앙금 : 원문은 '여원(餘怨)'. 여한(餘恨), 즉 풀지 못하고 남은 원한. 곧 앙금.

2 원한을 은덕으로… : 원문은 '보원이덕(報怨以德)'. 이는 본디 제63장의 글귀인데, 이 장의 착간이라는 주장에 공감하여, 이곳으로 옮겨 이해하기로 함. *제63장 주석6 참조.

3 재물을… : 원문은 '좌계(左契)'. '계'는 계권(契券)으로, 오늘날의 차용 증서와 같은 것임. 계권은 대나무 조각으로 만드는데, 조각의 양쪽에 재물의 명칭과 수량을 똑같이 새긴 후 둘로 쪼개어, 좌계(계권의 왼 조각)에는 차용인의 이름을 새겨서 대여자가 보관하고, 우계(계권의 오른 조각)에는 대여자의 이름을 새겨서 차용인이 보관하여, 나중에 양쪽을 맞추어보아 증거로 삼음.

4 빚 독촉을… : 원문은 '책(責)'. 재촉함. 곧 (빚진 사람에게) 빚을 갚으라고 독촉함.

5 재물을 빌려준… : 원문은 '사계(司契)'. '사'는 관장(管掌)함. 여기서는 보관하고만 있음, 즉 가지고만 있음을 이름. '계'는 좌계를 가리킴. 따라서 '사계'는 (유덕한 사람은) 재물을 빌려준 증서를 가지고만 있는 이처럼 관용(寬容)하여, 그저 사람들에게 주기만 할 뿐, 애써 받으려고 하지 않는다는 말임.

6 조세를 거둬들이는… : 원문은 '사철(司徹)'. '사'는 여기서는 (조세를) 징수함. '철'은 주대(周代) 조세・부세(賦稅)의 명칭. 여기서는 조세를 통칭함.

하늘의 도는 어떤 것도 편애함이 없으며,[7] 오로지 늘 선한 사람과 함께할 뿐이다.[8]

和大怨, 必有餘怨; 〔報怨以德,〕 安可以為善? 是以聖人執左契, 而不責於人. 有德司契, 無德司徹. 天道無親, 常與善人.

해설

가슴 깊이 맺힌 원한은, 그 원한을 산 이가 어떻게 풀어 주어도, 설령 은덕으로 풀어준다 하더라도, 일말의 앙금이 남게 마련이다. 그러니 무엇보다 애당초 원한을 사지 않는 게 상책이다. 노자가 제시한 그 구체적인 방법은 바로 '재물을 빌려준 증서를 가지고만 있을 뿐, 빚진 사람에게 빚 독촉을 하지 않는' 성인처럼 하는 것이다. 이는 누구나 행해야 할 처세 원칙이지만, 특히 만백성을 다스리는 통치자가 반드시 지켜 나가야 할 치국(治國)의 방책이다.

결국 노자가 하고픈 말은 곧 통치자 군주는 절대로 백성들에게 원망을 사서는 안 된다는 것이다. 그러기 위해서는 뭐니 뭐니 해도 청정 무위(*제23장 「해설」 참조)의 정치를 행함으로써, 온갖 정령과 형벌로 백성을 탄압하거나 갖은 부역과 조세로 백성을 착취하는 일이 없도록 하여야 한다. 다시 말해 대도의 정신을 체득하고, 그것에 순응하는 것이 최선이다. 유덕한 군주가 성인을 본받아 관용

따라서 '사철'은 (무덕한 사람은) 조세를 징수하는 관리처럼 가혹(苛酷)하여, 사람들에게 나누어 줄 줄은 모르고, 악착같이 받아내려고만 한다는 말임.

7 어떤 것도… : 원문은 '무친(無親)'. 이는 제5장 '천지불인(天地不仁)'의 '불인'과 같은 뜻임. '친'은 편사(偏私)함, 편애함.

8 도울 뿐이다 : 원문은 '여(與)'. 더불, 함께함. 또는 돕는다〔助〕는 뜻으로도 확대 해석됨.

하는 것은 바로 그 때문이다. 반면 무덕한 군주는 그 같은 치국의 이치를 깨닫지 못하고 마냥 가혹히 굴 따름이니, 종국에는 천하를 잃고 말 것이다.

한편 "도는 영원불변하고, 오직 우주 만물의 자연적 변화 발전에 순응하며 무위하지만, 세상의 어느 것 하나 이루어 내지 않는 것이 없다."(제37장) 도(대도)는 곧 천도, 즉 하늘의 도요, 법칙이다.(*제73장 주석5 참조) 또 하늘은 곧 자연이니, 천하 만물에 대해 결코 "사사로이 인애하지 않는다.(不仁)"(제5장) '천도무친(天道無親)'이란 바로 그런 말이다. 한데 선한 사람은 도를 체득하고, 자연 법칙에 순응한 정치를 하며 '무위이무불위(無爲而無不爲)'하니, 필시 천도의 도움을 받은 것이리라. 다만 선한 사람이 천도의 도움을 받는 것은 바로 선한 사람이 스스로 '무위자연'의 원칙으로 처신 처사한 결과임을 알아야 한다.

제 80 장

나라는 작아야 하고, 백성은 적어야 한다.[1] 그렇게 하여 백성들[2]로 하여금 사람의 열 배, 백 배 효율이 있는 기기(機器)[3]가 있더라도 쓰지 않게 하고, 또 백성들로 하여금 목숨을 소중히 여겨[4] 멀리 타향을 떠돌아다니지 않게 하여야 한다. 비록 배와 수레가 있어도 탈 일이 없고, 갑옷과 병장기(兵仗器)가 있어도 내어다 쓸[5] 일이 없으며, 결국은 백성들이 다시 새끼로 매듭을 지

---

1 나라는… : 원문은 '소국과민(小國寡民)'. 여기서 '소'와 '과'는 동사로, 사동(使動)・사역(使役)의 의미를 나타냄.

2 백성들 : 원문은 '민(民)'. 통행본・왕필본에는 없는 글자이나, 까오 헝의 견해를 따라 부혁본에 근거해 보충함. 그건 아래의 '사민부결승이용지(使民復結繩而用之)'와 연관 지어 볼 때 보다 설득력이 있는 견해로 보임.

3 사람의… : 원문은 '십백지기(什伯之器)'. 이에 대한 기왕의 풀이는 대략 다음 세 가지로 나뉨. 첫째, 유월의 풀이로, 병기(兵器)를 이름. 이는 고대의 군대 편제(編制)에서 열 사람을 '십(什)', 백 사람을 '백(伯)'이라고 한 데에 근거함. 둘째, 후 스(胡適)의 풀이로, 수레나 배〔船〕처럼 그 효율이 인력(人力)의 열 배, 백 배나 되는 기기를 이름. 이는 '십'은 열 배, '백'은 백 배를 뜻하는 말이라는 데에 근거함. 셋째, 옌 링펑의 풀이로, 각양각색의 기구(器具)를 이름. 한데 첫째 풀이는 아래에서 언급되고 있는 '배와 수레〔舟輿〕'와의 연관성을 설명하기 어렵고, 셋째 풀이는 근거가 부족하여, 두 가지 모두 설득력이 떨어짐. 반면 둘째 풀이는 첨단 기술이 적용된 고(高)효율의 기기를 사용함으로써 인간의 탐욕에 불을 지피기보다는, '결승(結繩)'처럼 한껏 원시적이고 소박한 삶을 권면(勸勉)하는 문의(文意)에 아주 부합해(*아래 「해설」 참조) 따를 만함. 더욱이 하상공본에는 '십백인지기(什佰人之器)'로 되어 있고, 백서갑을본 역시 그처럼 '인(人)' 자가 덧붙여져 있어, 둘째 풀이를 방증하기에 충분함.

4 목숨을… : 원문은 '중사(重死)'. 죽음 또는 죽고 삶을 중시함. 곧 함부로 죽음을 무릅쓰지 않음, 목숨을 소중히 여김을 이름.

어 일을 기억하는 데 쓰도록 해야 한다.[6]

그러면 백성들은 모두 그 음식을 달게 여기고, 그 옷을 아름답게 여기며, 그 거처를 편안히 여기고, 그 풍속을 즐겁게 여길 것이다. 또한 이웃나라와 서로 바라다보이고, 닭 울고, 개 짖는 소리까지 서로 들리지만, 백성들은 늙어 죽을 때까지 서로 왕래조차 하지 않을 것이다.[7]

小國寡民. 使民有什伯之器而不用, 使民重死而不遠徙. 雖有舟輿, 無所乘之, 雖有甲兵, 無所陳之. 使民復結繩而用之. 甘其食, 美其服, 安其居, 樂其俗. 鄰國相望, 雞犬之聲相聞, 民至老死不相往來.

---

5 내어다 쓸 : 원문은 '진(陳)'. 진열함. 여기서는 전의되어 시용(施用), 즉 (갑옷과 병장기를 내어다) 실제로 사용한다는 뜻임. 까오 헝은 이를 '진(陣)'과 같은, 진을 친다는 뜻으로 풀이하였는데, 결국 전쟁을 한다는 얘기이니, 그 함의는 크게 다르지 않음.

6 백성들이 다시… : 원문은 '사민부결승이용지(使民復結繩而用之)'. '민'이 왕필본에는 '인(人)'으로 되어 있음. 하지만 하상공본과 백서을본을 비롯한 여러 고본에 모두 '민'으로 되어 있고, 또 이 장에서도 앞뒤에 모두 '민'이라 하고 있어, 일관성을 더하기 위해 하상공본 등에 근거해 고침. '부'는 다시, 재차. 일설에는 회복한다는 뜻(독음은 '복')으로 풀이하기도 함. '결승'은 상고시대 문자 출현 이전에 새끼줄 같은 것으로 매듭을 지어 수(數)를 세거나 일을 기억한 것을 이름. 여기서는 그같이 단순하고 순박한 원시적 삶을 비유함.

7 이웃나라와 ~ 왕래조차 하지 않을 것이다 : 이는 곧 민심(民心)은 청정(淸靜) 무욕하고, 민풍(民風)은 순후(淳厚) 질박하여, 너 나 할 것 없이 모두가 특별히 욕심이 나는 것이 없으니, 아주 가까운 이웃나라 사이에도 사람들이 전혀 오고갈 일이 없다는 말임.

해설

이른바 '소국과민(小國寡民)'은 노자의 정치 사회적 이상으로, 그가 꿈꾸는 이상향 바로 그것이다. 그곳은 국토도 작고, 백성도 적은 까닭에, 사람들은 그야말로 간소하고 순박한 삶을 살며 무위자연의 원시적 낙원을 건설할 수가 있다.

그들은 과욕(寡慾)과 무욕(無欲)을 숭상하는 만큼, 세속적인 탐욕과는 거리가 멀다. 따라서 통치자는 포학한 정치로 백성들을 두려움에 떨게 하지도 않고, 빈번한 전쟁으로 백성들을 고통에 신음케 하지도 않는다. 배와 수레, 갑옷과 병장기 같은, 인간의 탐욕을 채우는 데 필요한 온갖 고효율의 첨단 기기도 다 무용지물이 되는 것은 물론, 백성들이 폭정(暴政)을 피해 고향을 등지고 타향을 떠돌다 허망하게 생을 마감하는 일도 없다.

그리하여 그들은 마침내 문명(文明)의 편리와 이익을 거부하고, 또다시 새끼로 매듭을 지어 기억을 돕는 원시의 삶을 사는 가운데, 욕심 없이 맑고 깨끗한 마음으로 생활의 향유를 만끽하며 안분지족(安分知足)하기에 이른다.

이러한 '소국과민'의 간박(簡朴)한 사회는, 아무래도 인류 사회의 발전과 인류 문명의 발달이라는 역사 발전의 논리와 지향(指向)에 배치된다는 것이 아쉬운 점이다. 하지만 그 간박한 사회 형상 이면에 내재된 시대적 의의를 간과해서는 안 된다. 노자가 그린 이 같은 이상 사회는, 바로 당시 보다 넓은 영토와 보다 많은 백성을 차지하려는 각국 군주들의 탐욕에 찬 통치 아래에서, 죽지 못해 살아야 했던 수많은 민중들의 소박한 소망을 반영한 것이다. 하여 노자 사상의 농후한 복고주의적 경향과 민본주의적 색채가 절로 두드러진다.

제 81 장

진실한 말[1]은 화려하지[2] 않고, 화려한 말은 진실하지 않다. 선한 사람은 그 선함을 교묘히 꾸며 떠벌리지[3] 않고, 그 선함을 교묘히 꾸며 떠벌리는 사람은 선하지 않다. 도를 아는 사람[4]은 앎이 넓지 않고, 앎이 넓은 사람은 도를 알지 못한다.

성인은 사사로이 쌓아두지 않고,[5] 온 힘을 다해[6] 사람들을 돕

---

1 진실한 말 : 원문은 '신언(信言)'. '신'은 신실(信實)함, 즉 미덥고 진실함을 이름.

2 화려하지 : 원문은 '미(美)'. 화미(華美)함. 여기서는 (말을) 화려하게 꾸밈을 이름.

3 그 선함을 교묘히… : 원문은 '변(辯)'. 교변 내지 교언(巧言), 즉 말을 교묘하게 꾸며서 함. 이는 곧 자신의 선함을 교묘하게 꾸며서 떠벌리는 것으로 이해됨.

4 도를 아는 사람 : 원문은 '지자(知者)'. 이는 앎의 문제를 일반적으로 이르는 것으로 볼 수도 있으나, 여기서는 특히 도를 아는 것을 두고 이르는 것으로 이해됨. 일설에는 '지'를 지(智)의 뜻으로 풀이하기도 하나, 여기서는 지자(智者)를 일반적으로 논하는 것으로 보기 어려움. ○이상 '신언불미, ~ 박자부지(信言不美, ~博者不知)' 6구는 리우 쿤성이 이른 대로, 결코 일반적인 명제(命題, 어떤 문제에 대한 하나의 논리적 판단 내용과 주장을 언어나 기호로 표현한 것)가 아니라, 노자가 그 저술의 목적과 지향을 두고 한 말로 이해함이 가(可)할 것임.(*아래 「해설」 참조)

5 사사로이… : 원문은 '부적(不積)'. 이는 신외지물(身外之物, *제44장 「해설」 참조)을 두고 이르는 것으로 이해됨. ○노자는 제59장에서는 '부단히 덕을 쌓음〔重積德〕'을 언급하며 '중적(重積)'을 강조한 반면, 여기서는 또 '부적'을 강조하고 있어, 양자가 서로 모순되는 듯함. 하지만 '중적'과 '부적'은 각각 도덕과 명리(名利)를 두고 이른 것이므로, 결코 서로 모순되지 않음. 다시 말해 '부적'함으로써 비로소 '중적'할 수가 있는 것이니, '부적'은 곧 '중적'의 수단이요, '중적'은 곧 '부적'의 목적인 셈임.

지만[7] 오히려 자신이 더욱 부유하고, 모든 것[8]을 다 사람들에게 주지만 오히려 자신이 더욱 풍족하다.

하늘의 도는 만물을 이롭게 할 뿐, 결코 그들에게 어떤 해도 끼치지 않는다. 성인의 도는 만민을 도울 뿐, 결코 그들과 다투지 않는다.

信言不美, 美言不信. 善者不辯, 辯者不善. 知者不博, 博者不知. 聖人不積, 既以為人己愈有, 既以與人己愈多. 天之道, 利而不害; 聖人之道, 為而不爭.

해설

이 장은 『노자』 전권(全卷)의 종장(終章)으로, 이를테면 맺음말이다. 하여 노자는 마지막으로 다시 한 번 당신 사상의 중점을 강조하였는데, 전장(全章)은 세 단락으로 나뉜다.

우선 첫째 단락의 의미를 어떻게 이해해야 할까? 세상의 만사만물을 놓고 볼 때, 어떤 현상은 그 본질을 충분히 반영해내지만, 또 어떤 현상은 그 본질을 가리거나 심지어 왜곡하기도 한다. 전자가 진상(眞像) 즉 참 형상이라면, 후자는 가상(假像) 즉 거짓 형상이다. 세상 사람들은 왕왕 가상에 미혹되어 우(愚)를 범하곤 한다. 그 때문에 노자는 사람들에게 가상을 통해 사물의 본질을 꿰뚫어 볼 수 있어야 함을 강조하였다.

---

6 온 힘을 다해 : 원문은 '기(旣)'. 진(盡)과 같음. 진력(盡力)함.

7 돕지만 : 원문은 '위(爲)'. 여기서는 도움〔助〕, 또는 베풂〔施〕. 아래의 '위이부쟁(爲而不爭)'의 '위'도 이와 같음.

8 모든 것 : 원문은 '기(旣)'. 여기서는 전부(全部)라는 뜻으로, 앞의 '기'(*주석6 참조)와는 다름.

진실한 말은 대개 질박하다. 진실은 어떤 화려한 꾸밈도 필요치 않다. 진실 그 자체로 고귀한 가치와 굳건한 믿음을 담보하기 때문이다. 한데도 사람들은 왕왕 질박한 말에 함축된 진실은 간과한 채, 화려한 말에 현혹되어 미망(迷妄)과 착각 속에 부질없이 허상(虛像)을 좇는다. 여기서 우리는, 이 같은 논리 속에는 바로 『노자』 전권의 언어와 그 사상의 핵심인 대도(大道)가, 모두 한없이 진실하고 질박한 것임을 강조하는 뜻이 담겨 있음을 알 수 있다.

선한 사람의 언행 역시 진실과 도리(道理)에 입각할 따름이니, 애써 꾸밀 이유가 없다. 하지만 사람들은 왕왕, 선하지 못한 이가 수식(修飾)과 교변(巧辯)으로 가린 그 언행의 참 형상을 꿰뚫어 보지 못하고, 오히려 가까이할 이를 멀리하고, 멀리할 이를 가까이하곤 한다. 이른바 선(善)이란 곧 덕(德)의 본질적 구현이다. 제38장에서 이르기를, "높은 덕을 체득한 사람은 애써 덕을 베풀려고 하지 않나니, 그러므로 진실로 덕이 있는 것이다."라고 하였다. 높은 경지의 유덕자(有德者)는 스스로 덕이 있다고 여기지도 않을뿐더러, 애써 덕을 베풀려고도 하지 않는다. 그 덕이 절로 풍겨 나오고, 베풀어질 것이거늘, 굳이 그럴 필요가 어디에 있겠는가? 이 같은 논리의 이면에는 또한 도덕을 몸소 체득하여 지극히 선함에 이른 노자가, 그 특유의 도(道) 사상을 설파하면서 굳이 교변을 늘어놓지 않았음을 강조하고 있는 것으로 보인다.

세상 사람들은 흔히 박학다식(博學多識)을 높이 산다. 하지만 널리 안다는 것은 사실 한 가지도 제대로 알지 못한다는 것이다. 박학다식이 능사가 아니라는 얘기다. 하여 사람이 지력(知力)이나 지력(智力)을 제대로 발휘하려면, 그 배움과 앎을 추구함에 있어 응당 전일(專一, 마음과 힘을 모아 오직 한 곳에만 씀)함에 유의해야 한다.

하나를 알아도 제대로 알면, 그 근본 원리로부터 나아가 다양한 사물의 이치를 두루 꿰뚫을 수가 있다.

여기서 노자가 말하는 '지자(知者)'는 곧 도를 아는 사람으로 이해된다. 노자의 주장에 따르면, 도에 대한 체득은 "지식과 욕망이 적어지고 또 적어지면서 마침내 '무위'의 경지에 이르는 것"(제48장)이다. 결국 관건은 바로 내심의 '치허(致虛, *제16장 주석1 참조)'와 '수정(守靜, *제16장 주석2 참조)이다. 대도의 체득은 내심의 수양과 허정(虛靜)하고 무위한 경지에 힘입어 이룩되는 것이다. 한데 "학문을 탐구하면 지식과 욕망이 날로 많아진다."(제48장)고 하였듯이, 사람이 만약 그 배움이 잡박(雜博, 여러 가지 잡다한 일에 널리 앎)하다면, 지식과 욕망이 가일층 증대될 터이니, 어찌 전일할 수 있겠는가?

왕필이 '지자불박(知者不博)'을 주해(註解)하여, "앎의 극치는 '일'을 아는 것〔極在一也〕"(여기서 '일'은 '도'를 가리킴. *제39장 주석2 참조)이라고 하였으니, 그야말로 노자의 심중을 꿰뚫는 적확(的確)한 설명이 아닐 수 없다. 결국 노자는 오직 우주 만물의 본원인 '도'를 깊이 깨달아 알면, 능히 만사 만물의 이치를 꿰뚫을 수 있음을 강조한 것이다. 제47장의 "도를 깨달으면, 대문 밖을 나서지 않고도 천하의 사리를 알고, 창문 밖을 내다보지 않고도 하늘의 이치를 안다."는 것이나, 『장자』「천지편(天地篇)」의 "도에 정통하여 능히 만사를 이룬다.〔通於一而萬事畢〕"는 것도 모두 같은 논지를 설파하고 있다.

둘째 단락에서는, 성인이 준수하는 처사와 치세(治世)의 근본 원칙을 설명하였는데, 그것은 바로 탐욕과 다툼의 마음을 버리고, 드넓은 가슴으로 온 세상을 포용하고 만백성을 열애(熱愛)하는 것이다. 성인의 위대함은 결국 넘치는 사랑의 마음으로, 어떠한 보답도 바라지 않고 마냥 남을 돕고, 남에게 베풀 뿐, 결코 어떤 것도 사유(私有)하지 않는 것이다. 한데 그 결과는, 왕필이 이른 대로 '물소존야(物所尊也)' · '물소귀야(物所歸也)', 즉 만인의 존숭과 귀부(歸附)를 받게 될 것이니, 이 어찌 '오히려 성인 자신이 더욱 부유하고, 더욱 풍족하게 되는 것'이 아니고 무엇이겠는가?

셋째 단락에서는, 하늘의 도와 성인의 도가 어떤 관계에 있는지를 설명하였는데, 후자는 바로 전자에서 근원하고 있다는 얘기다. "하늘의 도는 만물을 이롭게 할 뿐, 결코 그들에게 어떤 해도 끼치지 않는다." 그러므로 성인의 도 또한 응당 하늘의 도를 본받아 만민을 도울 뿐, 결코 그들과 다투지 않아야 한다. 그러면 "천하에 어느 누구도 그와 다툴 수가 없게 된다."(제66장) 여기서 말하는 '하늘의 도'는 곧 대도(大道)를 말하는 것이니, 노자의 철학사상이 궁극에는 대도로 귀결되고 있음을 보게 된다.

| 해제 |

노자와 『노자』(『도덕경』)

1. 노자의 생애 사적

『노자』의 지은이로 알려진 노자(老子), 그의 생애 사적에 관한 현존 기록은 많지 않은데, 그 가운데 전한(前漢) 사마천(司馬遷)의 『사기(史記)』「노자열전(老子列傳)」이 가장 믿을 만하면서 가장 집중적인 것이다. 하여 이제 그 기록을 중심으로 하면서, 『사기』「공자세가(孔子世家)」를 비롯해 『예기(禮記)』와 『장자(莊子)』 등 여타의 관련 기록, 그리고 후세의 관련 고증을 참고해, 노자의 일생 발자취를 더듬어보기로 한다.

노자는 지금으로부터 2,500여 년 전인 춘추시대 말엽, 초(楚)나라 고현〈苦縣, 지금의 하남성 녹읍현(鹿邑縣)〉 여향(厲鄕) 곡인리(曲仁里) 사람으로, 성(姓)은 이(李)씨이고, 이름은 이(耳), 자(字)는 담(聃)이며, 『장자』에서는 또 노담(老聃)이라고 일컫기도 하였다. 위 페이린(余培林)은 춘추시대에는 이씨(李氏)가 없었고, 공자・맹자・묵자・장자 등과 같이 제자(諸子)가 모두 그 성(姓)으로 일컬어졌는데, 노자를 '이자(李子)'라 하지 않고 '노자'라 하고, 또 '이담(李聃)'이라 하지 않고 '노담'이라 한 것으로 볼 때, 노자의 성은 이씨가 아니라 노씨

(老氏)라고 하였다. 그리고 그처럼 노씨가 이씨로 와전된 까닭은, 옛날에 '노(老)' 자(字)와 '이(李)' 자의 독음(讀音)이 비슷했기 때문이라고 하였는데, 현재로서는 일설이지만 참고할 만하다.

노자의 생졸년(生卒年)은 자세히 알 수 없다. 다만 공자와 같은 시대를 살았으며, 공자보다는 연장(年長)이었다. 까오 헝(高亨)은 노자가 공자보다 스무 살이 많았다고 추정한다.

노자는 당시 주(周)나라 수장실(守藏室) 사관(史官)을 지냈는데, 그것은 오늘날 국립중앙도서관 관장에 해당되는 관직이었다. 미루어 짐작컨대, 노자의 학문적 조예는 관직에 오르기 전에 이미 상당한 수준에 올라 있었을 것이나, 늘 수장실의 수많은 장서(藏書)와 유물을 가까이하면서 그의 학식과 견문은 더욱 해박하고 정밀해졌고, 그 명성은 더욱 드높았을 것이다.

분명 그 때문이었을 것인데, 공자가 마흔을 넘긴 나이에 주나라 도성(都城) 낙읍(洛邑, 지금의 하남성 낙양)으로 문화 연수를 갔을 때, 특별히 노자를 찾아가 '예(禮)'가 무엇인지 가르침을 청했다고 한다. 당시 노자는 공자에게 이렇게 말하였다. "그대가 말하는 '예'라는 것, 그것을 창도(唱導)한 사람들과 그들의 뼈는 이미 다 썩어 없어지고, 지금은 단지 그들의 말만 남아 있소. 더욱이 군자는 때를 만나면 벼슬을 하며 좋은 수레를 타지만, 때를 만나지 못하면 바람에 나부끼는 쑥처럼 정처 없이 떠돌아다니게 되지요. 내가 듣기로 장사를 잘하는 상인은 그 물건을 깊이 간직하여 겉으로 보기엔 아무것도 없는 것처럼 하고, 군자는 큰 덕을 갖추고 있지만 그 몸가짐은 지극히 겸양하여 어리석어 보인다고 하오. 그러니 그대도 그 교만한 기색(氣色)과 과도한 욕망, 으스대는 태도와 지나친

포부를 버리시오. 그것들은 모두 그대에게 전혀 이롭지 않소. 내가 그대에게 하고픈 말은 이것뿐이오."

공자는 돌아와 제자들에게 말했다. "날짐승은 날 수 있고, 물고기는 헤엄칠 수 있으며, 길짐승은 달릴 있다는 것을 나는 잘 안다. 달리는 것은 그물을 쳐 잡으면 되고, 헤엄치는 것은 낚시를 드리워 잡으면 되며, 나는 것은 주살을 쏘아 잡으면 되지. 그런데 용(龍)은 말이야, 바람과 구름을 타고 하늘 높이 올라가니, 도무지 알 수가 없거든. 나는 오늘 노자를 만났는데, 그야말로 용과 같아서 감을 잡을 수가 없었다."

『사기』뿐만 아니라, 『장자』「천운편(天運篇)」에도 공자가 쉰한 살 때 패(沛) 땅에서 노자를 만났다는 이야기가 나오는데, 그렇다면 자세히 알 수는 없지만, 노자와 공자의 만남이 한두 차례에 그치지 않았을 가능성도 배제할 수 없다.

노자는 주나라에서 꽤 오랫동안 사관으로 있었으나, 나중에 왕실이 날로 쇠미해 가는 것을 보고는 벼슬을 버리고 주나라를 떠났다. 서쪽으로 길을 잡아 함곡관(函谷關)에 이르렀을 때, 수문장(守門將) 윤희(尹喜)가 그 비범함을 알아보았다. 윤희는, 노자가 이제 세상을 피해 초야에 은둔하면 다시 만날 수 없음을 아쉬워하며, 평소의 생각을 책으로 써서 남겨줄 것을 간곡히 부탁하였다. 그래서 노자가 상(上)·하편(下篇) 5천여 자(字)의 책을 써주었는데, 도(道)·덕(德)의 의미를 설명한 내용이었다. 『노자』 일서(一書)는 바로 이렇게 하여 세상에 나와 후세에 전해지게 되었다.

노자가 은둔 길에 오른 이후의 종적은, 아는 사람이 없었다고 한다. 다만 함곡관이 중원(中原)에서 관중(關中), 즉 진(秦)나라 땅으로 통하는 관문이고, 『장자』「양생주편(養生主篇)」에서 "노담이 죽자, 진일이 조문하였다.〔老聃死, 秦失弔之〕"라고 한 것을 보면, 노자는 필시 진나라에서 은거하다 세상을 떠난 것이 아닌가 한다. '진일'은 노자 친구의 이름으로, 장자가 그저 편의상 명명한 것일 가능성이 큰데, '일'은 '일(佚)'과 같은 글자이니, '진일'은 곧 진나라의 은자(隱者)라는 뜻으로 풀이된다.

노자는 특히 장수한 것으로 알려졌는데, 『사기』에서는 심지어 160여 세까지, 아니면 200여 세까지 산 것으로 추정하기도 하였다. 이는 물론 억측으로, 믿을 수 있는 얘기가 아닌데, 이에 대해 후스(胡適)는, 노자가 아무리 오래 살아도 100살은 넘지 않았을 것이란 주장을 내놓기도 하였다.

『사기』에서는, 노자가 장수한 까닭은 바로 '수도양수(修道養壽)', 즉 도를 닦으며 심신을 보양했기 때문이라고 하였다. 이른바 '수도양수'는 필시 당시의 보편적인 관념으로, 고대의 양생술(養生術)과 관련이 있을 것이다. 한대(漢代)에는 습관적으로 노자를 황제(黃帝)와 병칭(竝稱)해 '황로(黃老)'라고 일컬었는데, 황로술(黃老術)의 가장 큰 특징은 바로 양생(養生)에 뛰어났다는 것이다.

한편 『사기』에는 '이이(李耳)' 이외에도, 노자로 추정될 수 있는 두 사람이 더 언급되고 있다. 공자와 동시대 인물로 역시 초나라 사람인 노래자(老萊子)와, 전국시대 중기(中期) 주(周)나라 태사(太史) 담(儋)이 바로 그들이다. 사마천이 말했듯이, 노자는 그야말로 '은둔의 군자〔隱君子〕'요, 그 학설 또한 자신을 드러내지 아니하며 명성을 추구하지 않음을 주지(主旨)로 하고 있었으니, 당시 사람들조차도 그의 개인 신상(身上) 정보를 자세히 알 수 없었을 것이다.

그 때문에 후세 『사기』의 기록에까지 이처럼 논란의 여지를 남기게 된 것으로 보인다. 아무튼 현재까지 논란이 완전히 종식된 것은 아니지만, 노래자와 태사 담은 『노자』를 지은 노자와는 다른 인물이라는 게 통설이다.

2. 『노자』는 어떤 책인가?

'『노자』 일서(一書)는 공자와 같은 시대를 살았던 노자가 지었으며, 상·하편 5천여 자로 도·덕의 의미를 설명한 책이다.' 사마천의 이 같은 설명은 현행 『노자』의 체제나 내용과도 일치하고 있어, 『사기』의 기록에 한결 신뢰가 간다.

『노자』의 작자(作者)와 성서(成書) 시기 그런데 『노자』 가운데에는 일부 전국시대의 사실(史實)과 용어가 포함되어 있어, 후세 사람들이 그 지은이나 엮은이에 대해 논란하게 되었다. 장자(莊子)의 후학이 흩어진 것을 모아 엮었다느니, 전국시대 태사 담이 지었다느니, 여불위(呂不韋, 전국시대 말엽의 저명 정치가·사상가)의 문객(門客)이 엮었다느니, 심지어는 한(漢)나라 사람이 모아 엮었다느니, 후세 논자들의 주장은 실로 다양하다.

『노자』 일서는, 1973년에 발굴된 백서본(帛書本)에 의하면, 진말(秦末) 한초(漢初)에 이미 널리 유전(流傳)되고, 아주 중시되었던 것으로 보인다. 또한 『장자』·『순자』·『한비자』·『윤문자(尹文子)』·『여씨춘추(呂氏春秋)』 등의 선진(先秦) 제자서(諸子書)에서도 모두 『노자』를 인용 서술하고 있으니, 『노자』가 책으로 엮어진 것은 적어도 전국시대 초엽보다 늦지는 않았을 것이다. 왜냐하면 고대에서책(書冊)을 전사(傳寫)하는 것이 결코 쉽지 않았고, 교통(交通) 역시 대단히 불편했었음을 감안할 때, 하나의 학설이 세상에 널리 퍼져 많은 학자들이 인용하고 칭송하기까지는 필시 상당히 오랜 기간의 전사와 전수(傳授) 과정이 있어야만 가능하며, 결코 하루아침에 그렇게 될 수는 없기 때문이다.

그리고 『노자』 중에는 "나는 그 이름을 알지 못하므로 억지로 그것을 이름하여 '도'라고 하고, 또 억지로 그것을 형용하여 '한없이 크고 넓다'고 하노라.〔吾不知其名, 强字之曰道, 强爲之名曰大〕"(제25장)처럼 제일인칭 언론(言論)이 상당히 많은데, 그것은 『노자』 일서가 비록 후세 사람이 덧붙인 구절이 일부 포함되어 있긴 하지만, 분명히 한 사람의 전문 저술이라는 사실을 증명하기에 충분하다.

아무튼 여러 견해와 고증을 종합하면, 『노자』 일서의 원고(原稿)는 애초 춘추 말엽에 노담, 즉 노자가 직접 구술(口述)하거나 저술한 것이며, 그것이 흩어져 전해지다가 하나의 책으로 엮어져 세상에 널리 유포되기 시작한 것은 전국시대 초엽 혹은 그 이전이었을 것으로 추정된다. 이는 『논어』 역시 공자의 구술이지만, 그 성서(成書)는 훗날 공자의 제자와 재전(再傳) 제자의 손에서 이루어진 것과 유사하다. 『노자』의 성서 시기는 결국 『논어』와 같은 시기이거나 그 전후일 것이다.

한편 오랜 세월 동안 전해져 온, 현행 『노자』에는 노자의 후학(後學)을 포함한 후세 사람들이 자의로 덧붙인 문구나, 주문(註文)을 잘못 정문(正文)으로 탈바꿈시킨 것이 일부 섞여 있다. 노자의 생존 시기와 맞지 않는 사실과 용어가 발견되는 것은 바로 그 때문이다. 하지만 다행스럽게도 그러한 구절은 결코 많지 않고, 또한 『노자』

본연(本然)의 기조(基調)와 사상의 계통성과 완정성(完整性)에 영향을 주지는 않는다.

『노자』의 책명(冊名)**과 체재**(體裁) 『노자』는 언제부터인가 다른 이름으로 왕왕 『도덕경(道德經)』이라 일컬어져 왔다. '경(經)'이란 본디 유가(儒家) 전적(典籍)의 전용 용어였다. 유가를 제외한 제가(諸家)의 책은 대개 '자(子)'로 일컬어질 뿐이며, 『노자』 역시 예외가 아니었다.

그러다 전한(前漢) 초(初) 황로(黃老)의 학술이 크게 유행하는 가운데, 경제(景帝)가 황로의 사상이 아주 심오하다고 여겨 '자'를 '경'으로 고쳐 부르면서, 비로소 『노자』를 '경'으로 일컫게 되었다. 다만 당시에는 그 책 이름에 아직 '도덕'이란 말을 넣어 쓰지는 않았다. 그 후 양웅(揚雄)의 『촉왕본기(蜀王本紀)』에서 "노자가 함곡관 수문장 윤희를 위해 '도덕경'을 지었다.〔老子爲關尹喜著道德經〕"라고 하였는데, '도덕경'이란 책명은 그즈음 정식으로 정착되기 시작한 것으로 보인다.

'도덕경'이란 별칭은, 아마도 우선은 『사기』 「노자열전」에서 '도덕의 의미를 설명하였다〔言道德之意〕'고 한 데에 착안하였을 것이다. 그리고 또 현행 『노자』에서 보듯이, 여러 판본이 모두 상·하편으로 나뉘어 있는 데다, 상편은 '도가도, 비상도(道可道, 非常道)'로 시작하며 '도'를 논하고 있으므로 '도경(道經)'이라 부르고, 하편은 '상덕부덕, 시이유덕(上德不德, 是以有德)'으로 시작하며 '덕'을 논하고 있으므로 '덕경(德經)'이라 불렀으며, 그렇게 하여 마침내 『노자』 전권(全卷)을 '도덕경'이라 달리 일컫게 되었을 것이다.

한데 20세기 후반에 발굴된 백서본 『노자』는 편(篇) 구분이 없을 뿐만 아니라, 덕경이 앞에 있고, 도경은 뒤에 있어, 현행의 여러 판본과는 확연히 달라 논란을 불러일으킨다. 위 페이린은 이 문제를 하나의 특수한 경우에 불과한 것으로 보았는데, 그 견해에 설득력이 있어 참고할 만하다.

결론부터 말하면, 백서본은 단지 전사하는 사람이 하편을 먼저, 상편을 나중에 베껴 쓴 데다, '상편'·'하편'이란 표시도 하지 않은 것일 뿐이라는 얘기다. 그렇다면 하편을 상편보다 먼저 베껴 쓴 까닭은 무엇일까? 전국시대 이후 일부 사람들이 특히 하편을 중시하는 경향이 있었는데, 백서본을 전사한 사람도 바로 그 부류에 속한 것으로 보인다. 그리고 그들은 필시 법가(法家)의 사상을 가진 사람들일 것이다. 법가의 대표적 저술인 『한비자』「해로편(解老篇)」에서 『노자』 10장(章)을 풀이하고 있는데, 상편은 1장뿐이고 나머지는 모두 하편이다. 또 「유로편(喩老篇)」에서는 『노자』 14편을 풀이하고 있는데, 상편은 4편뿐이고 나머지는 모두 하편이다. 이는 법가의 하편 중시를 방증하기에 모자람이 없다.

『노자』의 사상 체계에서 '도'는 본체〔體〕이고, '덕'은 작용〔用〕이다. '덕'이 '도'에 비해 훨씬 쉽게 이해되는 것은 바로 그 때문이다. 법가에서는 노자의 사상을 수용 활용함에 있어 실용에 보다 무게를 두었으며, 그러므로 주로 '도'를 논한 상편보다는 주로 '덕'을 논한 하편을 중시한 것이다.

『노자』는 원래 분장(分章), 즉 장 나눔을 하지 않았는데, 근년에 발굴된 백서본은 바로 그러한 애초의 면모를 간직하고 있는 것이다. 『논어』·『묵자』를 비롯한 선진시대의 전적이 모두 그랬듯이, 장을 나누지 않은 것은 당시의 관행이었다. 결국 『노자』의 장 나눔은 후세에 이루어진 것으로, 81장, 72장, 68장 등 세 가지 유형이 있다. 통행본과 왕필본, 하상공본 등은 모두 81장으로 나누고 있는데, 이는 현재 가장 널리 유행하는 것으로, 상편은 37장, 하편은 44장으로 이루어져 있다.

사실 후세 사람들의 장 나눔은 어느 경우이든 일부 불합리한 부분이 발견된다. 예를 들면 81장본의 경우, 제20장의 첫 구절 '절학무우(絶學無憂)'는 응당 제19장의 끝 구절로 편입되어야 하는(*제19장 주석9 참조) 등이다. 아무튼 후세 사람들은 독서의 편의를 위해 상·하편 이외에 약간의 장을 나누었고, 그것이 오늘날 우리가 『노자』를 읽고 이해하는 데에 상당한 도움을 주고 있다. 다만 하상공본의 경우에는 각 장의 첫머리에 별도의 표제(標題)를 붙여 놓았는데, 예를 들면 제1장은 '체도(體道)', 제2장은 '양신(養身)' 등등과 같아서 『노자』의 원래 면모와는 더욱 멀어진 느낌이다.

『노자』 일서에는 시종(始終) 때〔시간〕나 장소〔지역〕, 인물에 대한 언급은 전혀 없고, 전편(全篇)에 걸쳐 철학적인 견해와 주장으로 가득 차 있다. 이는 고대의 다른 전적과는 뚜렷이 구별되는 체재상의 특징이다. 『노자』 전권(全卷)은 각기 독립된 단장(短章, 짧은 글)으로 연결되어 있는데, 각 장 사이에는 연관성이 거의 없어 장의 순서와 배열을 일정한 기준을 세워 재조정해도 될 정도다. 또한 각 단장의 문구는 대개 짧은 문장인 데다 흔히 압운(押韻)까지 하여, 리듬감을 살려 낭송하기에도 아주 좋다. 하여 혹자는 『노자』의 글을 '철언시(哲言詩)' 내지 '철리시(哲理詩)', 즉 '철학적 이치와 관점을 표현한 시'라고도 한다.

『노자』의 판본과 주석본 고대 전적이 후세에 전해지는 것은,

대개 여러 사람의 구전(口傳)과 전사(傳寫)를 거쳐 마침내 하나의 원전(原典)으로서 정형(定型)을 갖추는 과정을 거친다. 한데 문인(門人)이나 후학들이 전사하는 과정에 아무래도 일부 자구(字句)를 고치거나 첨삭하는 일이 있을 수 있고, 또 서로 다른 계통의 전승(傳承)이 이루어지면서 하나의 원전에 여러 가지 판본이 나타나게 된다.

현존『노자』판본 가운데 가장 오래된 것은, 최(最)근년인 1993년에 발굴된 곽점(郭店) 초간본(楚簡本)『노자』로, 전국시대 중엽의 것으로 추정된다. 다만 초간본은 발췌본(拔萃本)이며, 발췌자는 유학(儒學)을 신봉한 사람으로,『노자』원전에서 취하고 버리며 발췌하였을 뿐만 아니라 일부 주요 어휘를 임의로 고치기도 하여 아쉬움이 있다.

다음으로 오래된 판본은 1973년에 발굴된 장사(長沙) 마왕퇴(馬王堆) 백서본(帛書本)『노자』갑(甲)·을본(乙本)으로, 대략 진(秦)·한(漢) 교체기의 사본(寫本)으로 추정된다. 백서본의 성서(成書)는 현재의 통행본보다 이른 것으로 보인다. 다만 백서본의 전사자(傳寫者)는 학문 수준이 그다지 높지 않은 탓에 오류가 적지 않은 것으로 평가되는데, 통행본과 비교할 때 장절(章節)의 배열은 물론, 자구에 있어서도 일련의 차이를 보인다.

또한 고대 전적을 살펴보면, 상술한 바와 같이 장자·순자·한비자 등 전국시대 후기의 사상가들이 모두 자신의 저술에서『노자』를 인증하였다. 한비자는 특히『한비자』가운데「해로편(解老篇)」과「유로편(喩老篇)」을 지어 넣어『노자』사상에 대한 법가적(法家的) 견해를 피력하였는데, 역사상 노자 사상에 대한 최초의 해석이라고 할 수 있다.

『한서(漢書)』「예문지(藝文志)」에 따르면, 전한(前漢) 전기에 유행한 『노자』 판본으로 『노자인씨경전(老子鄰氏經傳)』·『노자부씨경설(老子傅氏經說)』·『노자서씨경설(老子徐氏經說)』 등 삼가(三家)의 주석본이 있었다. 다만 이들은 현재 모두 실전(失傳)되어 자세한 면모를 알 수 없다.

한대(漢代)의 판본으로 또 하상공(河上公)의 『노자장구(老子章句)』 세칭 '하상공본'과 엄준(嚴遵)의 『도덕진경지귀(道德眞經指歸)』 세칭 '엄준본'이 전하는데, 이는 모두 양생(養生)의 관점에서 『노자』를 풀이한 것이다. 그리고 삼국시대 위(魏)나라 왕필(王弼)의 『노자도덕경주(注)』 세칭 '왕필본'이 있는데, 이는 『노자』의 '무위(無爲)' 사상 및 '유(有)'·'무(無)'의 관계를 자세히 설명하는 데 중점을 두고 있는데, 자못 강한 사변적(思辨的) 색채로 위진(魏晉) 현학(玄學)의 기초를 다진 저작이다.

이상의 고본(古本) 가운데 후세에 가장 널리 읽히고 있는 것은 바로 하상공본과 왕필본이다. 또한 논란이 없는 것은 아니지만, 왕필본은 특히 그 학문적 권위와 영향력이 가장 앞선 것으로 평가된다. 후세의 이른바 『노자』 통행본(通行本)은 출토 판본과 구분해 일컫는 것으로, 하상공본과 왕필본은 그 가운데서도 대표적인 판본이다.

이 밖에도 대대로 새로운 주석본이 끊임없이 나와 『노자』 사상의 풀이와 전파에 일조하였다.

3. 노자의 사상

『노자』 일서(一書)의 글은 불과 5천 자(字) 남짓한 정도다. 하지만 그 가운데에서 설파하고 있는, 이른바 '도론(道論)'으로 이름난 그 특유의 사상은 대단히 심오하고, 내용 또한 풍부하여, 우주론의 바탕 위에 인생 철학, 정치 군사 등 천도(天道)에서 인사(人事)에 이르기까지 두루 포괄하지 않은 것이 없다.

(1) 노자 사상의 핵심 — 도(道) 그리고 덕(德)

『노자』는, 사마천이 이른 대로, '도・덕의 의미를 설명한' '도덕경'이다. 다시 말해 도와 덕은 노자 사상의 기본 개념이자 2대 요소다. 다만 도는 본체요 본질이고, 덕은 그 작용과 구현을 두고 이르는 말이다.

① 도(道)

공자 사상의 핵심이 '인(仁)'이라면, 노자 사상의 핵심은 바로 '도'다. 『노자』 일서에서 '도' 자(字)는 모두 70여 차례 등장하는데, 그 모두가 소위 '도론'의 중심 개념으로서의 '도'를 뜻하는 것은 아니다. '도' 자의 일반적인 의미는, 첫째 명사로 쓰여 '길'・'경로'를 이르고, 둘째 동사로 쓰여 '말함'・'설명함'을 뜻한다. 예를 들어 "대도심이, 이인호경(大道甚夷, 而人好徑)"(제53장)에서 '도' 자는 앞의 경우이고, "도가도 비상도(道可道, 非常道)"(제1장)에서 두 번째 '도' 자는 뒤의 경우이다.

우리는 물론 노자가 말하는 '도'의 철학적 의미에 주목하고자 하는데, 그것은 곧 '도' 자의 원의(原義)에서 파생 확대된 전의적(轉義

的) 의미이다. 노자는 동양철학사상 최초로 '도'를 핵심으로 하는 철학 체계를 완성하였으니, 노자의 학설은 그야말로 '도'의 철학인 것이다.

도(道)의 함의(含意) 첫째, 노자가 말하는 '도'는 우선 우주 만물의 본체, 본원(本源)을 뜻하며, 이 같은 우주 본체론(本體論)·본원론(本源論)은 바로 노자 철학의 기초다.

노자의 설명에 따르면, '도'는 '우주 만물의 어머니〔天地母〕'(제25장)다. 다시 말해 '도란 만물의 본원〔道者萬物之奧〕'(제62장)이요 본체로, 우주의 가장 근원적인 존재다. 우주 만물은 어느 것 하나 '도'로부터 생겨나지 않은 것이 없다. "도의 본체인 무는 유를 낳고, 유는 음과 양 두 기운을 낳으며, 음양의 기운은 서로 결합해 두 기운이 지극히 조화로운 상태를 이루고, 음양 화합의 지극히 조화로운 상태는 우주 만물을 낳는다.〔道生一, 一生二, 二生三, 三生萬物〕"(제42장) 여기서 '도생일(道生一)'은 곧 '무생유(無生有)'와 같은 말이다. '무'와 '유'는 '도'의 다른 이름으로, '무'는 '도'의 본체를, '유'는 '도'의 작용을 두고 이른다.(*제1장 주석6 참조) 요컨대 '도'의 본체인 '무'로부터 발동해 '유'를 거쳐 음양으로 진전 분화(分化)한 후, 마침내 음양의 두 기운이 결합해 지극히 조화로운 상태를 이룸으로써 만물을 낳게 된다는 것이니, 이는 우주 만물의 본원으로서 '도'가 갖는 존재 의의와 위상을 웅변한다.

한데 '도'는 '혼연히 이루어진 혼돈(混沌) 상태의 물(物)'(제25장)로서 색깔도, 소리도, 형체도 없다. 그 때문에 그것을 말이나 글로써 어떠하다고 설명하거나 논술할 수도 없고, 사람이 감각(感覺)하거나 경험할 수도 없으며, 단지 우리의 사유를 통해 감지하고 감오(感

悟)할 수 있을 뿐이다. 하지만 그럼에도 불구하고 '도'는 엄연히 실존하는 우주 만물의 본원적 존재이다. 또한 '만물을 초월해 홀로 우뚝 서서 영원불변하는〔獨立而不改〕' 영원성(永遠性)과 '널리 두루 순환 반복 운행하며 그침이 없는〔周行而不殆〕'(제25장) 운동성을 가진 실체이다. 따라서 형이상적(形而上的)이며 현묘(玄妙)하기 그지없는, 우주 본체로서 '도'가 일으키는 작용은 실로 무궁무진하다.

둘째, 노자가 말하는 '도'는 또 우주 만물과 세상 만사의 변화와 발전을 지배하는 보편적 법칙을 뜻하며, 이 같은 보편 법칙 의의상(意義上)의 '도'는 자연법칙과 사회법칙을 포괄한다.

먼저 자연법칙의 측면을 보자. '도'는 우주 만물을 낳을 뿐만 아니라, 만물로 하여금 성장 발육하고, 성숙 결과(結果, 열매를 맺음)하게 하며, 또한 보호와 조양(調養, 건강이 회복되도록 몸을 보살피고 병을 다스림)을 받게 한다.(*제51장 참조) 한 마디로 '도'는 우주 만물의 존재와 생장, 변화와 발전의 근원적 바탕이요 동력이다.

노자가 말하는 '천도(天道)'·'천지도(天之道)'(*제73, 77, 79장 등 참조), 즉 하늘의 도는 곧 자연계의 내재적 질서와 필연성, 즉 자연법칙을 이르며, 객관적 원리와 법칙으로서의 의의를 갖는다. 예를 들면 해의 뜨고 짐, 달의 차고 이지러짐, 사계절의 바뀜, 초목과 조수(鳥獸)의 생장(生長) 변화, 사람의 생로병사(生老病死) 등등은 모두 하늘과 땅과 사람이 자연법칙의 지배를 받은 결과로서 나타나는 현상이다.

그리고 사회법칙의 측면에서, '도'는 우선 인간의 생활 준칙으로서의 의의를 갖는다. 우주 본원 의의와 자연 법칙 의의상의 '도'가 표현하는 기본 특성은, 사람이 충분히 본보기로 삼아 그대로 따라 할 만한 것이다. 하여 인간의 사회생활 전반에서 '도'는 사람이 준수해야 할 행위 방식과 처세 방법이 되었다. "하늘의 도는 만물을 이롭게 할 뿐, 결코 그들에게 어떤 해도 끼치지 않는다.〔天之道, 利而不害〕"(제81장) 그러므로 성인의 도 또한 응당 하늘의 도를 본받아 만민을 도울 뿐, 결코 그들과 다투지 않아야 한다. 이처럼 사람은 하늘의 '도'를 본받아 살아가야 한다.

또한 노자는 "천하에 도가 행해지면, 전마를 되돌려 보내 밭을 갈게 한다. 반면 천하에 도가 행해지지 않으면, 전마가 변경에서 새끼를 낳는다.〔天下有道, 卻走馬以糞; 天下無道, 戎馬生於郊〕"(제46장) "옛날부터 이미 존재하고 있는 도를 제대로 파악하면, 오늘날의 모든 구체적 사물을 제어할 수 있다.〔執古之道, 以御今之有〕"(제14장) "무위자연의 도가 행해지지 않자 인의(仁義)가 창도되었다.〔大道廢, 有仁義〕"(제18장)라고 하였는데, 여기서 '도'는 곧 인간 사회의 내재적 질서와 법칙, 즉 일정한 사회제도에 부합하는 정치 원칙·윤리 질서·행위 규범 등을 지칭한다.

그뿐만 아니라 사회법칙의 측면에서, '도'는 또 치국안민(治國安民, 나라를 잘 다스려 백성을 평안하게 함)의 방책을 말한다. "큰 나라를 다스리는 것은 작은 생선을 굽듯이 해야 한다.〔治大國, 若烹小鮮〕"(제60장) "도는 영원불변하고, 오직 우주 만물의 자연적 변화 발전에 순응하며 무위하지만, 세상의 어느 것 하나 이루어 내지 않는 것이 없다. 만약 군왕이 능히 도를 지켜 무위하면, 만물은 저절로 생장 변화할 것이다.〔道常無爲而無不爲. 侯王若能守之, 萬物將自化〕"(제37장) 여기서 '도'는 치국의 방술(방법과 기술)을 지칭한다. 통치자는 오로지 천도(天道)에 의거해 인도(人道)를 행하여야만 사회가 비로소 길이길이 안정되고 번영할 수 있다는 게 노자의 생각이다.

도의 특성 노자가 말하는 '도'의 가장 큰 특성은 '자연', 즉 '무위자연'이다. 이른바 '도법자연(道法自然)'(제25장)은 바로 그 점을 단적으로 설명한 말이다. 『노자』에서 '자연'이란 낱말은 모두 다섯 차례 등장한다. 노자가 말하는 '자연'은 객관적으로 존재하는 자연계를 말하는 것이 아니다. 그것은 어떤 강제적인 힘의 주도(主導)나 주재(主宰) 없이 '저절로 그러함'·'본디 그러함'·'스스로 그러함'에 전적으로 순응하는 상태를 이르는 것으로, 이를테면 우주 만물이 자연적으로 생성·변화·발전·쇠퇴함을 가리킨다. 이는 곧 '무위'와 상통하며, 또한 '무위'나 다름이 없다. 그러므로 '도'의 자연성(自然性)은 결국 '도'의 무위성(無爲性)이다. 흔히 '무위자연' 혹은 '자연무위'라 아울러 일컫는 것은 바로 그 때문이다.

왕필(王弼)이 이른 대로, "도는 (우주 만물의) 저절로 그러함을 거스르지 아니하여 그 같은 본성을 가지게 되었으니, 도는 모든 것을 저절로 그러함에 맡긴다. 도가 모든 것을 저절로 그러함에 맡긴다는 것은 모난 데에서는 모난 대로 맡겨두고, 둥근 데에서는 둥근 대로 맡겨두는 것이니, 저절로 그러함에 전혀 거스름이 없는 것이다.〔道不違自然, 乃得其性, 〈法自然也〉. 法自然者, 在方而法方, 在圓而法圓, 於自然無所違也〕" 다시 말해 '도' 자신은 어떠한 것도 애써 하지 아니하고, 만물이 저절로 그러함에 순응할 따름이다. 그렇기 때문에 '도'는 만물을 창조 생성하지만, 만물에 대해 추호의 간섭도 하지 아니하며, 절로 그러함에 순응해 만물이 절로 나고 절로 자라게 할 뿐이다.(*제51장 참조)

앞서 인용한 것처럼, 노자가 "도는 영원불변하고, 오직 우주 만물의 자연적 변화 발전에 순응하며 무위하지만, 세상의 어느 것 하나 이루어 내지 않는 것이 없다.”(제37장)라고 하였듯이, ‘도’는 무위하지만 우주 만물 가운데 ‘도’의 조물(造物)이 아닌 것이 없다. ‘도’는 그야말로 ‘무위이무불위(無爲而無不爲)’한 것이다. 또한 “도는 만물을 생성시키면서도 사사로이 소유하지 않고, 만물을 화육하면서도 유공(有功)하다고 자부하지 않으며, 만물을 성장시키면서도 결코 지배하지 않는다.〔生而不有, 爲而不恃, 長而不宰〕”(제51장) ‘도’는 우주 만물의 본원으로서 어떠한 사욕(私慾)도, 목적도, 의식(意識)도 없다. 그러므로 도의 ‘무위자연’의 특성은 곧 무목적성과 무의식성을 내포한다.

노자 당시 사람들의 의식 관념 속에서는 인격화된 ‘하느님〔上帝 / 天帝〕’이 바로 위대한 우주의 창조자요 주재자로 널리 인식되었다. 하지만 노자는 그 같은 당시의 일반적인 관념을 부정하고, “나는 도가 어디에서 생겨났는지는 모르겠으나, 아마도 하느님보다 먼저 있었을 것 같다.〔吾不知誰之子, 象帝之先〕”(제4장)는 입장을 견지하며, ‘도’의 지위를 ‘하느님’의 위로 높이 올려 놓았는데, 그것은 필시 당시의 미신 내지 종교적 사고와 상식에 일대 충격이었을 것이다.

도가도(道可道) 비상도(非常道) 노자 사상의 핵심은 ‘도’이며, 『노자』 일서는 여러 장(章)에서 바로 ‘도’에 대해 일정한 묘사와 서술을 가하였다. 그런데 제1장에서 노자는 “도란 어떤 것이라고 말할 수 있으면, 그것은 영원불변의 지극한 도가 아니다. 이름이란 뭐라고 이름할 수 있으면, 그것은 영원불변의 지극한 이름이 아니다.〔道可道, 非常道; 名可名, 非常名〕”라고 하지 않았던가? ‘지극한 도’는 결코 말로 어떠하다고 설명할 수 있는 게 아니라는 얘긴데, 그렇다면 노자가 '도'에 대해 말한 것은 또 무엇이란 말인가? 혹여 자기모순에 빠진 것은 아닌가? 이 문제에 대해서는 장 바오취엔(張葆全)의 설명이 참고할 만하다.

노자의 생각에 따르면, 형이상적(形而上的)인, 즉 이성적 사유나 직관에 의해서만 포착되는 초경험적이며 근원적인 성질을 가진 '도'는 지고무상(至高無上)하고 완미(完美)하며 보편적이고 영원한 것이다. 또한 '도'의 내용은 지극히 풍부하고, '도'의 본체는 한없이 정미(精微)하고 오묘하며, '도'의 작용은 무궁무진하다. 그러므로 사람이 언어나 문자로 '도'의 전모(全貌)를 그려 내는 것은 근본적으로 불가능하다. 그렇기 때문에 노자가 "도가도, 비상도; 명가명, 비상명.(道可道, 非常道; 名可名, 非常名)"임을 강조한 것이다. 왕필이 부연한 대로, 어떠한 것이라고 정의(定義)하거나 무엇이라고 명명(命名)하는 방식으로 '도'를 설명한다면, 곧 일부로 전체를 개괄하거나 한 측면을 언급하는 대신 많은 측면을 빠뜨리면서, 오히려 '도'에 대한 사람들의 완전한 이해와 총체적 파악을 어렵게 할 것이다.

그렇다면 우리는 어떻게 '도'를 이해해야 할까? 그것은 바로 마음으로 감오(感悟, 느끼어 깨달음)하고 체득(體得, 뜻을 깊이 이해하여 실천으로써 본뜸)해야 한다는 게 노자의 생각이다. '도'의 본질은 정의나 명명의 방법으로 오롯이 드러내 보일 수 있는 것이 아니다. '도'의 개념과 정신은 사람의 해석이나 설명으로 여실히 풀이해 낼 수 있는 것이 아니다.

한데 노자는 『노자』 일서에서 누차에 걸쳐 '도'에 대해 말하고 있다. 하지만 그것은 노자가 '도'에 특정한 이름을 지어 붙이거나,

'도'에 대해 명확한 정의를 내리고자 한 것이 아니다. 노자는 단지 자신의 '감오'에 근거해 '도'에 대해 일정한 '묘사'와 '서술'을 한 것일 따름이다. 노자가 이 책에서 행한 갖가지 묘사와 서술은, 사람들이 다양한 각도와 측면에서 '도'를 이해하고, 나아가 '도'의 본체와 작용을 깊이 인식하고 또 체득하는 데 도움을 줄 뿐이다. 그것은 결코 사람들에게 '도'에 대한 완전한 이해와 총체적 파악을 제공한 것이 아니다.

그러므로 우리는 『노자』 일서를 읽으면서 응당 내심의 '감오'를 키워나가는 가운데, 각자의 생활 실천과 인생 역정(歷程) 속에서 '도'의 진제(眞諦), 즉 지고무상의 진리를 체득하도록 하는 데 힘써야 할 것이다.

② 덕(德)

노자 사상에서 '덕'의 지위는 '도'에 버금하는 것으로, 그 철학적 의의와 중요성은 대단히 크다. 『노자』 일서에서 '덕' 자(字)는 모두 40여 차례 등장한다. 노자가 말하는 '덕'은 무엇이며, '도'와는 어떤 관계에 있을까?

덕(德)의 함의 무위자연의 '도'는 우주의 본원일 뿐만 아니라, 천지 만물(이에는 당연히 사람을 포함함)이 의지해 존재하는 근거이자 본성(本性)이다. 노자는 바로 이러한 본성을 '덕'이라고 하였다.

> 큰 덕의 모든 표현(모습)은 오직 도에 따를 뿐이다.
>
> 孔德之容, 惟道是從. (제21장)

여기서 '공덕(孔德)'의 '공'은 크다〔大〕는 뜻으로, '덕'을 높여 형용한 말이다. 노자의 설명을 풀이하면, '덕'은 만물이 '도'로부터 획득한 것이요, '도'가 만물 가운데에 깃들인 것이다. 한 마디로 '덕'은 '도'의 작용이요 체현(體現)이다. 다시 말해 '도'는 '덕'을 통해서 물(物, *제4장 주석3 참조)의 세계에 드러나는 것이다. 소철(蘇轍)이 『노자해(老子解)』에서 "도는 형체가 없으나, 그것이 널리 운행하면서 덕이 되고, 그러면 마침내 그 모습을 갖추게 된다.〔道無形也, 及其運而爲德, 則有容矣〕"라고 한 것도 같은 취지의 부연 설명이다. 또한 왕필이 『노자』 제38장 주(注)에서 그랬듯이, 옛날 사람들은 대개 '덕' 자를 '득(得)'의 의미로 풀이하였는데, 그 역시 '덕'이란 바로 '득도(得道)', 즉 도를 터득함이요, 구현함임을 밝힌 것이다. 다시 노자의 설명을 보자.

> 도는 만물을 낳고, 덕은 만물을 기르나니, 물질은 만물을 드러내고, 환경은 만물을 성장시킨다. 그러므로 만물은 도를 존숭하고, 덕을 귀중히 여기지 않는 것이 없다. 도가 존숭을 받고, 덕이 귀중히 여겨지는 까닭은, 도와 덕이 어떠한 간섭도 하지 아니하고, 항상 무위자연의 태도로 만물이 자연적으로 생장하게 하기 때문이다.
>
> 道生之, 德畜之, 物形之, 勢成之. 是以萬物莫不尊道而貴德. 道之尊, 德之貴, 夫莫之命而常自然. (제51장)

'도'는 만물을 낳고, '덕'은 만물을 기른다. 그렇게 하여 만물은 비로소 각기 형태를 갖추고, 각각 저마다의 형세를 따라 성장 발전하게 된다. 다만 '도'와 '덕'은 만물을 낳고 기름에 철저히 무위자연의 태도로, 만물이 저절로 생성 변화 발전할 수 있도록 맡겨 놓을 따름이다. 그러므로 만물은 어느 것 하나 도를 존숭하고, 덕을 귀중히 여기지 않는 것이 없으니, 그 또한 지극히 자연스러운 것이다.

도와 덕의 관계 · 차이 '도'와 '덕'은 노자 사상에서 가장 중요한 두 범주(範疇)로서, 그 근본 속성은 공히 무위자연이다. 한데 '도'와 '덕'은 분명 상통하지만, 양자는 또 엄연히 차이가 있다. 우선 '덕'은 '상덕(上德)'과 '하덕(下德)'의 구분이 있는데(*제38장 참조), '상덕'은 '도'의 본성과 완전히 일치한다. 하여 '상덕' 역시 '무위이무불위(無爲而無不爲)'(제37, 48장)하며, 그 때문에 '현덕(玄德)'(제51장)이라 일컬어지기도 한다.

그리고 '덕'은 비록 사물의 자성(自性, 개성 · 본성)이지만, 지속적 향상과 발전이 있다면 능히 '상덕' · '현덕'이 되고, 궁극에는 '도'와 일체화될 수 있는 가능성을 가지고 있다. 노자가 '덕'을 닦음〔修德, *제54장 참조〕과 '덕'을 쌓음〔積德, *제59장 참조〕을 강조한 것은 바로 그 때문이다. 다만 '상덕'이든 '하덕'이든 그 어떤 것도 '도' 자체는 아니며, 그저 '도'의 체현일 뿐이다. 다시 말하면 '도'는 하나의 총체로, 독립적이고 자족적(自足的)인 우주의 본체인 반면, '도'가 사물 가운데 체현된 '덕'은 단지 하나의 개체에 지나지 않는다. 또한 '도'와 '덕'은 이처럼 본체와 체현〔작용〕의 구별이 있기는 하나, 그 본질에 있어서는 어떠한 차이도 없다.

유도(儒道) 양가(兩家)의 도와 덕 공자가 창시한 유가와 노자가 창시한 도가는 각기 '도'에 대해 치중하는 바를 달리 하고 있으며, 따라서 양가의 '덕'에 대한 이해 또한 상이함을 보인다. 유가가 말하는 '도'는 사회 윤리 방면에 편중되어 있다. 따라서 유가가 말하는 '덕' 또한 사회 윤리 도덕에 치우쳐 있으며, 선악의 구분을 중시하고, 궁극적으로 '지극한 선(도덕 수양이 완미한 경지)에 머무름〔止於至善〕'〈『대학(大學)』〉을 지향한다. 반면 도가가 말하는 '도'는 '자연', 즉 '저절로 그러함'에 편중되어 있다. 따라서 도가가 말하는 '덕' 또한 '저절로 그러함'의 본성에 치우쳐 있으며, 진위(眞僞)의 분별을 중시하고, 궁극적으로 '저절로 그러함'의 본성으로 되돌아감을 지향한다.

(2) 인생철학

노자는 그 특유의 우주론(宇宙論)에 근거해 '사람의 삶'의 본질을 탐구하고, 인생 행위의 방향을 제시하였다. 다시 말해 노자의 인생철학은 바로 그 우주론의 연장선상에 있는데, 핵심은 결국 '무위자연'으로 귀결된다. 노자가 말했다. "사람은 땅을 본받고, 땅은 하늘을 본받으며, 하늘은 도를 본받고, 도는 모든 것을 저절로 그러함에 맡긴다.〔人法地, 地法天, 天法道, 道法自然〕"(제25장) 사람은 우선 땅을 본받고, 나아가 하늘을 본받고, 다시 도를 본받아 만사를 '절로 그러함'에 맡겨야 한다. 『노자』에는 사람이 어떻게 땅과 하늘을 본받고, 또한 궁극적으로 어떻게 도를 본받을 것인가에 대한 설명이 대단히 많다. 그것을 개괄하면 대략 다음 몇 가지로 요약되며, 이는 곧 노자 인생철학의 주요 내용을 구성한다.

① 인간 본연(本然)의 천진(天眞) 질박함을 지킨다.

천진함과 질박함은 '도'의 본질이다. 노자는, 사람은 "밖으로는 순진함을 드러내고, 안으로는 질박함을 지켜야 한다.〔見素抱樸〕"(제19장)고 하였다. 사람이 천진한 본성을 잃지 않고, 질박한 정신을 지켜 가면, 결코 외물(外物, 사람의 몸 이외의 사물, 곧 부귀 · 공명 · 이록 따위를 이름)에 얽매이고, 탐욕에 빠져 사회를 어지럽히고, 풍속을 문란케 하지 않을 것이다. "순후(淳厚)한 덕을 갖춘 사람은 갓난아이에 비유된다.〔含德之厚, 比於赤子〕”(제55장) 노자는 이처럼 갓난아이로, 추호도 세속에 물들지 않은 순박하고 천진한 형상을 비유하곤 하였다. 그 뜻은 곧 사람은 마땅히 ‘갓난아이의 마음’을 간직하여 속세의 때(더러움)를 씻어 냄으로써 ‘자연’ 상태로 회귀하고, ‘도’의 천진 질박함을 회복하여야 한다는 것이다.

사람은 흔히 자신의 총명을 드러내고, 지혜를 발휘하며, 기교를 부리기를 좋아한다. 하지만 그것은 사실 자신의 사리(私利)를 취하고, 욕망을 채우려는 심리의 발로로, 결국은 개인적인 낭패나 망신(亡身)은 물론, 국가 사회적 혼란의 크고 작은 화근이 될 수 있다. 노자가 “온갖 지혜가 출현하자 터무니없는 허위(虛僞)가 생겨났다.〔智慧出, 有大僞〕”(제18장)라고 한 것은, 바로 그 같은 맥락으로 이해된다. 그 때문에 노자는 사람들에게 ‘총명을 끊고 지혜를 버릴 것〔絶聖棄智〕’(제19장)을 요구하였다. 총명과 지혜는 왕왕 교묘한 술수와 허위와 기만을 낳으며, 온갖 불상사를 초래할 따름이다. 노자는 또 ‘더없이 정교한 것은 언뜻 졸렬한 듯함〔大巧若拙〕’(제45장)을 강조하며, 참된 정교함과 교묘함이 어떤 것인지를 일깨워 주었다. 요컨대 사람은 ‘도’를 본받아 인간 본연의 순진・질박함을 회복하는 것이 최상이라는 것이다.

② 마음을 맑고 깨끗이 닦고, 평안하고 고요히 유지한다.

노자가 말했다. “사람은 그 마음을 맑고 깨끗이 닦기를 지극히 하고, 평안하고 고요히 지키기를 굳건히 하여야 한다. 우주 만물은 모두 함께 어우러져 나고 자라는데, 우리는 그 가운데서 순환 반복의 법칙을 보게 된다.〔致虛極, 守靜篤. 萬物並作, 吾以觀復〕”(제16장) 여기서 ‘허(虛)’는 청허(淸虛)함, 즉 사사로운 욕심이나 잡념이 없어 마음이 맑고 깨끗함을 말한다. 그리고 '정(靜)'은 영정(寧靜)함, 즉 그릇된 욕망의 번뇌가 없어 마음이 평안하고 고요함을 말한다. 사람은 흔히 사사로운 욕망에 사로잡혀 생각이 미혹되고 혼미해지면서 본연의 맑고 고요함을 잃는다. 따라서 우리는 애써 '그 마음을 맑고 깨끗이 닦기를 지극히 하고, 평안하고 고요히 지키기를 굳건히 하여' 사사로운 욕망을 극복하고 외물(外物)에 휘둘리지 않도록 하여야 한다. 그렇게 해야만 비로소 우주 만물 생장(生長)의 순환 법칙을 꿰뚫어 볼 수 있고, 나아가 '도'의 본질을 깨닫고 또한 체득할 수 있을 것이다.

③ 욕심을 줄이고 만족할 줄 안다.

노자는 말했다. "욕망의 항아리를 부여잡고 가득 채우려 하기보다는 애당초 그만두는 게 낫다.〔持而盈之, 不如其已〕"(제9장) 왜냐하면 "명예를 지나치게 좋아하면 반드시 크게 대가를 치를 것이요, 재물을 지나치게 모으면 반드시 심각한 위험이 닥칠 것이기〔甚愛必大費, 多藏必厚亡〕"(제44장) 때문이다. 다시 말해 "우리가 큰 환난에 직면하게 되는 까닭은 바로 우리가 우리 자신의 이익만을 돌아보기 때문이다. 만약 우리가 우리 자신의 이익을 돌아보지 않는다면, 우리에게 무슨 환난이 닥치겠는가?〔吾所以有大患者, 爲吾有身, 及吾無身, 吾有何患〕"(제13장) 요컨대 "사람이 탐욕스러운 것보다 더 큰 죄악이 없고, 만족할 줄 모르는 것보다 더 큰 화난(禍難)이 없으며, 끝없이 욕심을 부리는 것보다 더 큰 허물이 없다.〔罪莫大於可欲, 禍莫大於不知足, 咎莫大於欲得〕"(제46장) 그러므로 노자는 사람들에게 말한다. "사심(私心)을 없애고 욕망을 버려야 할 것이다.〔少私寡欲〕"(제19장) "만족할 줄 알면 모욕을 당하지 않고, 멈출 줄 알면

위험에 처하지 않으므로, 목숨을 길이 보전할 수 있다.〔知足不辱, 知止不殆, 可以長久〕"(제44장)

④ 부드럽고 약함을 숭상하며 사람들과 다투지 않는다.

인간 사회는 두말할 나위 없이 사람의 집합체요, 공동체이다. 다시 말해 사람과 사람 사이의 불화와 분쟁은 곧 사회적 환난과 혼란의 발단이요, 근원이다. 따라서 국가 사회의 혼란을 막기 위해서는 사람들 사이의 불화와 분쟁의 불씨를 없애야 한다. 그러자면 우선은 상술한 대로 사람들(특히 통치자 · 위정자는 더더욱 그러하다)이 사사로운 욕심을 버려야 한다. 그리고 한 걸음 더 나아가 '유약(柔弱)' · '부쟁(不爭)', 즉 부드럽고 약함을 숭상하며 다른 사람과 다투지 않아야 한다. 노자가 볼 때, "굳세고 강한 것은 죽음으로 가는 유(類)요, 부드럽고 약한 것은 삶으로 가는 유다.〔堅强者死之徒, 柔弱者生之徒〕"(제76장) 그러므로 결국 "부드럽고 약함이 굳세고 강함을 이긴다.〔柔弱勝剛强〕"(제36장)는 것이다.

노자가 말했다. "세상에 물보다 부드럽고 약한 것은 없다. 하지만 굳세고 강한 것을 쳐서 무너뜨리는 데에 물을 능가할 수 있는 것은 아무것도 없다.〔天下莫柔弱於水, 而攻堅强者莫之能勝〕"(제78장) "나는 그래서 '무위'가 이롭다는 것을 알게 되었다.〔吾是以知無爲之有益〕"(제43장) '부드럽고 약함'은 '무위'의 중요한 함의(含意) 가운데 하나이다. '부드럽고 약함'은 자신의 힘만 믿고 남을 능멸하거나 남에게 포학하게 굴지 않는 것이며, 결코 나약하고 무기력한 것이 아니다. 그것은 사람의 처세(處世) 태도의 일종으로, 곧 선(善)을 행하며 세상과 '부쟁'하는 것이다.(*제8, 22, 81장 참조) 아무튼 '무위'의 이점은 능히 '이루지 못할 일이 없음〔無不爲〕'(제37, 48장)'이요, '부드럽고 약함'의 이점은 능히 '굳세고 강함을 이기는 것'이다. 또한 '부쟁'의 이점은 '천하에 어느 누구도 그와 다툴 수가 없는 것〔天下莫能與之爭〕'(제22, 66장)이다. 노자가 왜 '유약'과 '부쟁'을 강조했는지 절로 분명해진다.

(3) 정치사상

난세를 산 노자의 최대 관심사는 인생과 정치의 문제였다. 다시 말해 노자의 학설과 사상은 순전히 그 같은 문제를 해결하기 위해 주창된 것이라고 할 수 있다. 노자는 당시 "백성을 다스리기 어려운 것은, 통치자가 '유위(有爲)'의 정치를 하기 때문에 다스리기 어려운 것〔民之難治, 以其上之有爲, 是以難治〕"(제75장)이라는 판단하에, '도'의 정신을 체현하는 '무위이치(無爲而治)'의 정치 원칙을 제시하고, '소국과민(小國寡民)'의 이상 사회를 그렸다.

① 무위이치(無爲而治)

노자가 말하는 '도'는 '자연'과 '무위'의 특성을 가지고 있다. 말하자면 '저절로 그러함〔자연〕'의 '도'가 '만물이 저절로 그러함에 순응〔무위〕'하는 것이다. 이 같은 도의 자연성과 무위성은 노자 사상의 본질을 이룬다. 『노자』 일서의 논술은, 대개 각 장(章)마다 먼저 '도'의 근본 이치를 논하고, 이어서 인사(人事)로 그것을 논증하는데, 그것은 곧 사람은 마땅히 '도'를 본받아 무위자연의 삶을 살아야 함을 일깨우기 위한 것이다.

이른바 '무위이치'(즉 무위의 원칙에 따라 정치를 행해 천하가 저절로 잘 다스려지게 함)의 정치 원칙 또한 '도'의 무위자연 본성의 확대요, 전개임은 두말할 나위가 없다. 노자가 주장하는 정치사상과 치국(治國)의 도(道)는 '후왕(侯王, 군왕 · 임금)', 즉 최고통치자를 겨냥하고 있다. 왜냐하면 최고통치자의 일언일행(一言一行)은 천하의 치란(治亂), 국가의 흥망과 직결되어 있기 때문이다. 『노자』에서 말하는 '후왕'이 현실 사회의 일반적인 통치자라면, '성인(聖人)'은 바로 노자가 그리는 이상적인 통치자이다.

노자 당시의 정치 사회는 그야말로 혼란이 극에 달했는데, 그것은 다름 아닌 '유위'의 정치로 인해 초래된 폐해였다. 당시 통치자들은 자신의 권력 기반을 공고히 다지기 위해 온갖 고압적인 수단을 동원하고, 각종 법령을 제정 시행하며 백성을 억압하고 지배하였다. 노자는 그 같은 방법은 결코 효과를 볼 수 없다고 생각하였고, 그래서 말하였다. "형벌이 가혹하면 할수록 오히려 도적은 더욱 기승을 부린다.〔法物滋彰, 盜賊多有〕"(제57장) "백성이 군왕의 위압(威壓)을 두려워하지 않으면, 군왕에게 실로 큰 위협이 닥칠 것이다.〔民不畏威, 則大威至〕"(제72장) "백성들이 죽음을 두려워하지 않는다면, 어떻게 사형에 처하는 것으로 그들을 위협할 수 있겠는가?〔民不畏死, 奈何以死懼之〕"(제74장)

당시 통치자들은 또 주변국을 무력으로 합병해 자신의 세력 범위를 확대하기 위해 백성들을 전쟁터로 내몰고, 민력(民力)을 마구 낭비하기를 서슴지 않았다. 노자가 보기에 그 같은 처사는 백성들에게 엄청난 고통을 안겨주며, 또한 수많은 목숨을 앗아갈 뿐이었다. 그래서 말하였다. "무릇 병기(兵器)란 상서롭지 못한 도구이며, 따라서 사람들은 대개 그것을 혐오한다. 그러므로 도를 체득한 사람은 병기를 가까이하지 않는다.〔夫兵者, 不祥之器, 物或惡之, 故有道者不處〕"(제31장) "군대가 주둔한 곳에는 어김없이 가시나무가 자라고, 큰 전쟁이 휩쓸고 간 뒤에는 반드시 흉년이 든다.〔師之所處, 荊棘生焉. 大軍之後, 必有凶年〕"(제30장) "천하에 대도가 행해지지 않으면, 전마(戰馬)가 변경(邊境)에서 새끼를 낳는다.〔天下無道, 戎馬生於郊〕"(제46장)

그뿐이 아니었다. 당시의 통치자들은 자신들의 황음 사치하고 방탕 무도한 욕망을 채우기 위해 가렴주구(苛斂誅求, 세금을 가혹하게 거두어들이고 무리하게 재물을 빼앗음)를 일삼아 백성들의 고통과 부담을 가중시켰다. 노자가 생각하기에, 그 같은 처사는 그야말로 나라를 병들게 하고 백성을 해치는 것이었다. 그래서 말하였다. "백성이 굶주리는 것은, 통치자가 집어삼키는 조세(租稅)가 너무 많기 때문에 굶주리는 것이다.〔民之饑, 以其上食稅之多, 是以饑〕"(제75장) "하늘의 도는 넘치는 것을 덜어서 모자라는 것에 보탠다. 반면 사람의 도는 그렇지 아니하나니, 모자라는 이의 것을 덜어서 넘치는 이에게 바치도다.〔天之道, 損有餘而補不足. 人之道, 則不然, 損不足以奉有餘〕"(제77장)

통치자의 잔학무도함은, 결국 가혹한 정치를 견디다 못한 백성들의 죽음을 무릅쓴 강력한 항거에 부딪히게 될 것이다. 그렇게 되면 통치자는 자신의 생사(生死)와 나라의 존망(存亡)을 걱정해야 하는 지경에 이를 것이다. '유위'의 통치는 결코 천하 대치(大治)로 갈 수 있는 방안이 아니다. 하여 노자가 강력히 제시한 것이 바로 '무위이치'의 정치 원칙이며, 그것은 무엇보다 군왕과 만백성이 더불어 이상국(理想國)을 건설하고 향유할 수 있는 방책이라는 것이다.

'무위이치'의 실행은 그야말로 '후왕'의 정치가 '성인'의 정치로 향상 발전하기 위한 필수 조건이다. 그렇다면 '후왕'이 어떻게 해야

'무위이치'를 제대로 시행하게 되는 것일까? 여기서 노자가 말하는 '무위'의 함의(含意)에 대한 이해가 필요해진다. '무위'는 노자 정치 사상의 핵심 개념이며, '무위이치'는 곧 '무위'의 자연스러운 전개이다. 이제 '위정(爲政)'의 측면에서 '무위'의 함의를 풀어본다.

첫째, '무위'는 곧 '무사(無事)'이다. 노자가 말했다.

> "정령으로 나라를 다스리고, 기묘한 꾀로 군사를 부린다?" 사실은 무엇보다 '무위의 정치〔無事〕'로 천하를 다스려야 한다. 내가 어떻게 그러하다는 것을 알겠는가? 바로 다음과 같은 사실을 통해서다. 천하에 금령(禁令)이 많으면 백성들은 더욱 빈궁해지고, ……형벌이 가혹하면 할수록 오히려 도적은 더욱 기승을 부린다.
>
> "以正治國, 以奇用兵?" 以'無事'取天下. 吾何以知其然哉? 以此. 天下多忌諱, 而民彌貧; ……法物滋彰, 盜賊多有. (제57장)

여기서 '무사'는 '유사(有事)'와 대비해 이른 말이다. '유사'는 통치자가 온갖 금령으로 백성을 못살게 구는 일을 벌이는 것으로, 곧 '유위(有爲)'와 같은 말이다. 한데 그처럼 번다한 법령과 가혹한 형벌로 나라를 다스리면, 부강한 나라를 이룩하기는커녕 오히려 애초의 소망과는 달리 백성은 곤궁함에 허덕이고, 천하는 온통 혼란에 휩싸이고 말 것이다. 그러므로 노자는 "만약 '유위의 정치〔有事〕'를 하면, 천하를 제대로 다스리지 못할 것임〔及其有事, 不足以取天下〕"(제48장)을 분명히 하는가 하면, "성인은 사람을 못살게 괴롭히지 않음을 자신이 할 일로 여긴다〔事無事〕"(제63장)는 점을 일깨우며, 전적으로 사물 발전의 자연적 추세에 순응해 이끌어가는 '무사', 즉 '무위의 정치'를 할 것을 강조하였다.

둘째, '무위'는 또 '청정(淸靜)함'이다. 노자가 말했다.

> 무릇 조급히 움직여 열이 나면 한기(寒氣)를 이기지만, 고요히 멈춰 있으면 또 그 열기를 이기게 되나니, 결국 맑게 무욕(無欲)하고 고요히 무위(無爲)하면 천하의 우두머리가 될 수 있다.
>
> 躁勝寒, 靜勝熱, 淸靜爲天下正. (제45장)

> 고요함은 조급함의 주재자(主宰者)다.
>
> 靜爲躁君. (제26장)

> 내(성인)가 청정함을 좋아하면 백성들이 절로 바른 길을 가게 된다.
>
> 我好靜, 而民自正. (제57장)

여기서 '정(靜)'은 '조(躁)'와 대비되고 있는데, '조'는 마냥 조급히 행동하며 진중(鎭重)하지 못함이다. 노자 당시의 통치자들이 개인적으로는 성색(聲色)과 재리(財利)를 추구하며 한껏 사치 방탕하고, 정치적으로는 가혹한 형벌과 무거운 조세(租稅)로 억압 착취하며 백성들을 못살게 괴롭힌 것은, 모두 자신들의 탐욕을 채우기 위해 조급히 군 행동들이다. 그리고 '정'은 곧 '청정함'이다. 청정함이란 어떠한 세속적인 욕심도 없이 마음과 생각이 지극히 맑고 고요한 상태이다. 따라서 만약 통치자가 청정함으로 나라를 다스리면 '백성들이 절로 바른 길을 가고,' 그렇게 하여 궁극에는 '천하의 우두머리가 될 수 있다'는 것이다. 노자가 창도(唱導)한 이 같은 '청정(淸靜)' 치국(治國)의 원칙은 사실상 '무위'의 원칙이나 다름이 없다. 그 때문에 후세 사람들은 '청정'과 '무위'를 함께 써서 노자의 '무위의

정치'를 흔히 '청정무위의 정치'라 일컫곤 한다.(*제23장 「해설」 참조)

셋째, '무위'는 또 '무욕(無欲)함'이다. 사람이 능히 '청정무위'하기 위해서는 무엇보다 무지(無智) 무욕하여야 한다. 탐욕은 보통사람의 인생은 물론, 통치자의 치국에 있어서도 크나큰 장애요, 걸림돌이다. 노자가 말했다. "사람이 탐욕스러운 것보다 더 큰 죄악이 없고, ……끝없이 욕심을 부리는 것보다 더 큰 허물이 없다.〔罪莫大於可欲, ……咎莫大於欲得〕"(제46장) 통치자의 권세욕과 점유욕(占有欲), 그리고 향락에 탐닉하는 그 끝없는 탐욕은 결국 혼란과 파국을 초래할 따름이다. 그러므로 노자는 '사심(私心)을 없애고 욕망을 버릴 것〔少私寡欲〕'(제19장)을 주문하였다. 그렇게 하여 군주가 최대한 사람들의 물질적 욕망을 자극하지 않음으로써 그들이 미혹(迷惑)에서 벗어나 인간 본연의 순박함을 회복하게 한다면, 충분히 천하대치(大治)를 이룩할 수가 있다.

통치자는 분명 탐욕과 과욕(過慾)을 경계해야 할 것이다. 하지만 노자가 "성인은 무욕하기를 바란다〔欲不欲〕"(제64장)고 하였듯이, 이치에 맞고 도리에 맞는 욕심은 오히려 부려야 한다. 만백성을 이끌고 다스리는 훌륭한 군주가 되고자 한다면, 반드시 겸손한 언행으로 기꺼이 민중의 아래와 뒤에 처하려고 한껏 욕심을 부려야 한다. 또한 만백성의 욕망을 자신의 욕망으로 여기고, 만백성의 요구를 자신의 요구로 여겨야 한다. 이처럼 통치자가 진실로 '무욕'하여야만 비로소 '무위'할 수가 있다. 그렇게 하여 사람들이 각각 저마다 욕구가 충족되어 만백성이 '자화(自化)'하고 '자정(自正)'(제37장)하면, 통치자의 통치 이상과 목적도 충분히 이루어 질 수 있을 것이다.

넷째, '무위'는 또 '유약(柔弱)함'이다. 노자가 말했다.

> 천하에서 가장 부드럽고 약한 것이 천하에서 가장 단단하고 강한 것을 지배한다.
>
> 天下之至柔, 馳騁天下之至堅. (제43장)
>
> 장차 약화시키려면 반드시 먼저 강화시켜야 한다.
>
> 將欲弱之, 必固强之. (제36장)
>
> 부드러움이 굳셈을 이기고, 약함이 강함을 이긴다는 것을, 세상에 아무도 제대로 이해하지 못하고, 또 제대로 실행하지도 못하도다.
>
> 柔之勝剛, 弱之勝强, 天下莫能知, 莫能行. (제78장)

이처럼 부드러움〔柔〕과 굳셈〔剛〕, 약함과 강함의 두 가지 모순은 상호 의존과 상호 전환(轉換)의 관계에 있다. 사물의 내재적 발전 과정에서 보면, 굳셈과 강함에 처해 있을 때는 곧 부드러움과 약함으로 전환될 것을 예시한다. 반대로 부드러움과 약함에 처해 있을 때는 곧 한껏 생기를 품고 있어서 결국은 굳셈과 강함으로 전환될 것을 예상하게 된다. 그러므로 통치자는 결국은 '부드럽고 약함이 굳세고 강함을 이긴다〔柔弱勝剛强〕'(제36장)는 것을 명심하고, 굳세고 강함을 드러내기보다는 최대한 부드럽고 약함을 견지하여야 한다. 만약 통치자가 대내적으로 강경함을 고집하면, 백성들이 강함에는 강함으로 맞설 것이니, 민심을 잃은 군주는 필시 천하를 잃을 것이다. 또 대외적으로 강경함을 고집하면, 빈번한 전쟁으로 인한 국력 소모가 막대할 것이니, 어찌 내일을 기약할 수 있겠는가? 여기서 유약함, 즉 부드럽고 약함은 곧 '무위'함이니, 그 같은 원칙을 굳게 지키며 나라를 다스려야만 비로소 장기적인 안정과 번영을 이룩할 수 있다는 것이 노자의 생각이다.

② 소국과민(小國寡民)

노자 사상에서 이른바 '무위이치'는 난세를 다스리는 최상의 방책이다. 그리고 '소국과민'(이에 대한 자세한 내용은 *제80장 참조)은 바로 '무위이치'를 통해 이룩할 수 있는 궁극의 미래상(未來像)이요, 이상향이다.

한데 노자가 구상한 그 같은 이상 사회를 어떻게 이해해야 할까? 여러 견해가 있을 수 있으나, 대략 다음 세 가지 측면의 이해가 가능할 것이다. 먼저, 노자는 '소국과민'의 이상 사회를 까마득한 상고(上古)시대를 배경으로 건설하였으니, 분명 복고주의적 성향이 다분하다. 다만 노자를 비롯한 고대 사상가들은 왕왕 회고(懷古)의 방식으로 미래를 동경하였으니, '복고'는 목적이 아니라, 단지 사회 이상을 실현하기 위해 그들이 채택한 수단과 형식일 뿐이다. 그러므로 노자가 제시한 '소국과민'의 사회 이상은 복고주의와 미래주의의 이중적 특색을 띠고 있다고 할 수 있다.

다음으로, 노자는 무위자연의 '도'에 부합하는 이상 사회를, 현실과는 동떨어진 상고시대로 거슬러 올라가 건설하였는데, 그 같은 상고의 원시 사회에 대한 동경과 찬미 속에는, 문명사회와 함께 나타난 극도의 혼란과 무질서에 온갖 죄악상이 난무하는 현실에 대한 강한 불만과 신랄한 비판, 가차 없는 견책(譴責)의 정서를 내포하고 있는 것이다. 바꿔 말하면 노자의 '소국과민' 주장은 타락하고 불합리한 현실 사회를 폭로하고 비판하고자 하는 데에 그 본뜻이 있으며, 결코 사람들이 실제로 '새끼로 매듭을 지어 일을 기억하는' 시대로 되돌아가기를 바라는 것이 아니다.

끝으로, '소국과민'의 사회 이상은 노자의 가치관과 세계관, 궁극적 이상을 집중 반영하고 있다. 노자가 볼 때, 우주 만물은 어느 것 하나 무위자연 '도'의 본질과 정신에 따라 생성 변화 발전하지 않는 게 없으며, 인간사회 또한 예외일 수 없다. 하여 노자는 순박한 세풍(世風)과 순후한 도덕, 염담(恬淡, 욕심이 없고 마음이 깨끗함) 자적(自適, 아무런 속박 없이 마음껏 즐김)한 삶의 터전인 '소국과민'의 원시 사회를 인간 사회의 이상향으로 건설하였다. 이렇게 볼 때, 노자 정치사상의 본질은 결코 문명을 반대하고 '새끼로 매듭을 짓는' 야만(野蠻)시대로 되돌아가고자 하는 것이 아니라, '소국과민'과 같은 낙원에서 평화롭고 청정(淸靜)함이 넘치는 자적한 삶을 만끽하며 사람마다 '장생구시(長生久視)'(제59장)할 수 있기를 바라는 것으로 이해된다. 다만 이상사회에 대한 노자의 그림에는 일정한 정도의 환상적 요소와 반(反)문명적 색채를 띠고 있음은 또한 부인할 수 없는 사실이다.

참고문헌

이 책으로 『노자』 전편(全篇)을 역주 해설하면서 가장 많은 도움을 받은 역대의 『노자』 주석본은 다음과 같다.〔중국인의 이름은 편의상 청대(淸代) 이전 사람은 한글 독음으로, 현대인은 중국어 독음으로 표기함〕

첸 꾸잉(陳鼓應) 『노자주역급평개(老子註譯及評介)』

쑨 이카이(孫以楷) 『노자주석삼종(老子注釋三種)』 — 이는 통행본 · 백서 갑을본(帛書甲乙本) · 초간본(楚簡本) 3종에 대한 교주본(校注本)임.

하상공(河上公) 『노자장구(老子章句)』

러우 위리에(樓宇烈) 『노자도덕경주교석(老子道德經注校釋)』 — 이는 왕필본의 교석본(校釋本)임.

전국(戰國) 한비자(韓非子) 『한비자』

까오 헝(高亨) 『노자정고(老子正詁)』, 『노자주역(老子注譯)』

장 바오취엔(張葆全) · 꿔 위시엔(郭玉賢) 『노자금독(老子今讀)』

위 페이린(余培林) 『생명적대지혜(生命的大智慧) — 노자(老子)』

리우 쿤성(劉坤生) 『노자해독(老子解讀)』

허 룽이(賀榮一) 『도덕경주역여석해(道德經注譯與析解)』

황 푸민(黃樸民) 『도덕경(道德經)』

장 쑹훼이(張松輝) 『노자(老子)』

쉬 씽뚱(徐興東) · 쩌우 창치우(周長秋) 『도덕경석의(道德經釋義)』

짜오 룽샹(趙榮珦) 『노자도덕경어법독본(老子道德經語法讀本)』

또한 이상의 주석본에는 각각 해석의 논증에 인용하거나 고금(古今)의 묘해(妙解, 뛰어난 풀이)로 소개한, 고대 판본의 자구(字句) 면모와 고금 학자의 훌륭한 견해가 대단히 많은데, 역자는 그것들을 다시 참고해 나름의 역해(譯解) 논증에 유력한 자료로 활용하였으며, 그렇게 하여 이 책에서 거론된 고대 판본과 고금 학자는 대략 다음과 같다.

〔고대 판본〕 엄준본(嚴遵本), 부혁본(傅奕本), 이영본(李榮本), 고환본(顧

歡本), 경룡본(景龍本), 경복본(景福本), 임희일본(林希逸本), 동사정본(董思靖本), 영락대전본(永樂大全本).

〔고금 학자〕 당(唐) 육덕명(陸德明), 성현영(成玄英); 송(宋) 왕안석(王安石), 사마광(司馬光), 소철(蘇轍), 조지견(趙至堅), 범응원(范應元); 원(元) 오징(吳澄); 명(明) 석감산(釋憨山); 청(淸) 왕염손(王念孫), 고연제(高延第), 유월(兪樾), ,양계초(梁啓超) ,역순정(易順鼎) 엄복(嚴復), 유사배(劉師培), 마기창(馬其昶); 현대 시 통(奚侗), 마 쉬룬(馬敍倫), 쟝 시창(蔣錫昌), 장 쑹루(張松如), 왕 화이(王淮), 첸 쭈(陳柱), 왕 방슝(王邦雄), 까오 밍(高明), 라오 찌엔(勞健), 옌 링펑(嚴靈峯), 리우 띠엔쥐에(劉殿爵), 루어 윈시엔(羅運賢), 리우 씬팡(劉信芳), 루 위싼(盧育三).

옮긴이 **박삼수** E-mail: sspark@ulsan.ac.kr

경북 예천에서 태어났고, 경북대학, 중국 타이완(臺灣)대학, 성균관대학에서 각각 중문학 학사·석사·박사학위를 받았다. 일찍이 미국 메릴랜드대학 동아시아언어학과 방문교수를 거쳤다. 현재 울산대학 중문학과 교수로 재직하고 있다. 주요 역·저서로는 『쉽고 바르게 읽는 논어』(지혜의 바다), 『왕유 시전집』, 『주역』(이상 현암사), 『왕유 시선』(지만지), 『「논어」 읽기』(세창미디어), 『바르게 읽는 논어1』, 『고문진보의 이해와 감상』, 『당시의 거장 왕유의 시세계』, 『맹자의 왕도주의』(이상 UUP), 『시불 왕유의 시』(세계사), 『사기史記』(공역, 까치), 『세계의 고전을 읽는다』(공저, 휴머니스트) 등이 있다.

쉽고 바르게 읽는 노자

초판 1쇄 발행 2016년 2월 17일
초판 2쇄 발행 2018년 2월 26일

옮긴이 박삼수
펴낸이 오연천
편집 및 디자인 김혜지 최선아 김설희

펴낸곳 지혜의 바다
출판등록 제370-1996-000001호(1996.3.13.)
상표등록 제2013-0082039호(2013.12.16.)
주소 44610 울산광역시 남구 대학로 93 (울산대학교)
전화 (052) 259-2488 팩스 (052) 277-3011
전자우편 press@mail.ulsan.ac.kr
페이스북 www.facebook.com/seaofwisdom

ISBN 978-89-7868-381-4(03150)

* 이 도서의 국립중앙도서관 출판시도서목록(CIP)은 서지정보유통지원시스템 홈페이지(http://seoji.nl.go.kr)와 국가자료공동목록시스템(http://www.nl.go.kr/kolisnet)에서 이용하실 수 있습니다.(CIP제어번호 : CIP2016002122)